BASTEI LÜBBE
TASCHENBUCH

Über die Autorin:

Bébhinn Ramsay ist in Dublin geboren und lebt heute mit ihren Söhnen in Florianópolis, Brasilien.

ARCH – der Alastair Ramsay Charitable Trust – wurde zum Gedenken an Alastair Ramsay gegründet und unterstützt Child Health Florianópolis, ein Hilfsprojekt für Familien mit Sitz in Brasilien.

Alle Erlöse aus dem Verkauf von *Das letzte Geschenk deiner Liebe* gehen direkt an ARCH.

www.alastairramsay.net

Bébhinn Ramsay

Das letzte Geschenk deiner Liebe

Auf dem Jakobsweg zurück ins Leben

Aus dem Englischen von
Veronika Dünninger

BASTEI
LÜBBE
TASCHENBUCH

BASTEI LÜBBE TASCHENBUCH
Band 60778

1. Auflage: Januar 2014

*Dieses Buch beruht auf wahren Begebnissen.
Zum Schutz der Rechte der Personen wurden die Namen
im Text abgekürzt.*

MIX
Papier aus verantwortungsvollen Quellen
FSC® C014496
FSC www.fsc.org

Dieser Titel ist auch als E-Book erschienen

Deutsche Erstausgabe

Titel der englischen Originalausgabe:
»Love's last gift: How one woman lost her world
and found her way«
Originalverlag: Hachette Books Ireland

Textredaktion: Dr. Ulrike Strerath-Bolz
Titelbild: © plainpicture/Tilby Vattard
Umschlaggestaltung: © Christin Wilhelm, www.grafic4u.de
Satz: hanseatenSatz-bremen, Bremen
Gesetzt aus der Adobe Garamond
Druck und Verarbeitung: GGP Media GmbH, Pößneck
Printed in Germany
ISBN 978-3-404-60778-5

Sie finden uns im Internet unter
www.luebbe.de
Bitte beachten Sie auch: www.lesejury.de

Für Alastair Ramsay
– einen Mann, der sich für die kleinen Dinge begeisterte.

ERSTER TEIL

Sandkörner

»Geh nicht so fügsam in die gute Nacht,
... Wüte, ja wüte gegen das Sterben des Lichts.«
Dylan Thomas

Eine schöne Familie

Es ist ein friedlicher Sonntagnachmittag im April 2007. Ich stehe im sonnendurchfluteten Badezimmer eines Landgasthofs, nur eine Stunde südlich von London. Das Wasser plätschert über meine Hände, umrahmt vom weißen Porzellan des Waschbeckens. Draußen höre ich Kindergeschrei und Wellen von perlendem Gelächter. Mein ganzer Körper lächelt, selbst meine Zehen strecken sich vor Wonne, und ich wiege mich zufrieden sanft hin und her.

Als ich auf die Terrasse des Gasthofs trete und in die tief stehende Nachmittagssonne blinzele, wirft sich unser jüngster Sohn Liam gegen meine Beine, verzweifelt bemüht, den langen, kitzelnden Fingern seines Daddys zu entkommen. Ich umarme ihn schützend, beuge mich hinunter und vergrabe das Gesicht in seinen Haaren. Alastair seufzt gespielt entnervt auf und ändert die Richtung, um unserem Dreijährigen, Tom, nachzulaufen, der entzückt aufkreischt, unter einem Holzzaun hindurchhuscht und einen erbsengrünen grasigen Hügel hinunter halb läuft, halb rollt. Ich beobachte, wie Alastair über den Zaun springt und ihn fängt, bevor er mit ihm bis zum Ende des Hügels rollt.

Ich stehe am Zaun, den einjährigen Liam in meinen Armen, und sehe zu, wie Vater und Sohn lachend frisch gemähtes Gras ausspucken. Hinter ihnen stehen ein paar argwöhnische Schafe, die gleichmütig ihr eigenes Gras kauen. Eine Frau in den Fünfzigern sitzt an einem Tisch in der Nähe des Zauns, gebannt von demselben idyllischen Bild. Sie sieht strahlend zu mir hoch: »Herzlichen Glückwunsch zu Ihrer schönen Familie.«

Sieben Jahre zuvor haben mich leuchtend gelbe Richtungspfeile dazu geführt, diese schöne Familie zu gründen. Diese Pfeile waren die Farbkleckse auf bröckelnden Steinmauern in halb verlassenen Dörfern am Jakobsweg in Nordspanien. Ich war ihnen gewissenhaft gefolgt: eine dreiundzwanzigjährige Hochschulabsolventin auf dem tausend Jahre alten Pilgerweg, der sich 800 Kilometer weit durch Europa erstreckt. Ich war allein und ohne Karte unterwegs, hielt mir mit meinem handgeschnitzten Wanderstab aus Eschenholz von Zeit zu Zeit einen Hund oder einen lüsternen Bauern vom Leib, während ich tagelang durch monotone ausgedörrte rötlich-braune Getreidefelder und endloses verbranntes Gras wanderte. Beim Anblick dieser leuchtend gelben Pfeile, an Bäume gesprüht oder auf Kacheln vor blauem Hintergrund an einem hölzernen Meilenstein angebracht, wurde mir jedes Mal leichter ums Herz: Ich war auf dem richtigen Weg.

Der Pilgerweg war ein Meilenstein zwischen meiner Kindheit und dem Erwachsenenleben. Ich hatte als siebtes von acht Kindern eine glückliche, ereignislose Kindheit in einem Mittelschichtsvorort von Dublin verbracht. Und hier war ich nun, mit einem Diplom in internationaler Finanzwirtschaft, einer Handvoll Fremdsprachen und einem begehrten Job samt großzügigem Einstiegsgehalt in der Tasche. Die Zukunft glitzerte verheißungsvoll wie das Sonnenlicht auf dem Meer.

Ich war ein Jahr in Peru gewesen und hatte im Rahmen eines Freiwilligendienstes in einer orthopädischen Klinik gearbeitet, und jetzt lagen drei freie Monate vor mir, bevor ich meinen Job in London antreten sollte. Der Pilgerweg war in jeder Hinsicht ein verlockendes und auch noch erschwingliches Abenteuer. In Peru hatte ich eine riesige Jakobsmuschel am Strand gefunden, und als ich sie einer Freundin aus Nordspanien zeigte, erzählte sie mir, diese Muschel sei das Symbol des Pilgerwegs, der zufällig durch ihr winziges Dorf führte. Auf dem Flug von Peru nach Europa hatte ich in der Bordzeitschrift einen vierseitigen Artikel über den Pilgerweg und seine tausendjährige Geschichte gelesen, und wieder zu Hause angekommen, erfuhr ich, dass meine Eltern sich seit Jahren heimlich dafür begeisterten. Da ich schon immer an glückliche Zufälle im Leben glaubte, ergriff ich die Gelegenheit, die das Leben mir so deutlich zeigte, beim Schopf.

Bevor ich zu meinem Pilgerweg aufbrach, hatte ich einen herzförmigen Stein gefunden und in meinen bescheidenen Rucksack gepackt, zusammen mit einer Wechselmontur, einem Schlafsack und einem Handtuch. Ich widmete diesen Pilgerweg der Liebe. Während ich ging, brach ein Sturm von Gedanken über die Vergangenheit und die Zukunft in mir los, der mich endlich zu einem Ort in der Gegenwart führte. Nachdem ich drei Wochen lang jeden Tag gelaufen war, verspürte ich bei jedem neuen Schritt ein Gefühl von Freude.

An einem nebligen Morgen kam ich zu einem gewaltigen Steinhaufen, der sich über dem Gipfel eines Hügels erhob, mit einem riesigen Kreuz in der Mitte. Jeder Stein stand für irgendjemandes Traum oder Sehnsucht. Ich stieg vorsichtig auf den Hügel und legte meinen herzförmigen Stein dazu. Mit all meiner Inbrunst sprach ich ein stilles Gebet und bat um wahre Liebe.

Im Nachglanz dieses Pilgerwegs lernte ich Alastair kennen, noch immer tief verwurzelt im Bewusstsein der Zeichen des Heiligen Jakobus.

Ich arbeitete seit sechs Monaten in London und bemühte mich um eine Stelle bei einem Projekt, das eine internationale Hilfsorganisation unterstützte. Man sagte mir, der Mann, mit dem ich reden müsse, sei Alastair Ramsay. Ich übte seinen Namen in dem gläsernen Aufzug, der mich langsam zu seinem Büro im fünften Stock hinaufbrachte. Dann stieg ich voller Überschwang aus dem Aufzug und betrat sein Büro, entschlossen, die Stelle im Team zu bekommen. Als ich eintrat, lehnte sich Alastair in seinem Bürosessel zurück und bat mich mit einer Handbewegung, Platz zu nehmen. Sein geistreicher Witz entwaffnete mich auf Anhieb. Er sorgte dafür, dass ich meine Taktik prompt aufgab und einen echten Kontakt zu ihm herstellte: Zweiunddreißig, leger gekleidet, die Ärmel seines Fleecepullovers über die Hände gezogen. Er war lang: lange Arme und lange Beine. Seine Augen hatten ein sanftes Graugrün, von einer schmalen Brille umrahmt. Er lächelte, während er lebhaft redete, und biss sich auf die Unterlippe, während er zuhörte. Er schien auf seinem Sessel ständig in Bewegung zu sein, während er mich durch das Gespräch steuerte, von der Herkunft meines Namens bis zum Vergleich der Vorzüge des Schlittschuhlaufens auf dem zugefrorenen Meer gegenüber einem zugefrorenen See.

Ich kannte seinen Hintergrund bereits aus der Who's-who-Datenbank des Büros. Er war leitender Angestellter, hatte in London und San Francisco für die Firma gearbeitet und seinen MBA in Stanford gemacht. Danach hatte er ein Jahr lang als Geschäftsführer einer peruanischen Hilfsorganisation gearbeitet, und er war einer der wichtigsten Fürsprecher des gemeinnützigen Engagements der Firma. Ein leichtfüßiges, neckisches Geplänkel entwickelte sich zwischen uns, und als ich sein Büro verließ, beschwingte ein Lächeln meine Schritte.

Mein Überschwang machte sich bezahlt: Ich bekam den Job, und wir arbeiteten zwei Monate zusammen. Rückblickend sehe ich diese zwei Monate als Paarungstanz zwischen uns. Bald hielt ich die Luft an, wenn ich mein E-Mail-Postfach öffnete, um zu sehen, ob eine Nachricht von ihm da war. Bei seinen Besuchen im Teamraum ging ein Kribbeln durch meinen Körper, während ich vergeblich versuchte, mich auf das Whiteboard zu konzentrieren. Ich fühlte mich auf eine Art zu ihm hingezogen, die mich aus dem Gleichgewicht brachte. Das Universum beteiligte sich an der Verschwörung, als wir auf einer Dienstreise in Washington allein beim Abendessen saßen, nachdem ein anderes Teammitglied nicht aufgetaucht war. Bei diesem Abendessen überschritten wir den Rubikon. Während wir uns in einem gemütlichen Restaurant in Adams Morgan, Washingtons internationalem Bezirk, gegenübersaßen, klang in der Lebenseinstellung, die einer von uns vertrat, jeweils die Wahrheit des anderen nach, und wir lachten in unausgesprochenem gegenseitigem Erkennen.

An dem Tag, an dem unsere Zusammenarbeit endete, lud Alastair mich auf einen Kaffee ein. Wir trafen uns im Foyer des Büros in London, und er schlug vor, spazieren zu gehen. Ich nahm den Vorschlag insgeheim mit aufgeregter Verblüffung zur Kenntnis, und ich wagte kaum zu atmen, während wir gingen. Unser Gespräch und unsere Schritte führten uns in einen nahe gelegenen Park, wo wir schweigend auf einer Bank saßen und den Enten zusahen. Unser erster Kuss wurde vom Geflatter der Vögel begleitet, die sich Flügel schlagend in die Luft erhoben, und mein Herz schwang sich ungehindert mit ihnen empor.

Erst später fiel mir auf, dass der Park St. James's Park hieß, und ich erfuhr, dass Alastairs zweiter Vorname James war. Die Wegweiserpfeile waren wieder einmal klar und deutlich, und mein Herz hüpfte: Ich war auf dem richtigen Weg.

Ein Wettstreit an Großzügigkeit

Zum Zeitpunkt des Ausflugs unserer schönen Familie im April 2007 waren Alastair und ich seit viereinhalb Jahren verheiratet. Er bezeichnete die Ehe gern als einen Wettstreit an Großzügigkeit. Ich führte seine idealistischen Ansichten über die Ehe darauf zurück, dass er seine Eltern nie hatte streiten sehen. Sein Vater, Tom, war gestorben, als Alastair fünf war; seine Mutter hatte nicht wieder geheiratet; sie sagte, sie hätte nie wieder einen Mann getroffen, der Tom das Wasser reichen konnte. Die

Amateur-Psychologin in mir sah die Ursache für Alastairs romantische Vorstellungen von perfekten Beziehungen und harmonischen Ehen in seiner Kindheit. Er flüsterte mir oft zu, ich sei die Frau seiner Träume, und erklärte Freunden, die in ihren Liebesbeziehungen unsicher waren, gern wissend: »Wenn man es weiß, dann weiß man es, und wenn man es nicht weiß, weiß man es auch.« Bei Hochzeiten drückte er während der Ehegelübde meine Hand, und ich konnte spüren, wie er vor Zufriedenheit strahlte. Im Straßenverkehr fuhr er oft mit dem glatten Rand seines Eherings über seine lächelnden Lippen.

Der Romantiker in ihm traf auf die Romantikerin in mir. Meine Eltern feierten ihren vierzigsten Hochzeitstag, kurz nachdem Alastair und ich uns kennengelernt hatten. Mein Vater war seit jeher schrecklich romantisch gegenüber meiner Mutter, was der ewigen Jugendlichen in mir peinlich war. Doch hinter meiner Fassade einer Sehnsucht nach Alternativen verbarg sich die felsenfeste Überzeugung, dass eine liebevolle, lebenslange Ehe der Grundpfeiler eines glücklichen Lebens war.

Kurz nachdem wir ein Paar wurden, unternahmen wir eine gemeinsame Skireise. Wir saßen mit einem englischen Paar beim Abendessen und hatten die Geschichte unserer kurzen Beziehung zu Ende erzählt, bevor die Vorspeisen gebracht wurden. Nach dem Essen gingen wir allein durch die leeren, feuchtkalten Flure des Hotels, als Alastair sich auf einmal zu mir umwandte und mich an die Wand drückte. Ich schloss lächelnd die Augen, wartete auf den Kuss, berauscht von der eindringlichen Leidenschaft unserer intensiven frischen Beziehung. Aber nicht seine Lippen, sondern seine Worte suchten mich. »Wir müssen mehr Geschichten zusammen erleben«, flüsterte er mir mit Nachdruck zu. »Ich will ein Leben voller Geschichten mit dir erleben, und ich will sie jetzt.« Er küsste mich heftig, und ich verbuchte noch eine Geschichte mehr.

So begann der Wirbelwind. Wir steckten in alle Ecken und

Winkel unseres Lebens irgendwelche Geschichten. Wir bereisten zwanzig Länder zusammen, und jede Reise wurde verewigt in den endlosen Geschichten, die Alastair im Laufe der Jahre vor Freunden immer wieder aufwärmte und ausschmückte: Erzählungen, wie wir mit dem Fahrrad durch die Straßen von Peking mit ihren unverständlichen Namen fuhren oder wie wir im Fernsehen die Papstaudienz unter freiem Himmel sahen, während wir nur ein paar Minuten entfernt in einem Hotel im Bett lagen. Erzählungen, wie wir in der Hitze einer Strandhochzeit in Mexiko oder bei einem betrunkenen Karaoke mit Freunden in Wales dahinschmolzen. Alastair kannte das Geheimnis, wie man eine Beziehung zementierte, wie man die flüchtigen Erinnerungen in unseren Köpfen in Beton goss. Binnen eines Jahres waren wir von London nach Rio de Janeiro in Brasilien gezogen, wo ein ständiger Besucherstrom unsere Zeit eher in einen verlängerten Urlaub als in einen gelebten Alltag verwandelte.

Als Alastair auf einer Heimreise im Januar 2002 schließlich vor mir auf die Knie ging, an einem wilden und windigen Tag an den zerklüfteten Klippen von Slieve League im Nordwesten Irlands, war unsere erste Begegnung zwei Jahre her, und er war längst Familie für mich. Das Meer unter uns schlug gegen die Klippen, während der Wind gegen meine Wangen peitschte, die von Freude und Kälte zu gleichen Teilen gerötet waren. Am Fuß des Berges verhakten wir unsere Finger im Guckloch eines alten keltischen Hochzeitssteins und versprachen uns die ewige Verbindung unserer beider Leben, wie es Tausende von Jahren zuvor im keltischen Irland Brauch gewesen war. Um uns herum bezeugte ein Feld mit Schafen und endlosen Steinmauern gütig unseren Bund, während am Himmel die Wolken vorbeizogen, und wir machten uns lachend auf den Weg zum Pub, um unsere Verlobung mit einem Bier zu besiegeln.

Wir heirateten etwas später in jenem Jahr mit einer katholisch-keltischen Zeremonie, gefolgt von einer Party mit irischen Céilidh-Tänzen, einem wilden Trubel in Sambakostümen und nächtlichem internationalem Liedersingen. Am Ende des Abends drückte meine Freundin S. mich fest an sich und flüsterte: »Herzlichen Glückwunsch zu eurem Märchen.«

Unser erster Sohn, Tom, wurde in jener Nacht gezeugt und rundete den schönsten Tag in unserem Leben perfekt ab.

Wenn Alastair romantisch in Sachen Ehe war, dann war er über die Maßen leidenschaftlich in Sachen Vaterschaft. Bald nachdem wir uns kennengelernt hatten, schrieb ich in meinem Tagebuch von seinem drängenden Wunsch, Kinder zu haben. Wieder führte ich das auf den Tod seines Vaters und die Tatsache zurück, dass ihm in seiner eigenen Kindheit eine Vater-Sohn-Beziehung versagt geblieben war. Im Jahr 2003 wurde Alastairs Leben mit Toms Geburt vollkommen. Das breite Grinsen blieb ihm wochenlang fest ins Gesicht geschrieben. Er war völlig vernarrt in seinen Sohn; dieser frischgebackene Vater wechselte Windeln und wiegte das Baby in den Schlaf wie ein Profi.

Bald nachdem Tom seine ersten Schritte tat, wünschten wir uns ein zweites Kind, und im August 2005 gesellte sich Liam zu unserer Familie. Jetzt war ich umgeben von Männern, die mich liebten, und das Leben war ein aufregendes, die meiste Zeit angenehmes Schiff, das wir steuerten. Kurz nach Liams Geburt kamen ein paar Freunde zum Abendessen zu uns. Wir ließen ihre beiden Kinder oben bei Tom und Liam schlafen, und Alastair und ich saßen flüsternd in der Diele.

»Na ja«, sagte ich, »so fühlt sich ein Zuhause mit vier schlafenden Kindern an.«

Alastair schlang die Arme um mich. »Das gefällt mir«, sagte er sehnsuchtsvoll. »Das ist die Art Zuhause, die mir gefällt.«

Jetzt, im Jahr 2007, ist Tom drei und Liam ein Jahr alt, und wir hoffen, noch zwei Kinder zu bekommen. Ich hatte zwei Fehlgeburten, aber wir sind voller Hoffnung, dass die nächsten Schwangerschaften erfolgreicher verlaufen werden.

Es gibt jedoch eine ständige Quelle der Anspannung in unserer Beziehung: Wir kämpfen darum, wie wir unsere Kinder großziehen und ihnen genug Zeit und Aufmerksamkeit schenken können, während wir beide weiterhin eine sinnvolle und lohnende Karriere verfolgen.

In den vergangenen vier Jahren habe ich mich auf die Kindererziehung konzentriert und meine Master-Abschlüsse und meine Entwicklungshilfearbeit hauptsächlich in Teilzeit gemacht. Aufgrund von Alastairs Sechzig-Stunden-Woche war es mir kaum möglich, echte Energie in meine eigene Karriere zu stecken oder mir die Kinder unter der Woche mit ihm zu teilen. Seit ich Kinder habe, hat sich mein Leben bis zur Unkenntlichkeit verändert, und ich wünsche mir mehr Ausgewogenheit.

Abends, wenn ich die Kinder ins Bett gebracht habe, sitze ich oft in unserem Haus in Wimbledon am Küchentisch, schwenke langsam ein Glas Rotwein in der Hand und warte darauf, dass Alastair von der Arbeit nach Hause kommt. Vierzehn Stunden Achterbahnfahrt mit den Freuden und kreischenden Forderungen unserer Kinder, mit Kochen und dem endlosen, endlosen Abwaschen fordern ihren Tribut. Ich spüre die vertraute schwelende Frustration, das Gefühl, dass ich wieder einmal auf den Beginn meines Abends warte; eine Geisel von Alastairs langen Arbeitszeiten. Auf das Piepsen einer SMS hin erhebe ich mich von meinem Stuhl. Ich schalte den Herd, auf dem das Abendessen steht, erschöpft zurück, dann lese ich die SMS, die mir bestätigt, dass er später kommen wird als geplant. Die Saat des Grolls wächst in mir, und an manchen Abenden fahre ich ihn an, sobald er müde zur Tür hereinkommt.

»Manchmal denke ich, es wäre leichter ohne dich«, schleuderte ich ihm einmal entgegen, als wollte ich mit Tellern nach ihm werfen. »Dann würde ich in dieser Familie immer noch alles tun, aber ich würde nicht von diesem verdammten Groll verzehrt.«

Erschöpft lehnte er am Küchentresen, von mir abgewandt.

»Hey«, wehrte er ab, »ich tue viel für diese Familie.« Er hielt sich am Küchentresen fest.

»Wir führen eine Ehe zu dritt«, knurrte ich ihn an. »Deine Arbeit ist deine verdammte Geliebte, und für mich ist kein Platz. Wie viele Partner in deiner Firma sind denn noch mit ihrer ersten Ehefrau zusammen? Wie viele?«

Er wandte sich wieder zu mir um, sah meinen wilden Blick und seufzte, bevor er auf mich zutrat und die Arme um mich legte. Langsam entspannte ich mich in seiner Umarmung. »Es wird nicht für immer so sein«, sagte er beschwichtigend. Er vergrub das Gesicht in meinen Haaren und flüsterte mir zu: »Ich verspreche dir, meine Liebe, ich werde dir helfen, alle deine Lebensziele zu erreichen.«

Anfang 2007, als ich das Gefühl hatte, dass mir meine Karriere vollends zu entgleiten drohte, beschloss ich, wieder Vollzeit zu arbeiten, für eine internationale Hilfsorganisation. Ich engagierte ein freundliches slowakisches Kindermädchen für die Jungen. Meine Arbeit drehte sich um eine Kampagne mit Bildungsmaßnahmen in Konfliktregionen. Ich plante eine Reihe von Evaluierungsworkshops in verschiedenen gefährlichen Ländern, darunter Haiti, Sudan und die Demokratische Republik Kongo, und ich war voller Vorfreude auf diese waghalsige Reise.

Doch Alastairs Schwager, ein weißer Afrikaner, der in Sambia geboren und aufgewachsen ist, versetzte meinem Gefühl von Aufregung und Abenteuer während eines gemeinsamen Skiurlaubs einen gehörigen Dämpfer. Statt mich für mutig zu halten, erklärte er mir, ich sei eine törichte, naive Frau, die im Nu entführt und ermordet werden könnte. Er sagte mir, ich solle lieber an das Wohlergehen meiner eigenen Kinder denken. Ich tat seine Bemerkungen mit einem verächtlichen Lachen ab, in dem sicheren Gefühl, das Leben im Griff zu haben. »Den Kindern wird es gut gehen«, entgegnete ich trotzig. »Sie haben Alastair. Wir haben vorher darüber geredet, und wenn einer von uns sterben wird, dann werde ich es sein. Alastair ist ohne Vater aufgewachsen, und das wollen wir unseren Kindern nicht antun.«

Nachdem alle anderen zu Bett gegangen waren, saßen Alastair und ich noch auf einer Couch im Foyer des Hotels und besiegelten die Abmachung bei einem nächtlichen Kaffee.

Ich bin froh, wieder zu arbeiten, meinen aufgestauten Ehrgeiz auszuleben, und ich verfluche mich im Stillen für all die Jahre, die ich es versäumt habe, mit meiner Karriere voranzukommen. Gleichzeitig vermisse ich die Jungen zutiefst, und ich frage mich, wie lange ich einen Vollzeitjob durchhalten können werde.

Ein paar Monate nachdem ich wieder zu arbeiten begonnen habe, werde ich für ein Doktorandenprogramm in Sozialpolitik an der Universität von Oxford angenommen, das im September beginnt, und ich spiele mit dem Gedanken, Kindererziehung und Studium zu kombinieren, was leichter unter einen Hut zu bringen sein wird. Alastair unterstützt diese Überlegung und denkt darüber nach, seine Arbeitszeiten im Laufe des Jahres zu verringern. All diese Pläne sind Teil unserer häufigen, von Wein beseelten Couchdiskussionen darüber, wie wir uns unser »ideales Leben« schaffen wollen.

Familienurlaub

Im Mai 2007 fliegen Alastair, die Jungen und ich zu einem zweiwöchigen Urlaub in die USA. Ausgangspunkt dafür war ein Treffen mit Alastairs Freunden von seinem MBA-Studium in Stanford. Der Sommer steht vor der Tür. Wir landen in San Francisco, im Jetlag und erschöpft, nachdem wir die schier unmögliche Aufgabe überstanden haben, den quirligen Liam während der zwölfstündigen Reise still und bei Laune zu halten. Wir checken in ein Motel ein, schleppen zwei verschlafene Jungen, Teddybären, Fläschchen und Windeln durch die fensterlosen Flure, schlafen ein paar Stunden und bleiben dann die restliche Nacht wach. Alastair und ich liegen mit den Kindern in einem Doppelbett und sehen uns im Fernsehen Händchen haltend B-Movies an. Liam, ein echtes Muttersöhnchen, krabbelt zwischen uns und kuschelt sich näher an mich. »Am Ende dieser Reise«, seufzt Alastair, während er ihn kitzelt, »wirst du mich genauso sehr wollen, wie du deine Mutter willst.«

Als wir die Vorhänge aufziehen, stellen wir fest, dass es Morgen ist. Unsere Körper haben jedes Zeitgefühl verloren. Wir sammeln rasch unsere Sachen ein und gehen nach unten. Das Motel bietet ein von Zucker nur so strotzendes Frühstück aus Frosties und Donuts an, auf Plastiktellern serviert. Willkommen in der Wegwerfgesellschaft … Wir checken rasch aus, steigen in unseren Mietwagen und fahren die kalifornische Küste hinunter nach Süden zu dem Haus am Meer, wo wir das Wochenende mit Alastairs Freunden verbringen werden. Die sanfte Bewegung des Wagens wiegt die Jungen und mich bald in Schlaf. Als ich meine bleischweren Augen aufschlage, bewundere ich Alastairs Fähigkeit, wach zu bleiben. Er lacht entspannt. »Schlaf nur, meine Liebe«, fordert er mich auf und stellt das Radio leise an, um sich wach zu halten. Als ich die Augen wieder schließe, wird mir bewusst, dass die Art, wie er seine schlafende Familie sicher fährt, Zufriedenheit ausstrahlt.

In Santa Cruz, südlich von San Francisco, halten wir am Meer, um zu Mittag zu essen. Der Pier ragt in den Ozean hinaus wie Michelangelos träger Schöpfungsfinger. Die Seehunde unter dem Pier stoßen kreischende Laute aus, die die Jungen lachend nachahmen. Es ist ein warmer Tag, und die Promenade liegt an diesem Nachmittag unter der Woche fast verlassen da. Die Jungen und ich springen auf eine Bank, mit dem Meer im Hintergrund, und schneiden witzige Grimassen, als Alastair ein Foto von uns schießt. Wir sind alle wie beschwipst von der köstlichen Aufregung zu Beginn eines Urlaubs. Alastair legt mir beim Gehen einen Arm um die Schultern, während die Jungen vor uns herspringen. »Weißt du«, sagt er in einem bedächtigen, glücklichen Ton, »die Leute müssen dich ansehen und denken: ›Was für eine wundervolle Mutter und was für glückliche Kinder.‹« Ich schlinge die Arme um seinen Körper. »Und sie haben recht: Du bist es, und sie sind es.«

Ich lache und kitzele ihn zum Spaß unter dem Arm. »Hey, du gehörst auch dazu!«, rufe ich. Und dann schnappt sich jeder von uns ein Kind und schwingt es hoch in die Luft.

In dem Vergnügungspark am Pier setzt Alastair uns frech auf das Karussell, ohne zu bezahlen. Ich stehe zwischen den beiden Jungen und halte sie auf ihren kunstvoll verzierten Pferden, während sie auf- und abwippen und wir uns alle im Kreis drehen. Als die Pferde zum Stehen kommen, will ich zur Kasse gehen, um für die Fahrt zu bezahlen. Alastair sieht mich neckend an. »Leb ein bisschen«, lächelt er augenzwinkernd. Ich lache, ändere die Richtung und laufe mit den Jungen los, um unser ganzes US-Kleingeld dafür auszugeben, große Teddybären zu gewinnen, die wir gar nicht wollen. Unsere Versuche sind erfolglos, und bald zupfen die Jungen an unseren Hosenbeinen, um uns zur nächsten Aufregung zu ziehen. Wir kaufen Eistüten und setzen uns auf die sandigen Stufen der Uferpromenade. Ein glückliches Schweigen senkt sich über die ganze Familie, bis auf das schmatzende Geräusch, mit dem die Jungen konzentriert ihr Eis lecken. Ohne Vorwarnung tupft Alastair mir auf einmal mit seiner Eistüte auf die Nase. Ein Eiscremekampf bricht aus, unter schallendem Gelächter. Da sitzen wir, die ganze vierköpfige Familie, und lecken gebannt unsere Eistüten, die Nasenspitzen mit Vanilleeis bedeckt, während wir gemeinsam auf den endlosen Pazifischen Ozean hinaussehen.

Als wir wieder im Wagen sitzen, beginnen Alastair und ich zu reden. Ich habe eben ein Buch zu Ende gelesen, das mich dazu gebracht hat, über diese Phase unserer Beziehung nachzudenken. Ich bin einunddreißig, Alastair ist neununddreißig. Wir sind seit sieben Jahren zusammen und seit viereinhalb verheiratet. Wir hatten eine intensive Zeit zusammen, geprägt von Auslandsaufenthalten, endlosen Reisen, unserer Hochzeit und der Geburt zweier Kinder und zwei Fehlgeburten in rascher Folge. Die ganze Zeit arbeitete Alastair immer ziemlich viel und lange, und ich habe versucht, an einer Art Karriere festzuhalten.

Ich wende mich zu Alastair um, der am Steuer sitzt, und sage seufzend: »Weißt du, Al, ich habe das Gefühl, dass sich der Rhythmus unseres gemeinsamen Lebens letztendlich verlangsamt.«

»Ist das etwas Schlechtes?«, fragt er, während er sich auf die Straße vor sich konzentriert.

Ich schweige eine Weile, während ich zusehe, wie endlos viel Neues an meinem Fenster vorbeifliegt. »Ich glaube, unsere Beziehung hört jetzt auf, sich um immer mehr neue Erfahrungen zu erweitern. Ich glaube, jetzt geht sie mehr in die Tiefe; eher vertikal als horizontal, wenn du verstehst, was ich meine.« Ich halte kurz inne, um darüber nachzudenken. »Ich habe das Gefühl, dass unser wundervolles gemeinsames Leben von jetzt an noch reicher und tiefer werden wird.« Ich lege eine Hand auf seine über dem Automatik-Schalthebel, und wir fahren in zufriedenem Schweigen weiter die Westküste von Amerika hinunter.

Wir sind die Ersten, die bei dem Ferienhaus ankommen, das wir uns übers Wochenende mit Alastairs amerikanischen Freunden teilen werden. Nachdem wir das Haus erkundet haben, richten wir uns in einem großen Doppelzimmer mit Blick aufs Meer ein. Nach und nach trudeln Alastairs Freunde ein, und eine Flut von Geschichten, Witzen und Gelächter setzt ein. Alastair liebt seine Freunde. Dieser amerikanische Haufen ist eine schlaue und witzige Gruppe von Leuten, die es gut verstehen, über sich selbst und andere zu lachen und Alastairs englischen Sarkasmus zu erwidern.

Trotz der geografischen Entfernungen gibt Alastair sich immer große Mühe, seine Freundschaften zu pflegen. 2007 war ein gutes Jahr für Familienangehörige und Freunde. Sein bester Freund ist aus Kanada zurück nach England gezogen, sodass Alastair und er zum ersten Mal seit sechs Jahren wieder im selben Land lebten. Er wohnte eine Zeit lang abwechselnd eine Woche bei uns und eine Woche woanders, bis er ein Zuhause für seine Familie fand. Nach zwei Jahren Abwesenheit ist ein enger Freund aus den USA in den letzten paar Monaten zweimal in England zu Besuch gewesen, wobei er einmal einen unerwarteten Schneefall im März mitbrachte und wir den Vormittag – Alastair hatte sich von der Arbeit freigenommen – damit verbrachten, in dem Park gegenüber unserem Haus Schneemänner zu bauen und uns und die Jungen mit Schneebällen zu bewerfen. Zufällig hatte Alastair auch über Ostern viele seiner Familienangehörigen und Freunde gesehen, als er zum ersten Mal mit seiner Schwester, ihrem Mann und seiner Nichte und seinen Neffen, die er über alles liebt, in Skiurlaub fuhr.

An diesem ersten Abend mit Alastairs Freunden wird viel geredet. Neuigkeiten und alte Erinnerungen werden ausgetauscht.

Alastair hat mit jedem von ihnen eine lustige Geschichte oder einen Witz gemeinsam, den er jedes Mal, wenn sie sich sehen, wieder aufwärmt und übertreibt. Bald trinken wir alle Bier und vertreiben lachend unseren Jetlag.

Alastair erzählt stolz, dass ich für ein Doktorandenprogramm in Sozialpolitik an der Universität von Oxford angenommen worden bin und dass wir ein richtiges Zuhause für unsere Familie gefunden haben, das wir nach unserer Rückkehr kaufen werden. Seine Freunde erkundigen sich nach seiner Arbeit und seiner möglichen Beförderung zum Direktor seiner Firma (die Resultate des Beförderungsverfahrens sollen Ende der Woche bekannt gegeben werden). Alastair arbeitet seit siebzehn Jahren für dieselbe Firma und war einer der jüngsten Partner, die je gewählt wurden. Jetzt wird er zum ersten Mal für den hochbegehrten Posten des Direktors in Erwägung gezogen, was eine der höchsten Beförderungsstufen innerhalb der Firma ist. »Na ja, die gute Neuigkeit«, sagt Alastair zögernd, »ist, dass mich noch niemand angerufen hat, um mich darauf vorzubereiten, dass ich die Beförderung nicht bekomme. Daher ist es gut möglich, dass ich sie bekommen habe, aber wissen werden wir es erst nächste Woche.«

»Die noch bessere Neuigkeit«, werfe ich aufgeregt ein, »ist, dass er, wenn er die Beförderung bekommt, nur noch drei Tage in der Woche arbeiten wird, sodass wir uns gemeinsam um die Kinder kümmern können und ich mich auf meine Doktorarbeit konzentrieren kann.« Wir stehen kurz davor, unser »ideales Leben« zu verwirklichen.

Nach dem Abendessen schleichen wir auf Zehenspitzen ins Bett, um unsere beiden in letzter Zeit ziemlich launischen Jungen nicht zu wecken, die in Kinderbetten bei uns im Zimmer schlafen. In dieser Nacht schlafen wir aneinandergekuschelt in einem erschöpften, glücklichen Dämmerzustand, nur noch bemüht, den Jetlag der Reise loszuwerden.

Mitten in der Nacht ist es aus mit dem Frieden.

Alastair wird von Fieber geschüttelt; er zuckt so heftig, dass ich neben ihm halb wach bleibe. Er steht auf und stolpert ins Bad, übergibt sich und hat Durchfall. Fast schlafwandelnd stehe ich auf, um ihm etwas Wasser zu holen und ihm halbherzig den Rücken zu reiben. Meine Hauptsorge ist jedoch, dass er um Himmels willen nicht die Jungen weckt. Sie brauchen ihren Schlaf, mehr noch als wir. Mein Körper spannt sich an, als Liam mit einem mürrischen Schrei aufwacht, und ich wiege ihn in unserem Bett wieder in den Schlaf. Sein Vater liegt neben uns, unkontrolliert zitternd, obwohl er in dieser warmen, frühsommerlichen Westküstennacht unter allen Decken liegt.

Den nächsten Tag verbringt Alastair im Bett, während der Rest der Gruppe zu Sea World fährt. Der einjährige Liam und ich bleiben ebenfalls zu Hause, schlafen auf der Couch und bringen Alastair den ganzen Tag über Wasser und Suppe. Alastairs Gesicht ist blassgrün, aber er setzt seine übliche fröhliche Miene dazu auf. Ein paar andere Freunde treffen ein, und er steht auf, albert benommen ein bisschen mit ihnen herum und legt sich dann wieder ins Bett. Wir führen seine Erkrankung auf eine Magenverstimmung zurück, vielleicht eine Lebensmittelvergiftung von dem Restaurant in Santa Cruz. Er hatte einen Hamburger und ich einen Chicken Burger, daher geben wir dem amerikanischen Rindfleisch die Schuld. Seine Freundin P., die Medizin studiert hat, bevor sie sich selbstständig gemacht hat, kommt zu demselben Schluss wie wir: dass er viel Ruhe und viel Flüssigkeit braucht. Daher bleibt Alastair im Bett, wo er den ganzen Tag über immer wieder für eine Weile einschläft. Ein giftiger Geruch von Krankheit liegt in der Luft, und ich öffne das Fenster einen Spaltbreit, um etwas frische Luft hereinzulassen. Alastair ist genervt davon, krank zu sein. »Entschuldige, Schatz«, sagt er, während er sich wieder in die Kissen sinken lässt, »das vermasselt uns irgendwie unseren Urlaub.«

Ich bin ebenso genervt wie er, aber ich lächele ihn an. »Jetzt ruh dich einfach aus, dann wird es schon wieder vergehen. In ein paar Tagen werden wir mit den Jungen in Yosemite zelten.«

An diesem Abend klagt Alastair über Schmerzen in der rechten Brust. Vielleicht, überlegen wir beim Abendessen, hat er sich einen Muskel gezerrt, als er sich so heftig übergeben hat. Der Abend verläuft eindeutig nüchterner als der zuvor, und ich gehe früh zu Bett. Zu Beginn der Nacht stehe ich immer wieder auf und hole Alastair Wasser, schleppe meinen halb schlafenden Körper roboterartig durchs Haus.

»Danke, mein Schatz, ich weiß, dass du erschöpft bist«, krächzt Alastair, als ich ihm ein Glas Wasser reiche.

Ich habe nur genug Energie für ein schläfrig gemurmeltes »Ich liebe dich, Alastair. Punktum.«

Um drei Uhr morgens wälzt sich Alastair immer noch hin und her, und eine Mischung aus Besorgnis und Verärgerung weckt mich so weit auf, dass ich ihn frage, ob es so schlimm ist, dass wir einen Arzt rufen sollen. Ich wecke zwei seiner Freunde, J. und P., und wir vier setzen uns im Wohnzimmer im Kreis zusammen, mit schlaftrunkenen Augen, im Pyjama. Wir flüstern, um die schlafenden Kinder nicht zu wecken. Unsere Körper, das heißt, alle bis auf Alastairs, hängen erschöpft in den Sesseln. Alastair kann nicht still sitzen, und er hat die Augen weit aufgerissen. Mithilfe seines BlackBerrys versuche ich einen Arzt in der Nähe zu finden, der Hausbesuche macht. Kein Glück. Wir sind am Rande einer Kleinstadt an der Westküste, rund drei Stunden südlich von San Francisco, daher beschließen wir, uns auf die Suche nach einem Krankenhaus zu machen. »Nur um auf Nummer sicher zu gehen«, beschwichtige ich Alastair, während ich ihm beim Anziehen helfe.

»Okay«, sagt er, »aber bleib du bei den Jungen.«

»Nein«, sage ich entschieden, »die Jungen sind hier gut aufgehoben. Ich komme mit.«

Ich bitte P., auf die Jungen aufzupassen; dann fahren J., Alastair und ich los zum Krankenhaus. Auf dem Weg nach draußen schnappe ich mir ein Handtuch, nur für den Fall, dass sich Alastair im Wagen übergeben sollte. Es ist kalt draußen. Alastair und ich setzen uns auf die Rückbank, und er legt den Kopf auf meine Knie. Er zittert. Die Nacht ist so finster, dass ich nur die Umrisse seines Gesichts unter mir sehen kann. Er atmet schnell, und er hat die Augen geschlossen. Ich streiche ihm sanft übers Haar, während er sich windet, um eine bequeme Position zu finden. Er hustet in das Handtuch. Als wir an einer der seltenen Straßenlaternen vorbeikommen, fällt das Licht auf einen purpurroten Fleck auf dem Handtuch.

Dieser rote Fleck versetzt mich in Alarmbereitschaft. Mein Herz verkrampft sich mit einem ersten Anflug von Panik, und ich atme tief durch und falte das Handtuch zusammen, damit Alastair das Blut nicht sehen kann. Wir erreichen das örtliche Krankenhaus, das in unheimliche Stille gehüllt ist. Alastair wird immer aufgeregter, während wir ihn zum Empfangsbereich schleppen. Das weiße Licht des Warteraums lässt uns abrupt innehalten und blinzeln. Ich überfliege den Raum und seine leeren, genormten weißen Plastikstühle und gehe auf eine halb dösende Empfangsangestellte zu, die hinter kugelsicherem Glas vor uns geschützt ist. Ich nenne ihr rasch Alastairs Namen und persönliche Daten, versichere ihr, dass er krankenversichert ist, und beschreibe seine Symptome: vierundzwanzig Stunden Erbrechen, Durchfall und Fieber, in letzter Zeit mit Schmerzen in der rechten Brust, und jetzt Blut hustend.

Bei der Erwähnung von Blut tritt die Empfangsdame mit einem Ruck in Aktion, und Alastair wird rasch eingewiesen, in einem kleinen, dunklen Raum auf ein schmales Bett gelegt und ruhiggestellt. Während Alastairs Körper sich beruhigt, spüre ich, wie ich ebenfalls ruhiger werde. Beschwichtigende Gedanken legen sich über meinen Verstand. Wir sind im Krankenhaus. Wir sind am bestmöglichen Ort für Alastair. Ich setze mich auf einen Stuhl neben seinem Bett und halte seine Hand. Ich versorge ein paar Ärzte, die kommen und gehen, mit Informationen. Sie stellen mir eine Reihe von Fragen, unter anderem nach seiner Krankengeschichte, wohin er in letzter Zeit gereist ist, nach seinen Symptomen und seinen Bewegungen in den letzten paar Tagen.

Ich sage ihnen, was ich weiß. Er ist neununddreißig und bei sehr guter Gesundheit: Er ist im November vom Arzt komplett durchgecheckt worden, und die Ergebnisse waren ausgezeichnet. Die einzigen Risikofaktoren, die mir einfallen, sind leicht erhöhte Cholesterinwerte und seine Auslandsreisen im vergangenen Jahr, unter anderem nach Ghana und Russland. Außerdem ist sein Vater im Alter von dreiundvierzig Jahren an nicht alkoholbedingtem Leberversagen gestorben. Ich rassele diese Informationen ruhig und knapp herunter, klammere mich an die Fragen und Antworten, um die aufkommende Besorgnis zu vermeiden, die durch meinen Körper strömt. Ich konzentriere mich ausschließlich auf die Fakten, auf die es jetzt ankommt.

Während ich mit den Ärzten spreche, kommt Alastair aus der Ruhigstellung zu sich. Sein Atem geht schwer. Die Ärzte schieben sein Bett den Korridor hinunter in einen größeren, helleren Raum und schließen ihn an Apparate an, um seine Sauerstoffzufuhr zu überwachen. Sie röntgen seine Lungen. Ein Arzt hält die Röntgenaufnahme ins Licht, und sie zeigt, dass die rechte Seite seiner Lunge fast völlig weiß ist. »Lungenentzündung«, lautet die Diagnose. Eine Diagnose! Meine Aufmerksamkeit stürzt sich darauf. Wie die Fragen und Antworten zuvor ist die Diagnose ein Trittstein, um nicht in die Flut von Gefühlen und beunruhigenden Gedanken zu stürzen, die in mir ständig ansteigt.

»Na ja, mein Schatz«, beschwichtige ich Alastair, »das erklärt die Schmerzen in deiner Brust.«

Die Lungenentzündung scheint jedoch eher ein Symptom als die Ursache zu sein. Das Tempo der Ärzte und Schwestern nimmt zu, ihre Schritte werden eiliger und ihre Mienen verschlossener, während sie kommen und gehen.

»Wir werden Ihnen intravenöse Antibiotika und eine Sauerstoffmaske geben, um Ihnen das Atmen zu erleichtern«, erklärt einer der unzähligen Ärzte und verschwindet dann schnell, bevor wir eine Frage stellen können.

Minuten später schlagen sie vor, einen Katheter zu legen. Alastair nimmt die Sauerstoffmaske ab. »Warum tun Sie das?«, fragt er, atemlos und ängstlich.

»Sie werden eine Weile bewegungsunfähig sein, bis Sie leichter atmen können, daher werden Sie nicht auf die Toilette gehen können«, informiert ihn der Arzt. Ich lege ihm die Maske sanft wieder über den Mund.

Ich halte einen der Ärzte am Arm fest, als er den Raum verlässt. »Was ist los?«, frage ich halb krächzend; meine Stimme bricht.

»Das wissen wir nicht«, erwidert er knapp und entzieht seinen Arm meinem Griff.

Ich taumele auf den Trittsteinen, und die Flut von Gefühlen wird noch gewaltiger. Unter Anstrengung schiebt Alastair die Sauerstoffmaske wieder zur Seite. »Ich bin ja so froh, dass du hier bei mir bist«, keucht er.

Ich lächele ihn an, versuche einen beruhigenden Eindruck zu erwecken. »Wo sollte ich denn sonst sein?«

Die Ärzte versammeln sich im Flur vor Alastairs Zimmer, und ich höre ein gedämpftes Stimmengewirr. Auf einmal kommen zwei Ärzte rasch ins Zimmer, mit weißen Einmal-Gesichtsmasken.

»Wir vermuten, es ist Tuberkulose«, informieren mich die Ärzte, »von seiner kürzlichen Reise nach Russland.«

Mein Gesicht rötet sich vor Panik. »Wir haben zwei kleine Söhne«, sage ich zu ihnen, »im Alter von einem und drei Jahren, und sie waren bei uns im Bett. Sind sie in Gefahr? Sollte ich sie hierher bringen lassen?«

»Nein, nein«, versichern sie mir. »Es ist nicht nötig, sie ins Krankenhaus zu bringen, bis wir genau wissen, womit wir es zu tun haben.«

Alastair versucht wieder, seine Maske abzunehmen, aber er schafft es nicht allein, daher beuge ich mich über ihn, um ihm zu helfen. »Fahr zu den Jungen«, flüstert er beim Ausatmen.

»Nein«, sage ich entschieden. »Ich bleibe hier bei dir.«

Während Alastair langsam das Bewusstsein verliert, sitze ich an seiner Seite und googele wie wild Tuberkulose auf seinem BlackBerry. Während ich den winzigen Text überfliege, spüre ich, wie sich meine Schultern entspannen. Die Ergebnisse sind erstaunlich beruhigend. Tuberkulose ist weit verbreitet und mit einer zweijährigen Behandlung mit Antibiotika vollständig heilbar. Eine alte Erinnerung wird wach; mir fällt ein, dass mein eigener Vater als Junge Tuberkulose hatte, zu einer Zeit, als der medizinische Fortschritt noch längst nicht so weit war wie heute, und er führt seit Langem ein gesundes Leben. »Es wird alles gut werden«, beschwichtige ich mich selbst und Alastair, der jetzt immer wieder für eine Weile zu sich kommt. Neue Diagnose. Heilbare Diagnose. Noch ein segensreicher Trittstein.

Ein Arzt kommt in den Raum gestürzt. Er ist klein, mit einem verfilzten blonden Pferdeschwanz. Allmählich verliere ich bei den ganzen Ärzten den Überblick. Ein endloser Strom von ihnen scheint in einem fort zu kommen und zu gehen. Niemand scheint die Verantwortung zu haben. Er wendet sich nicht an Alastair, sondern sieht mich direkt an. »Wir werden Ihren Mann intubieren müssen«, sagt er. Dann wendet er mir den Rücken zu und beginnt, mithilfe einer stämmigen Krankenschwester die Schale für die Intubation vorzubereiten.

»Ist das wirklich notwendig?«, wende ich mich an seinen Rücken, mit entnervt angespannter Stimme. Der Arzt hält in seiner Vorbereitung inne und wendet sich um, um mich genau anzusehen. In einem klaren, langsamen, gedehnten Ton sagt er: »Ma'am, Ihr Mann ist schwer krank.«

Ich höre zu, ohne zu hören. Amerikaner!, denke ich in meinem inneren Monolog. Sie sind so melodramatisch.

Während der Arzt mit der Intubation beginnt, trete ich vom Bett zurück, um ihm Platz zu machen. Das Scheppern von Instrumenten auf Metallschalen fesselt meine Aufmerksamkeit. Der Arzt beugt sich über Alastair, und ich widme meine Aufmerksamkeit weiter der Schale neben dem Bett. Auf einmal lenkt ein spritzendes Geräusch meinen Blick zum Rücken des Arztes, und ich sehe rote Tropfen durch den Raum fliegen. »Scheeiiße«, sagt der Arzt, während er weiter durch seine blutbespritzte Brille intubiert. Ich stehe wie angewurzelt da, mit offenem Mund. Alle Trittsteine brechen prompt unter mir weg, und ich werde überwältigt von dem Gefühl, das in mir geschwelt hat. Ich werde von einer Panik ergriffen, die an meinem Magen vorbei gleich in meiner Kehle hochsteigt.

»Was machen Sie denn da?«, schreie ich mit schriller Stimme.

Der Arzt ignoriert mich und kümmert sich um Alastair. Die Frage hallt durch den Raum, unbeantwortet. Schließlich wendet sich der Arzt zu mir um. »In seiner Lunge ist Blut«, sagt er knapp, »und das ist kein gutes Zeichen.«

Die Alarmstufe in meinem Körper schaltet hoch auf Rot. Ich bin mir nicht sicher, ob die Ärzte für oder gegen uns sind. Ich brauche Hilfe. Ich brauche Verstärkung. Ich stürze aus dem Raum, um Alastairs Freundin P. anzurufen und sie zu bitten, zum Krankenhaus zu kommen. Ich gebe den Buchstaben P in mein Handy ein und scrolle die Liste durch bis zu ihrem Namen. Meine Finger sind unbeholfen, und es gelingt mir erst beim zweiten Anlauf. Verdammt, kein Klingelton.

»Vor dem Krankenhaus ist die Netzabdeckung besser«, sagt die Empfangsangestellte langsam. »Und wenn Sie fertig sind, könnten Sie dann zurückkommen, um uns die vollständigen Versicherungsdaten Ihres Mannes zu geben?«

»Zur Hölle mit Ihnen«, fluche ich lautlos, während ich die Schwingtür des Krankenhauses wütend aufschlage.

Aber wie sich herausstellt, werde ich es sein, die durch die Hölle geht.

Abstieg in die Hölle

In den nächsten sechs Stunden erlebe ich, wie meine schlimmste Angst wahr wird. Ein paar Monate zuvor war mir bewusst geworden, was meine schlimmste Angst war. Seit Toms Geburt bekam ich jedes Mal Panik, wenn ich mit den Kindern über Nacht allein zu Hause war. Alastair war viel auf Reisen, und seine Reisen bedeuteten für mich immer nächtelangen Schlafentzug. Tagsüber schalt ich mich dafür und sagte mir, dass diese Panik völlig irrational war, dass ich sie mit Vernunft in den Griff bekommen könnte und dass ich mich diesmal nicht von Angst überwältigen lassen würde. Aber wenn der Abend in die Nacht überging, konnte ich die Panik in mir aufsteigen spüren. Ich versuchte mich mit Wein sanft in den Schlaf zu trinken und sah mir witzige, leichte Filme an. Ich rief meine

Mutter an und redete mit ihr, bis sie einnickte, dann schaltete ich die Alarmanlage ein und huschte nach oben. Aber spätestens um zwei Uhr morgens waren die beiden Jungen jedes Mal in meinem Bett, die Tür verbarrikadiert und mein unverzichtbarer Baseballschläger unter dem Kopfkissen. Jedes Ächzen und Knarren des Hauses hörte sich für mich wie die Schritte von Einbrechern an.

Ein paar Monate vor unserer Reise nach Amerika hatte mir meine Schwiegermutter eine Hypnotiseurin empfohlen, die mir vielleicht helfen könnte. Ich vereinbarte einen Termin, und als die Kliniktür aufging, wunderte ich mich, eine hochgewachsene, schöne blonde Frau vor mir zu sehen. Ihre natürliche, nüchterne Art zerstreute meine Zweifel an der Hypnose. Als Erstes forderte sie mich auf, meine schlimmste Angst zu beschreiben. Ich dachte kurz nach und antwortete dann: »Meine schlimmste Angst ist, dass jemand in unser Haus eindringt und meine Kinder im Zimmer nebenan leiden. Ich kann sie hören, aber ich kann absolut nichts tun, um ihnen zu helfen.« Die schlichte Artikulation dieser unbewussten Angst verschaffte mir ein Gefühl von Erleichterung. Der Kern meiner schlimmsten Angst war die Vorstellung, nichts tun zu können, um meinen leidenden Kindern zu helfen.

Ein paar Monate später, in diesem amerikanischen Krankenhaus, erlebe ich, wie diese Angst wahr wird – aber es sind nicht meine Kinder, die leiden, es ist mein Mann. Sein Blutdruck ist so tief abgefallen, dass man ihm keine Schmerzmittel geben kann, um keinen Herzstillstand zu riskieren. Sechs Stunden lang windet er sich vor Schmerzen, während ich versuche, ihm zu helfen, eine bequeme Position für seinen Körper zu finden. Die Schwester sagt mir, ich soll seine Hände nach unten drücken, damit er sich nicht die Schläuche herauszieht. Ich stehe an seiner Seite, halte ihn stundenlang umklammert, während wir uns verängstigt anstarren. P. kommt und stellt sich schweigend an die andere Seite seines Betts.

»Lass die Antibiotika in deinen Organismus«, beschwöre ich ihn, während ich seinen Blutdruck beobachte, um die Schwestern zu verständigen, sobald er hoch genug ist, um ihm Schmerzmittel geben zu können. Ich fühle mich überwältigt von einer erbärmlichen Machtlosigkeit. In vielerlei Hinsicht sind diese sechs Stunden wie eine Geburt. Erst zwanzig Monate zuvor sind wir zusammen in einem Londoner Krankenhaus gewesen. Damals lag ich in dem Krankenhausbett, und Alastair beschwichtigte meine Ängste mit seinem leichten Geplauder. Diesmal scherzt jedoch niemand, und es ist wie die Umkehr einer Geburt.

In der Notaufnahme stehen wir einen stundenlangen gemeinsamen Kampf durch, und in meiner Stimme, meinem Tun liegen Panik und Frustration. Ich dränge bei den Ärzten auf ein Schmerzmittel. »Bitte helfen Sie ihm«, flehe ich sie an. Ich ertrage es nicht, seinen Schmerz zu sehen und nichts tun zu können, um ihn zu lindern. Wie ein Mann, der zum ersten Mal Vater wird und die Wehen seiner Frau erlebt, sehnt sich ein Teil von mir danach, vor dieser Erfahrung zu flüchten. Aufgrund der Intubation kann Alastair nicht sprechen, daher beuge ich mich über ihn und versuche seine wortlosen Gesten zu verstehen, die mir sagen wollen, wie ich seinen Körper wenden soll, damit er es bequemer hat. Er deutet immer wieder auf seine Brust und dann auf mich, aber ich kann ihn nicht verstehen. Ich stecke fest in meiner Mission, es ihm bequemer zu machen. Ich kann nicht noch mehr wahrnehmen.

Entnervt hört Alastair auf einmal auf, sich zu winden, und sein Körper sackt von mir weg. Seine Augen sehen durch mich hindurch. Er scheint mich immer weniger zu erkennen, und seine weit aufgerissenen Augen füllen sich mit Entsetzen. Der Apparat beginnt laut zu piepsen, und auf einmal füllt sich der

Raum mit Ärzten und Schwestern. Ich werde zur Seite gezogen, in Sicherheit gebracht vor dem Ansturm. Ein Arzt steht im Korridor vor mir. Ich bin in meinem Körper und kann mein eigenes Herz hämmern hören. Alle anderen Geräusche sind gedämpft.

»Dieser Mann wird sterben«, platzt der Arzt heraus. Seine Worte sind eine kurze, schallende Ohrfeige, die mein Bewusstsein aus meinem Körper in die Wirklichkeit zurückholt.

»Hauen Sie ab«, fauche ich ihn an.

In meinen Ohren hallt ein Echo wider, das alle Hintergrundgeräusche übertönt. Ich bin in einer ohrenbetäubenden Stille.

Ich wende mich zu P. um und vergrabe den Kopf an ihrer Schulter. Der Apparat beginnt wieder laut zu piepsen. »Sei stark, sei stark«, flüstert sie mir ins Haar. Kurz vor dem Ertrinken sind diese Worte wie ein Olivenzweig, der mir hingehalten wird. Ich klammere mich verzweifelt daran und bin wieder vollkommen wach.

»Kann ich zu ihm? Kann er mich hören?«, frage ich den Arzt, der mich rasch wieder ins Zimmer führt. Alastairs Herz hat zum zweiten Mal ausgesetzt; er wird wiederbelebt. »Alastair, mein Schatz«, beginne ich. Ich suche nach einer passenden Erinnerung. »Alastair, wir sind auf unserer Lieblingsinsel, Ilha Grande. Es ist ein herrlicher Tag, und wir sind eben vom Boot gegangen und spazieren jetzt über den Hügel zum Strand. Die Sonne scheint warm durch die Blätter der grünen Bäume über uns, während wir gehen. Jetzt können wir den weichen, goldgelben Sand unter unseren Füßen spüren, und wir treten aus dem Tunnel grüner Bäume und können die Wellen an die Küste schlagen sehen.«

Alastair schlägt die Augen auf. Ein Arzt neben mir ruft seinen Namen, und Alastair sieht kurz den Arzt an, bevor er die Augen auf meinem Gesicht ruhen lässt und dann wieder schließt. Sein Herz beginnt zu schlagen, und sein Zustand stabilisiert sich. Während die Anspannung des Augenblicks von mir weicht, nimmt P. meine Hand. »Ich glaube, er hat gesagt: ›Ich liebe dich‹«, sagt sie. »Als er auf seine Brust und dann auf dich gezeigt hat, ich glaube, da hat er gesagt: ›Ich liebe dich‹.«

Bauchgefühl

Draußen geht der Vormittag in den Nachmittag über, mit der üblichen Gefühllosigkeit der Zeit. Im Krankenhaus, wo wir inzwischen seit über zwölf Stunden sind, spielt uns die Zeit Streiche. Der fensterlose Raum der Notaufnahme mit seinem unnatürlich grellen Licht gibt keinen Hinweis auf die Tageszeit. Manche Momente erscheinen wie aus der Zeit gefallene Ewigkeiten, während andere scheinbar gleichgültig vorbeifliegen. Wir beginnen ein Katz-und-Maus-Spiel mit Alastairs Vitalfunktionen und dem Wetter. Alastairs Zustand muss sich so weit stabilisieren, dass er mit dem Hubschrauber ins Universitätsklinikum von Stanford verlegt werden kann, wo er die bestmögliche Behandlung bekommen wird. Außerdem hat sich der Nebel von San Francisco über die Bucht gelegt, was Hubschrauberflüge gefährlich macht. Er muss sich so weit lichten, dass Alastair verlegt werden kann.

Jetzt ist Alastair bewusstlos, aber ich weiß, dass er mich hören kann. Ich sitze neben ihm, ungestört in unserer Intimität von den Scharen von Ärzten und Schwestern um uns herum. Ich erzähle ihm Geschichten – Geschichten von seiner Kindheit, seiner Familie und seinen Freunden, darüber, wie wir uns kennengelernt haben, von unserer Hochzeit, den Jungen und unseren gemeinsamen Abenteuern. Das ist der Moment des offenen Herzens, in dem alle Geheimnisse offenbar werden.

»Weißt du noch, wie wir beide auf dieser großen Konferenz in Oxford waren, kurz nachdem wir uns kennengelernt hatten und bevor wir über unsere Gefühle gesprochen hatten?«, säusele ich ihm ins Ohr, das Gesicht nah über seines gebeugt. »Weißt du noch, wie ich neben dir gesessen habe? Ich habe diese starke magnetische Anziehung zu dir verspürt, und mein Körper hat sich unwillkürlich zu deinem geneigt. Ich wäre ein paarmal fast von meinem Stuhl gefallen. Weißt du noch, wie du mich neckend gefragt hast, ob ich eine Neigung zu dir hätte, und ich die Bemerkung als lächerlich abgetan habe? Na ja, ich *hatte* eine Neigung zu dir, Alastair, wirklich. Ich habe diesen Sog von Energie verspürt, und ich wollte dich am liebsten anschreien: ›Kannst du das spüren? Kannst du das auch spüren?‹«

Ich durchlebe die Erinnerung an dieses Gefühl, während ich neben ihm sitze und in seinem bewusstlosen Gesicht nach irgendeiner Reaktion forsche.

»Und wie wir geschäftlich in einem Hotel in Amerika waren, als wir anfingen zusammenzuarbeiten, und du spät dran warst? Wie du mich gebeten hast, in dein Zimmer zu kommen und zu warten, während du dich fertig umgezogen hast, damit wir zusammen zum Team-Dinner gehen könnten? Und wie alles so korrekt und hinter einer Fassade aus Förmlichkeit verborgen war? Diese ganze Zeit, Al, diese ganze Zeit in deinem Zimmer hatte ich ein solch brennendes Bedürfnis, auf dein Bett zu springen und auf- und abzuhüpfen.« Ich lache, während ich ihm das gestehe. »Ich wusste, dass wir füreinander bestimmt waren, Al. Ich wusste es, schon bevor der Gedanke in meinem Verstand Gestalt angenommen hatte.«

Eine Geschichte nach der anderen sprudelt aus mir hervor, und dann beginne ich ihm Lieder vorzusingen, unsere Lieder. Ich singe den Refrain von Marisa Montes *Amor, I Love You*, während die Ärzte und Schwestern um mich herum zugange sind. Es ist mir egal, wer mich Ronan Keatings *Life is a Rollercoaster* singen hört. Auf der ganzen Welt gibt es nur mich und Alastair.

Jetzt ist ein engagiertes Team von Ärzten und Schwestern in

der Notaufnahme, nachdem bislang oft niemand oder nur eine einzige Schwester da war. Ein Arzt nimmt mich beiseite und erklärt mir die Situation. Er macht einen fähigen und kompetenten Eindruck auf mich.

»Wo waren Sie denn vorher?«, frage ich verärgert. »Bevor er das Bewusstsein verloren hat?«

»Meine Schicht hat eben erst begonnen«, erklärt er halb abwehrend, »aber Sie hatten mit anderen Ärzten zu tun.«

»Ich hatte mit einer Handvoll Ärzte zu tun, und jeder hatte eine völlig andere Geschichte und ist nur kurz vorbeigekommen. Niemand schien hier Verantwortung zu übernehmen.«

In der Notaufnahme geht das inzwischen große ärztliche Team Schritt für Schritt durch, was heute Morgen im Krankenhaus passiert ist, und bespricht im Detail, welche Medikamente wann verabreicht wurden.

Wut beginnt in mir zu köcheln. »Ich weiß zu schätzen, was Sie für Alastair tun«, sage ich laut in einem angespannten, scharfen Ton, »aber mir scheint, Sie sind mehr besorgt darum, nicht verklagt zu werden, als darum, sein Leben zu retten. Aber wissen Sie, wen zum Teufel schert es, ob Sie verklagt werden? Wen schert es denn?«

Stille senkt sich über den Raum, und niemand erwidert meinen Blick. Schließlich legt mir eine der Schwestern eine Hand auf den Arm und sagt beschwichtigend: »Es tut mir leid, wenn Sie einen schlechten Eindruck von uns haben, aber wir müssen genau wissen, welche Dosen an Medikamenten er bereits bekommen hat, damit wir einschätzen können, was wir ihm geben müssen, um ihm zu helfen.«

Nach und nach kommen Alastairs Freunde in dem Flur vor seinem Zimmer zusammen, und ihr Geplauder und gelegentliches Gelächter sind zu hören. Sie sprechen in ihre Handys, suchen nach Möglichkeiten, um den Hubschrauber und die besten Ärzte bereitzustellen, um Alastair in Stanford zu helfen. Die

Geräusche von Freunden in der Nähe beruhigen mich, und ein fröhlicher Optimismus und Sinn für praktische Überlegungen gewinnen in mir an Kraft.

Eine Ärztin sagt mir, dass ich unsere Flugtickets umbuchen müsse, da Alastair mindestens zwei Wochen im Krankenhaus bleiben wird. Seine Nieren haben versagt, und er wird eine Dialyse benötigen. Ich seufze, sichtlich erleichtert. Das kann ich schaffen. Flugtickets kann ich umbuchen. Wir werden die Dinge wieder unter Kontrolle bringen. Wir haben hier für eine Weile die Kontrolle verloren, und das war unheimlich. In späteren Jahren werden wir von dieser Zeit beim nächtlichen Wein mit Freunden und Verwandten als »damals, als Alastair fast gestorben wäre« reden. Aber jetzt haben wir es erst einmal überstanden. Als ich mit einer Schwester fließend in der Notaufnahme-Sprache rede, die ich in den vergangenen fünfzehn Stunden aufgeschnappt habe, lächelt sie mich an. »Wow, Sie haben an einem Tag aber viel gelernt.«

Ich sehe ihr genau in die Augen. »Ja«, erwidere ich tonlos. »Ich habe gelernt, wie wichtig es ist, mich zu erinnern, wie sehr ich die Menschen in meinem Leben liebe.«

Wir sind von einem lebensbedrohlichen Notfall in eine Phase der Genesung getreten. Wir haben überlebt, und jetzt müssen wir alles daransetzen, dass Alastair wieder gesund wird. Ich rufe meine Eltern in Irland an, um sie zu bitten, nach San Francisco zu kommen, damit sie sich in den nächsten zwei Wochen um die Kinder kümmern können, während ich bei Alastair im Krankenhaus bin. Die Stimme meiner Mutter ist fröhlich und locker, als sie ans Telefon geht, und sie lacht, weil sie mich mit meiner Schwester verwechselt. Mir ist bewusst, dass mein Anruf ihr die gute Laune verderben wird. Bevor sie auflegt, ist ihre Stimme angespannt vor Sorge.

Als der Nachmittag draußen allmählich in den Abend übergeht, ist Alastair stabil genug, um verlegt zu werden, und der

Hubschrauber hat es zum Krankenhaus geschafft. Es dauert eine halbe Stunde, ihn an die mobilen Apparate anzuschließen.

»Ich will mitfliegen«, stelle ich klar.

»Das geht nicht«, erklärt mir die Hubschrauber-Schwester. »Aber ich brauche Ihre Unterschrift auf diesem Entlassungsformular.«

»Sind Sie sicher, dass es so am besten ist?«, frage ich zweifelnd.

»Die Vorteile überwiegen die Risiken«, sagt die Schwester, offenbar überzeugt und kompetent.

Ich weiß nicht, was ich tun soll, aber ich unterzeichne das Dokument. Ich reiche es ihr und sage: »Ich weiß, dass er bewusstlos ist, aber bitte sprechen Sie im Hubschrauber mit ihm und sagen Sie ihm genau, was passiert. Er weiß gern, was los ist.«

Ich beuge mich über Alastair in dem mobilen Bett und flüstere ihm zu: »Bitte, bleib einfach am Leben, bis du ins Stanford Hospital kommst. Dann wird alles gut.« Ein Bild unseres gemeinsamen Lebens taucht vor meinem geistigen Auge auf, und ich gebe es ihm als ein letztes Geschenk mit auf den Weg, bevor er in den Hubschrauber gebracht wird. »Stell dir vor, wie wir vier auf unserem Balkon sitzen, während die Sonne an einem warmen Abend untergeht, mit dem orangeroten Himmel hinter dem Park gegenüber unserem Haus. Du und ich, wir trinken beide eine Flasche Bier, und wir essen alle Hula Hoops mit den Fingern. Du machst deinen albernen Münzen-Zaubertrick für die Jungen, die auf unserem Schoß sitzen und vor Freude kreischen.«

Alastair wird für den dreißigminütigen Flug ins Stanford University Hospital zum Hubschrauber gerollt, und ich gehe mit seinen Freunden zum Parkplatz, um zuzusehen, wie der Hubschrauber abhebt. Die Erleichterung ist spürbar. Wir haben das Schlimmste überstanden. Ich nehme Alastairs Sandalen und seine Fleecejacke. »Für die Zeit, wenn er aufwacht«, versichere ich mir.

Während wir das Krankenhaus verlassen, läuft mir ein Pfleger nach. »Hören Sie«, sagt er, als er vor mir steht. »Ich war hier, als Ihr Mann heute Morgen zusammengebrochen ist, und ich dachte, er würde nicht durchkommen, aber in den letzten acht Stunden hat sich sein Zustand doch sehr verbessert. Sein Gesicht hat wieder Farbe bekommen. Ich mache diese Arbeit jetzt seit vierzehn Jahren, und mein Bauchgefühl sagt mir, dass er durchkommen wird.«

Ich umarme ihn fest und schluchze an seiner Schulter.

»Das ist alles, was ich wissen will«, sage ich weinend. »Das ist alles, was ich wissen will.«

Positive Visualisierung

Alastairs Freunde und ich versammeln uns, um zuzusehen, wie der Hubschrauber in einen Himmel davonfliegt, an dem sich erste Streifen der Abendröte orangefarben abzeichnen. Während der Hubschrauber abhebt, wende ich mich an seine Freunde, beschwingt von den Bemerkungen des Pflegers und meinem wachsenden Optimismus. »Alastair hat immer an die Kraft der Visualisierung geglaubt, um eine freie Lücke auf einem fast besetzten Parkplatz zu bekommen«, sage ich zu ihnen, »daher sollten wir uns alle irgendetwas Witziges vorstellen, was wir in einem Monat mit ihm tun werden.« Mit einem Lächeln in die kleine Runde männlicher und weiblicher Freunde füge ich hinzu: »Und ich bin die Einzige, die dabei an Sex denken darf.«

Das Gelächter löst unsere Anspannung, während wir in unsere Autos steigen und die dreistündige Fahrt zum Stanford Hospital antreten. Vom Wagen aus rufe ich Alastairs Schwester in Mauritius an und versichere ihr, dass alles gut werden wird. Das Hubschrauber-Team ruft uns an, als wir auf halbem Weg sind, um uns zu sagen, dass Alastair den Hubschrauberflug überlebt hat und jetzt in die Notaufnahme des Krankenhauses gebracht wird. Erleichtert versuche ich mich auf der Rückbank des Wagens auszuruhen, nur achtundvierzig Stunden nachdem Alastair seine schlafende Familie auf genau dieser Straße zufrieden in Richtung Süden gefahren hat.

Was bedeutet schon ein Name?

Bei der Ankunft beruhigt mich die Größe und effiziente Betriebsamkeit des Krankenhauses noch mehr. Alastair hat den Flug überlebt und ist jetzt sicher in fachmännischen Händen, mit modernsten medizinischen Apparaten. Das Krankenhaus sieht aus und klingt wie ein moderner Flughafen. Die Flure sind voll mit wartenden Passagieren, von denen man nicht sicher ist, ob sie kommen oder gehen. Alastairs Freundin K. ruft übers Haustelefon in der Notaufnahme an, um Bescheid zu sagen, dass wir angekommen sind, und man bittet uns zu warten. Ich versuche mich in einem Sessel auszuruhen. Mein Körper ist erschöpft von Anspannung, Schlafentzug und den letzten Resten des Jetlags. Ich schließe die Augen, aber sie wollen nicht geschlossen bleiben.

Ich kann mich nicht ausruhen. Ich will wissen, was los ist. Ich will bei Alastair sein. Warum lässt man mich nicht zu ihm? Meine mühsam vergrabene Panik steigt wieder in mir auf. Ich nehme das Telefon selbst in die Hand, sage, dass ich ihn sofort sehen will. Widerstrebend bittet man mich, in einen anderen Bereich der Notaufnahme zu kommen, wo, so sagt man mir, ein Arzt mit mir sprechen wird. Ich gehe allein durchs Krankenhaus, orientierungslos und lethargisch. Ich begegne einem alten Mann, der sich langsam auf Krücken vorwärtsbewegt, und sein Leiden, in dem ich mein eigenes gespiegelt sehe, ist mir schmerzhaft bewusst. Dann sehe ich einen jungen Mann, mit vor Entsetzen verzerrter Miene, und mein Herz verkrampft sich vor Mitleid.

Auf diesem riesigen Flughafen von einem Krankenhaus wünschte ich, ich würde zu einem Abflug-Gate gehen, um weit, weit wegzufliegen von dem, was passiert. Ich komme zu einem offenen Warteraum mit bequemen Sofas und Sesseln, mit Blick ins Treppenhaus. Nur eine kleine Gruppe schweigender Angehöriger sitzt dort, die nicht einmal aufsehen, als ich hinzukomme. Ich bleibe stehen und warte.

Auf einmal habe ich es nicht mehr eilig. Ich warte einfach, und alle Gedanken sind wie erstarrt, während die Zeit langsam verstreicht. Zehn Minuten vergehen, bevor sich ein grauhaariger Arzt in den Fünfzigern nähert. Mit eingezogenen Schultern, wie ich im Stillen bemerke, kommt er auf mich zu. Er gibt mir die Hand, stellt sich als Dr. R. vor und führt mich in einen kleinen Raum.

Sein Verhalten vermittelt mir lauter falsche Signale. Was für ein ernstes Gesicht, denke ich, als er mich bittet, Platz zu nehmen. Ich gehorche wie ein braves Schulmädchen, gestatte mir nicht, seine Körpersprache in Gedanken zu übersetzen.

»Ich befürchte«, beginnt er mit einer respektvollen Verbeugung des Kopfes, »Ihr Mann liegt im Sterben.«

Ich höre seine Worte, aber ich ahne nicht, dass es fast ein Jahr dauern wird, bis sie zu mir durchdringen.

Ich reagiere. Ich schleudere ihm Leugnen und Verhandeln entgegen. »Aber«, stammele ich, »er hat den Hubschrauberflug überlebt. Man hat uns angerufen, um es uns zu sagen.«

»Ja«, sagt er langsam, »aber bis er in der Notaufnahme ankam, hatte er keinen Puls mehr. Wir haben fünfzehn Minuten an ihm gearbeitet, und jetzt hat er wieder einen schwachen Puls, aber seine Organe machen dicht, und sein Herz wird bald aufgeben.«

»Aber«, stammele ich wieder kopfschüttelnd, »er ist erst neununddreißig, er ist gesund.« Ich spucke ihn fast an, während ich spreche. »Vor zwei Tagen ging es ihm noch rundum gut.« Ich fuchtele mit den Händen, suche in meinem Verstand verzweifelt nach einer Lösung. »Wenn sein Herz Hilfe braucht, dann transplantieren Sie ihm ein Herz.«

Dr. R. wartet, bevor er antwortet. »Er ist zu schwach«, sagt er. »Es ist nur noch eine Frage der Zeit.«

Seine Worte schweben in der Luft, fast sichtbar, während sie sich in Zeitlupe auf meinen Verstand zubewegen. Ich verfalle in Schweigen. Eine Ewigkeit vergeht, bevor ich die Muskeln meines Mundes bewege und fast unhörbar flüstere: »Kann ich zu ihm?«

Dr. R. steht auf und führt mich schweigend aus dem Raum und einen langen Korridor hinunter. Am Ende des Korridors kann ich die offene Tür von Alastairs Zimmer sehen. Als ich auf ihn zugehe, scheint sein Körper über dem Bett zu schweben, während Schwestern und Ärzte sich über ihn beugen und ihn noch einmal wiederbeleben.

An der Tür bleibe ich stehen und lese seinen Namen, der dort angeschrieben steht. »Sie haben unseren Nachnamen falsch geschrieben«, bemerke ich schroff, bevor ich über die Schwelle trete. Vielleicht kann ich, indem ich mich auf unbedeutende kleine Details konzentriere, vor der Wirklichkeit dessen fliehen, was geschieht. Ein Schock, so scheint es, verschließt mein Gehirn, ist ein Schutzwall gegen das Undenkbare.

Alastair ist aufgedunsen von den Antibiotika, sein Körper ist nicht mehr so lang und schmal wie sonst. Als ich den Raum betrete, höre ich einen schrillen Schrei, der tief aus meinem Inneren kommt: »Oh, Alastair!«

Ich verspüre einen überwältigenden Drang, mich auf dem Bett unter seinen Arm zu kuscheln und einzuschlafen. »Kann ich mich zu ihm legen?«

»Zu viele Schläuche, leider«, sagt eine Schwester und zieht mir einen Stuhl heran, damit ich mich neben ihn setzen kann.

Seine Vitalfunktionen sind jetzt wieder stabil. Ich setze mich und nehme seine linke Hand in meine. Sein Ehering ist mit Klebeband abgedeckt, und sein Finger quillt darunter hervor.

Ich sitze dort bei ihm, aber ich habe nichts mehr in mir: keine Geschichten zu erzählen, keine Lieder zu singen. Sein Körper scheint leer und fremd, unbeseelt. Ich lege den Kopf auf seinen Arm und verschließe die Augen vor dem, was passiert.

Ein paar von Alastairs Freunden kommen in den Warteraum. Ihre Ehepartner sind in dem Ferienhaus geblieben, um sich um die Kinder zu kümmern. Ich gehe den langen, trostlosen Korridor wieder hoch, um sie zu treffen. Wir sitzen im Kreis, schweigend, schockiert. Unsere Augen sind weit aufgerissen und rot umrandet.

»Wisst ihr was«, sage ich, um das Schweigen zu brechen, »ich könnte jetzt wirklich eine witzige Geschichte über Alastair gebrauchen.«

Sie lachen halb, und halb weinen sie. J. beginnt stockend: »Wisst ihr noch, wie Al die ganze Nacht durchgefahren ist, um für einen Campingausflug K.s Schlafsack zu holen, den sie vergessen hatte, und erst am nächsten Morgen wiedergekommen ist, eben noch rechtzeitig für die Zwanzigmeilenwanderung?«

P. wirft ein: »Oder wie er seinen Wagen an irgendeinen Gangster verkauft hat, der ihn mit Bündeln von Hundertdollarscheinen bezahlt hat?«

M. ergänzt: »Und damals, als er einen Tag in einer Comedy-Fahrschule verbracht hat, anstatt ein Bußgeld wegen Falschparken zu bezahlen? Er musste die Verkehrsregeln von auszubildenden Stand-up-Comedians neu lernen.«

Wie aufs Stichwort stimmen wir alle mit ein, ahmen Alastairs Stimme nach: »Man kann sicher sein, und man kann todsicher sein.«

Wir verfallen in Schweigen. Eine kleine, rundliche Frau erscheint. Sie stellt sich als die Krankenhaus-Seelsorgerin vor und fragt uns, ob wir für Alastair beten wollen. Wir stellen uns im Kreis auf und halten uns bei den Händen, während jeder für sich sein eigenes Gebet spricht. Ich beginne im Stillen ein auswendig gelerntes Gebet aus meiner Kindheit herunterzurasseln, aber dann breche ich unvermittelt ab. Wo ist Gott? Wo war Gott ausgerechnet heute?

»Möchten Sie vielleicht mitkommen, um Alastair die Sterbesakramente zu erteilen?«, fragt die Seelsorgerin ernst.

Ich sehe sie voller Abscheu an. Sie erscheint mir selbst wie der Sensenmann. »Er ist noch nicht tot«, sage ich knapp, »er könnte immer noch überleben.«

»Das verstehe ich«, sagt sie teilnahmslos, »aber die Sterbesakramente sind nur, um auf Nummer sicher zu gehen. Selbst wenn er überlebt, werden sie ihm nichts schaden.«

Ihre Worte sind eine Standardantwort, zweifellos all den unzähligen Angehörigen angeboten, die im Zustand des Leugnens verharren. Widerstrebend folge ich der Seelsorgerin, und wir gehen den langen Korridor wieder hinunter. Als wir uns Alastairs Zimmer nähern, geben meine Beine nach. Ein plötzlicher, kristallklarer Gedanke hat die Zähne in mich geschlagen: *Alastair wird sterben.*

Dieser Gedanke setzt sich in meinem Kopf fest, und ich werde von einer Flut von Bildern erdrückt – da sind die Jungen, tränenüberströmt, da ist das verständnislose Gesicht seiner Mutter, und da bin ich, allein, allein, allein. Die Bilder wirbeln wie Derwische in mir umher. Eine Kakofonie schmerzlicher Gedanken wetteifert um Aufmerksamkeit, und ich stoße sie aus dem Weg, während ich ins Bad stolpere. Ich beginne mich zu übergeben und unkontrolliert zu zittern, während ein Chor innerer Stimmen mir zuruft: »Er leidet. – Du kannst nichts tun. – Es ist alles vorbei.« Darunter dröhnt die Basstrommel des Leugnens immer beharrlicher: »Es kann nicht wahr sein, es kann nicht wahr sein.«

Eine Schwester ist neben mir. Sie ist Engländerin und stammt aus der Nähe von dort, wo Alastairs Mutter lebt. Ihr gekünstelter Plauderton verwirrt mich, bringt mich aber auch zur Besinnung.

Dr. R. untersucht mich kurz. »Vermutlich ist es nur der Schock«, sagt er beiläufig, »aber es sind dieselben Symptome, die Ihr Mann vor achtundvierzig Stunden hatte, und wir wissen noch immer nicht, was die Ursache für seine Krankheit ist.«

Er gibt der Schwester ein Zeichen, einen Rollstuhl für mich zu holen, und schlägt mir vor, zur Notaufnahme zu gehen. Ich lasse mich in den Rollstuhl fallen, und K. bringt mich zur Anmeldung eine Etage tiefer. Ich verspüre ein überwältigendes Gefühl von Erschöpfung und eine nüchterne Akzeptanz. Vom Kopf her weiß ich, dass Alastair im Sterben liegt, aber ich verspüre keinen Drang, zu ihm zu gehen. Wo ist mein Sinn für Romantik geblieben? K. rollt mich die Korridore hinunter. »Wenn ich krank bin, dann bringt die Jungen so schnell wie möglich ins Krankenhaus«, murmele ich. »Wenn ich auch sterbe …« Ich räuspere mich. »Wenn ich auch sterbe, dann kommen die Jungen zu meiner Schwester.« Ich rolle mich auf einem Krankenhausbett zusammen und wimmere: »Ich weiß, was auf mich zukommt, ich will nur ausreichend ruhig gestellt werden.«

Eine Schwester gibt mir eine Spritze, und ich falle rasch in einen erlösenden Schlaf. Die Zeit verstreicht. Es sind Alastairs letzte Stunden auf dieser Erde, und ich schlafe tief und fest.

Stunden später komme ich langsam wieder zu mir, als ich höre, wie ein Latino von einer Schwester in die Mangel genommen wird, die versucht, seine Adresse oder Telefonnummer zu erfahren. Er spricht spanisch, und sie spricht englisch. Ich nehme an, dass er nicht versichert und vermutlich illegal hier ist und dass er ihren Fragen ausweicht. Ich verfolge diese Seifenoper mehrere Minuten lang, bis mir allmählich bewusst wird, wo ich bin. Ein paar von Alastairs Freunden und ein Arzt warten darauf, dass ich zu mir komme.

»Alastair wird bald sterben«, sagt der Arzt ernst. »Möchten Sie gern zu ihm?«

Ich habe nicht die Kraft, den Arm zu heben, geschweige

denn, aus dem Bett zu steigen. »Könnt ihr zu ihm gehen?«, flehe ich seine Freunde an. »Bitte lasst ihn nicht allein.«

Seine Freunde nicken zustimmend, mit ernsten Mienen, berühren meine Schulter und verlassen mein Zimmer, während ich wieder Zuflucht im Schlaf suche.

In den frühen Stunden eines Sonntagmorgens stehen Alastairs Freunde um sein Bett und scherzen halb weinend, halb lachend mit ihm, während sein Herz aufhört zu schlagen. D. schlägt Alastair vor, ihn aus dem Krankenhaus zu schmuggeln, ihn in ein Cabrio zu schnallen, ihm ein Bier in die Hand zu drücken und mit ihm die Küste hinunterzufahren. Ich stelle mir vor, dass ein Teil von ihm, der Teil, der nicht völlig unter Schock steht, innerlich kichert, während er stirbt.

Ein neuer Morgen

Es ist ein heller, neuer Morgen, als ich aufwache. Ich fühle mich ausgeruht und bequem in einem großen, weichen Doppelbett. Glitzernde Sonnenstrahlen fallen sanft durch die Ritzen in den weißen Jalousien ins Zimmer. Draußen kann ich das Gelächter und Geschrei von Kindern hören. Während ich benommen zu mir komme, höre ich darunter Toms und Liams Stimmen heraus. Ich strecke mich, um wach zu werden. Ich bin noch dabei, mich zu strecken, als mich die Erinnerung an den Tag zuvor wie ein bleiernes Gewicht in den Magen trifft. Ich rolle mich zu einer Kugel zusammen, um mich zu schützen, und stöhne über die Heftigkeit des Schmerzes.

Alastair ist tot. Alastair ist tot. Alastair ist tot.

Die Kluft zwischen dem äußeren Frieden des Morgens und meinem inneren Aufruhr ist zu groß, um sie zu überwinden. Ich brauche Ablenkung. Ich stehe mühsam auf und stolpere aus dem Zimmer in eine große, tadellos aufgeräumte Küche. Tom kommt von draußen hereingelaufen. »Mummy, Mummy«, ruft er, während er auf mich zuläuft. Ich kann ihn nicht hochheben und rutsche auf den Boden, um ihn in die Arme zu nehmen.

Alastair ist tot. Alastair ist tot. Alastair ist tot.

Unschuld und Verspieltheit tänzeln in Toms Augen, während er die Mutter umarmt, die er seit sechsunddreißig Stunden nicht gesehen oder gesprochen hat. »Tom, mein Schatz«, krächze ich, »du weißt doch, dass dein Daddy im Krankenhaus war?« Tom kuschelt sich an meine Brust. »Er ist gestorben.« Ich platze mit den Worten heraus, bevor sie schmerzliche Gedanken in meinem Verstand formen können.

Tom setzt sich in meinen Armen auf und sieht mich an, und einen Moment lang scheint er viel älter als seine drei Jahre. Von irgendwo tief in seinem Inneren stößt er einen wimmernden Schrei äußerster Verzweiflung aus. Er gellt durch die tadellos aufgeräumte Küche und prallt von dem gefliesten Boden ab. Es ist, als ob sein Körper das Geräusch macht, das meiner machen will. Ich wiege ihn, wiege ihn, während wir auf dem Küchenboden weinen.

In vielen Ländern der Welt geht eine Welle von Schock und Traurigkeit über Angehörige, Freunde und Kollegen hinweg, als sie erfahren, dass Alastair gestorben ist.

Kein Zuhause in der Fremde

Meine Familie war schon immer ein Segen: ein typisch irischer Segen. Ihren Kern bilden zwei zusammenlebende Eltern, ein bunt gemischter Haufen von sieben Geschwistern und ihre nicht enden wollende Kette von Partnern und Kindern. Alastair musste nicht sterben, damit mir klar wurde, was für ein Segen meine Familie ist, aber sein Tod hat es mir besonders deutlich vor Augen geführt.

An dem Tag, an dem Alastair starb, waren meine Eltern und zwei meiner Schwestern nach Amerika geeilt, um bei mir zu sein – eine meiner Schwestern hatte ihr sechs Monate altes Baby zu Hause zurückgelassen. Meine Eltern saßen im Flugzeug, schon bevor wir wussten, dass Alastairs Krankheit lebensbedrohlich war. Als sie am Flughafen von San Francisco ankamen, holte P. sie ab und sagte ihnen, dass Alastair gestorben war. Die Beine meiner Mutter gaben unter ihr nach, und sie stieß einen schrillen Schrei aus. Mein Vater fing sie auf, als sie zusammenbrach. Bis sie das Hotel erreichten, wo ich die Jungen und mich einquartiert hatte, war sie sprachlos.

An jenem Abend flog D., ein befreundeter Musiker aus Irland, der zu der Zeit in den USA auf Tournee war, nach San Francisco, um schweigend mit mir an der Hotelbar zu sitzen. Ich saß neben ihm, starrte mit leerem Blick in einen erloschenen Kamin, schlürfte Wein und fragte mich, was aus dem Feuer geworden war.

Am nächsten Tag fahre ich mit meiner Familie zu einem von Alastairs Freunden nach Hause, wo die ganze Gruppe aus dem Ferienhaus zusammengekommen ist, um den Tag gemeinsam zu verbringen. Ich sitze am Rand des Pools, in Alastairs Fleecejacke gewickelt, und sehe den Jungen zu. Sie werden über die Arme und Schultern von Alastairs Freunden weitergereicht wie ein Spielball, und jeder verharrt nur ein bisschen zu lange in ihrer Umarmung. Sie werden kopfüber in den Pool geworfen und planschen in Schwimmwesten durchs Wasser. Ihre Gesichter strahlen vor Freude. Ihr Urlaub geht weiter.

Eine Freundin von Alastair setzt sich zu mir an den Rand des Pools und reicht mir ein Käsesandwich. »Ich habe eine Freundin, die genau dasselbe durchgemacht hat«, vertraut sie mir an. »Sie hat auch zwei kleine Kinder, und eines Tages ist ihr Mann ganz plötzlich an einem Herzinfarkt gestorben.«

Ich zucke zusammen bei dem Gedanken, dass jemand anders

in demselben tiefen schwarzen Loch gefangen ist, und beiße lustlos in das Sandwich.

»Sie war völlig aufgelöst«, fährt die Frau fort. »Sie hat ihr Zimmer zwei Wochen lang nicht verlassen und konnte nichts essen.«

Ich seufze. Widerstrebend sehe ich zu, wie diese Worte meine uralten Dämonen wachrufen: den Dämon des Selbstzweifels, den Dämon der Unzulänglichkeit, den Dämon des Vergleichs. Habe ich Alastair nicht genug geliebt, um mich bei seinem Tod vor dem Leben zu verkriechen? Wo ist meine hoffnungslose Romantik, genährt von endlosen rührseligen Filmen und Shakespeares romantischen Komödien? Reagiere ich nicht so, wie ich sollte?

Ich ziehe die Knie bis unters Kinn hoch und wickele mich fester in Alastairs Fleecejacke.

Ich will nur noch nach Hause. Ich will nur noch nach Hause.

Surreales Drama

Die Verzweiflung schleicht sich träge an mich heran. Ich höre das Zischeln ihrer gespaltenen Zunge, während ich schlafe. Als ich mit hämmerndem Herzen aufwache, lehrt mich mein Instinkt die erste Regel des Leidens: Geschäftigkeit ist eine effektive Art, es zu vermeiden. Ich gehe roboterartig in Aktion, um meine Pflichten zu erfüllen.

Als Erstes muss ich die bedrohliche Flut der Verzweiflung aufhalten. Ich gehe mit meiner Familie zum Frühstück nach unten. Ich sitze mit meinen Eltern und Schwestern beisammen, während die Jungen frei und ungehindert durch den Frühstücksraum laufen. Ich lese ihnen ein Gedicht vor, das ich gefunden habe, als ich wie wild auf Alastairs BlackBerry gegoogelt habe.

Der Tod bedeutet gar nichts.

Ich bin nur still nach nebenan gegangen.
Ich bin ich und du bist du.
Und was wir füreinander waren,
das sind wir noch immer.

Nenn mich bei meinem vertrauten Namen.
Sprich mit derselben Leichtigkeit,
wie du es immer tatest.
Verändere nicht deinen Tonfall.
Trage nicht Schwermut und Trauer in dir.
Lache über die kleinen Dinge,
über die wir immer gelacht haben.
Freu dich, lächle, denk an mich, bete für mich.
Lass meinem Namen den vertrauten Klang, den er stets gehabt hat.
Sprich ihn ohne Rührung,
ohne dass der leiseste Schatten auf ihm lastet.
Leben bedeutet all das, was es immer bedeutet hat.
Es ist dasselbe, das es immer war.
Die Kontinuität ist ungebrochen.
Was ist der Tod anderes
Als ein unbedeutender Zwischenfall?
Warum sollte ich denn aus dem Sinn sein,
nur weil du mich nicht mehr sehen kannst?

Ich warte auf dich,
für eine Weile,
irgendwo ganz in der Nähe,
gleich um die Ecke …
Alles ist gut.[1]

---

[1] Henry Scott Holland: Der Tod bedeutet gar nichts

Meine Familie schweigt, als ich zu Ende gelesen habe. »Der Tod ist nichtig.« Die Flut ist vorläufig gebannt.

Trauer in der Warteschleife: abgehakt.

»Wir müssen selbst in die Hand nehmen, wie es jetzt weitergeht«, sage ich zu meiner Familie und lege den BlackBerry beiseite. »Die Amerikaner waren toll, aber sie müssen zurück zu ihrer Arbeit und zu ihrem eigenen Leben.« Alle nicken zustimmend.

»Wir werden uns um die Jungen kümmern«, sagt meine Mutter mit einem Blick auf Tom, der sich in diesem Augenblick ein Schokoladencroissant vom Büfett nimmt. Liam sitzt unter dem Büfetttisch und beäugt eine Steckdose.

Kinderbetreuung in der Warteschleife: abgehakt.

Eine meiner Schwestern ist im Marketing tätig, die andere in der Finanzbuchhaltung. Das perfekte Todesteam, denke ich ironisch. »N., könntest du mit allen zu Hause in Verbindung bleiben, einschließlich Alastairs Seite der Familie? U., könntest du mir bei der ganzen Logistik helfen?«

»Natürlich«, erklären sich beide bereit. Wie seltsam, dass ich, die kleine Schwester, ausnahmsweise einmal die Führung übernehme.

Aktionsplan festgelegt: abgehakt.

Ich rufe mein Büro in London an, und mein Chef reagiert mit einer freundlichen Ermahnung auf meinen Anruf: »Was rufst du denn aus dem Urlaub in der Arbeit an?«, fragt er wohlmeinend. »Solltest du in diesem Augenblick nicht irgendwo in Yosemite zelten?«

Ich beiße mir fest auf die Lippe, um nicht in Tränen auszubrechen. »Ich wünschte … ich wünschte, ich würde jetzt in Yosemite zelten«, flüstere ich leise. Einen Sekundenbruchteil stelle ich mir vor, in Yosemite zu sein, mit Alastair das Zelt aufzubauen, mit Tom in der Nähe. Ich atme laut aus. Ich erwähne rasch Alastairs Tod, will kein großes Aufhebens darum machen.

»Ich rufe nur an, um Bescheid zu geben«, sage ich. »Ich denke, wir werden diesen Termin um ein, zwei Wochen nach hinten verschieben müssen, nur so lange, bis ich mich gefangen habe.« Mein Chef verfällt in Schweigen und erklärt mit Nachdruck: »Nimm dir alle Zeit, die du brauchst.«

Arbeit in der Warteschleife: abgehakt.

Jetzt kann ich mich darauf konzentrieren, die neuen Pflichten in Angriff zu nehmen – die Todespflichten. In der ersten Woche nach Alastairs Tod haben wir alle Hände voll zu tun. Wir müssen jeden von seinem Tod in Kenntnis setzen, uns um die Logistik der Überführung nach England kümmern und die ersten Vorkehrungen für die Beisetzung zu Hause treffen.

Unter dem Schock der Ereignisse erlebe ich jede dieser Aktivitäten besonders intensiv. In meinem Erwachsenenleben war ich noch nie so ganz und gar gegenwärtig. Der ständige Strom meines inneren Monologs ist zum Stillstand gekommen. Ich konzentriere mich auf jeden Augenblick, jede Aktivität, als wäre sie meine letzte. Ich hätte nie gedacht, dass ich einmal im Detail über den umweltfreundlichsten Sarg für meinen Mann diskutieren oder mich mit meinen Freunden und meiner Familie beratschlagen würde, um die richtige Kirche, den richtigen Ort und die richtige Musik für seine Beisetzung zu finden, mit der ganzen Leidenschaft einer künftigen Braut. Ich höre die Worte aus meinem Mund, aber ich kann kaum glauben, dass ich sie sage.

Ein ständiger Strom von Leuten kommt und geht in dem Hotel, um uns bei den Aufgaben des Tages zu helfen: den Leichnam offiziell zu identifizieren, die Aufbahrung zu organisieren, die Überführung zu planen und die Jungen bei Laune zu halten. Wir halten endlose Mahlzeiten und Kaffeepausen ab. Ich trage bei zu der Fassade aus Ruhe und dem beiläufigen Ton der Gespräche, und doch stehe ich ständig unter Schock.

Wir sind im Haus eines Freundes in San Francisco, wo wir eine zwanglose Gedenkfeier abhalten, bei der Geschichten erzählt werden. Viele von Alastairs Freunden sind aus der ganzen Welt gekommen. Ich scherze, dass Alastair entzückt darüber wäre, dass er noch im Tod mithalf, Vielfliegermeilen zu sammeln. Ich scherze, aber mein Gelächter und das der anderen um mich herum klingt hohl.

Catering-Mitarbeiter bewegen sich leise durchs Zimmer, servieren Kanapees und Wein. Eine Videokamera ist in einer Ecke aufgebaut, um die Geschichten über Alastair für die Jungen in späteren Jahren festzuhalten. Ich fühle mich schwach und stecke mir ein ganzes Kanapee auf einmal in den Mund. Ich sehe mir selbst dabei zu, wie ich Smalltalk mache. »Wir stehen noch immer unter Schock«, sage ich zu mir selbst, als ich bemerke, wie das Weinglas in meiner Hand zittert. Ein enger Freund von Alastair aus China erscheint, mit seiner Freundin im Arm. Wenn er von so weit her gekommen ist, dann muss das heißen, dass Alastair wirklich gestorben ist. Meine Tränen besiegen meine Selbstbeherrschung. Sie beginnen in einer hicksenden Flut zu strömen, und es ist mir unangenehm, dass mir mein Schmerz so offen anzusehen ist.

Wir sind alle in einem surrealen Drama, spielen mit höflichen Stimmen unsere Rollen.

Unwahrscheinliche Antworten

Ich muss wissen, was passiert ist. Ich brauche ein paar verdammte Antworten. Wir stehen noch immer im unmittelbaren Schatten von Alastairs Tod und wissen nicht, ob seine Krankheit ansteckend ist oder nicht. Zwei Tage nach Alastairs Tod beordert ein panischer Telefonanruf alle Kinder und Erwachsenen, die mit uns in dem Ferienhaus waren, zu einer nahe gelegenen Privatklinik, damit sie eine Penizillinspritze bekommen. In der Klinik, während Liam auf meinen Schoß klettert, sagt mir Dr. R. am Telefon, dass Alastair an Streptokokken gestorben ist.

»Sind das nicht nur Halsschmerzen?«, frage ich skeptisch. Dr. R. erklärt mir, dass es ein weit verbreitetes Bakterium ist, das in sehr seltenen Fällen eine körperliche Überreaktion auslösen kann, sodass es zu einer Sepsis im Körper kommt und er sich selbst tötet. »In den USA gibt es etwa zwei Fälle im Jahr mit dieser Reaktion«, informiert er mich.

Ich lege auf und lehne mich auf dem Plastikstuhl zurück, schweigend und wie betäubt. Liam krabbelt von meinen Knien und läuft den blitzblanken, keimfreien Korridor der Klinik hinunter. Es erscheint alles so lächerlich und weit hergeholt. Zwei Jahre zuvor sind wir von Rio de Janeiro zurück nach Hause gezogen, halb scherzend, dass wir noch lange leben wollten und dass eine gefährliche Stadt die Chancen dafür verringerte. Während ich dort sitze, inmitten der eifrigen Betriebsamkeit dieser Privatklinik in einer Westküstenstadt des Wohlstands und des amerikanischen Traums, muss ich kopfschüttelnd daran denken.

Beide Jungen werden positiv auf Streptokokken getestet. Ich atme tief durch, während ich darauf warte, dass die Schwester ihnen das Penizillin injiziert. Ich bin zu erschöpft und betäubt, um noch mehr Drama zu verkraften. Ich rufe beide Jungen zu mir und wiege sie schweigend, während ich mit ausdrucksloser Miene warte.

Am nächsten Tag, in Dr. R.s Sprechzimmer, zeigt er uns einen Artikel; eine Fallstudie zu einem Streptokokkentod. »In diesem Fall, auch wenn einige der Pflegekräfte positiv auf Streptokokken getestet wurden, zeigte niemand eine ernsthafte Reaktion«, versichert er uns. »Allen, die positiv auf Streptokokken getestet wurden, sollte es mithilfe des Penizillins jetzt gut gehen.« Das Papier liegt schlaff in seiner Hand. Ich höre seine optimistische Beschwichtigung, während ich mich frage, ob auch Alastairs Tod auf eine dreiseitige Fallstudie reduziert werden wird.

T., ein enger Freund von Alastair, der in England als Facharzt arbeitet, ist in die USA geflogen und steht mir jetzt bei, um Dr. R. auszuquetschen und zumindest ein Stück weit zu verstehen, was passiert ist. Ich will nicht nur wegen Alastair Antworten, ich habe Angst um unsere beiden Jungen. Alastairs Vater starb mit dreiundvierzig, und jetzt ist Alastair mit neununddreißig gestorben. Gibt es irgendeine zugrunde liegende Schwäche in ihrem Immunsystem, die zu diesen verfrühten Todesfällen geführt hat? Liegt auch über der Zukunft unserer Söhne ein Schatten?

Sie führen noch einmal HIV-Tests durch, Untersuchungen auf Leukämie oder andere Krankheiten, die sein Immunsystem geschwächt haben könnten. Alles negativ. Es scheint keinen Zusammenhang zwischen Alastairs Tod und dem seines Vaters zu geben.

»Einfach Pech«, vermutet Dr. R., als er mir im Flur des Krankenhauses die Hand gibt, um sich zu verabschieden.

Gepäckband-Sarg

Sechs Tage nach Alastairs Tod kauere ich auf dem Boden einer kleinen schwarzen Kabine am Flughafen von San Francisco, die beiden Jungen neben mir. Liam weint hysterisch und krümmt den Rücken, und Tom klammert sich an meinen Arm, die Augen weit aufgerissen vor Angst. Durch die Glasscheibe der Kabine sehe ich das ängstliche, angespannte Gesicht meiner Mutter, die sich mit den Sicherheitskräften anlegt, um zu mir durchgelassen zu werden. Ein Sicherheitsbeamter versperrt ihr mit seinem Körper den Weg, mit einer einstudierten Miene der Gleichgültigkeit. Alle Geräusche klingen für mich gedämpft, und ich verspüre eine distanzierte Teilnahmslosigkeit gegenüber der Szene. Selbst Liams Weinen neben mir scheint aus weiter Ferne zu kommen und kann mich nicht rühren. Auf einmal, ohne jede Vorwarnung, wird ein farbloses Gas in der Kabine auf uns gesprüht. Das zischende Geräusch des Sprays erschreckt Tom, der aufschreit und sich mit seinen kleinen Fingern noch etwas fester an meinen Arm klammert. Mein eigener Körper zuckt nicht einmal zusammen.

Wir nehmen einen Flug von San Francisco zurück nach London, um den sich Alastairs Firma gekümmert hat. Ein Last-Minute-Kauf von sieben Erster-Klasse-Tickets ist für die Sicherheitskräfte nach dem 11. September durchaus Grund zur Nervosität. Sie haben unsere Gruppe isoliert und unterziehen uns jetzt ihren schärfsten Flughafenkontrollen. Nachdem sich die Glastüren der Kabine geöffnet haben und ich mich selbst und die Jungen langsam vom Boden hochgerafft habe, sehe ich zu, wie eine Sicherheitsbeamtin mit nüchterner, verkniffener Miene mein Handgepäck durchsucht, jede behandschuhte Bewegung langsam und bewusst. Sie geht die Babyfläschchen, Windeln, zwei Sätze Hausschlüssel, zwei Brieftaschen durch, und sie befingert misstrauisch Alastairs Brille. Ich beobachte sie mit ausdrucksloser Miene. Wir sind zweidimensionale Figuren in einem einschläfernden Film – an unserer Abfertigung ist nichts Menschliches. Sie schiebt mir meine Tasche zu, und ich fülle sie langsam wieder mit den Gegenständen, für einen Moment in Versuchung, ihr Alastairs Brille in einem Akt der Kapitulation auszuhändigen.

Wir nehmen unsere Plätze im Flugzeug ein. Meine Eltern machen ein großes Getue um die Kinder, die entzückt sind von dem ganzen übertriebenen Schnickschnack in der ersten Klasse. Ich sitze etwas abseits, unbeteiligt. Nach dem Start ertönt das Signal, dass wir unsere Flughöhe erreicht haben, und wie aufs Stichwort fahre ich meinen Stuhl in die Liegeposition aus, schlucke trocken zwei Schlaftabletten und rolle mich zu elf Stunden ersehnter Besinnungslosigkeit zusammen. Unter mir liegt Alastairs Leichnam kalt und leblos im Frachtraum.

Bei der Ankunft in London bringt uns das Flugpersonal als Erste aus dem Flugzeug und erklärt unsere Situation flüsternd dem Bodenpersonal. Eine Frau vom Bodenpersonal sieht die Kinder an, stöhnt hörbar auf und tritt dann vor, um uns schweigend über den Flugsteig zur Passkontrolle zu bringen. Der Flughafen Heathrow ist das übliche wogende Monster im Morgengrauen, mit langen Schlangen halb schlafender Reisender, die um uns herum immer länger werden. Die Frau vom Bodenpersonal geht kurzerhand an einer langen Schlange vorbei, um uns sofort zur Passkontrolle zu bringen. Die Kinder und meine Eltern sind vor mir und werden rasch durchgewinkt. In der Schlange werden Protestbekundungen laut, und während sich die Passbeamtin meinen Pass ansieht, fragt sie mich nüchtern, ohne Blickkontakt aufzunehmen: »Ich will ja nicht ins Detail gehen, aber nur um die anderen Leute in der Schlange zu beschwichtigen: Können Sie bestätigen, dass einer aus Ihrer Gruppe gestorben ist und dass das der Grund ist, weshalb Sie vorgelassen werden?«

Ich starre sie an, während die Frage langsam zu mir durchdringt. Bilder der verschiedenen emotionslosen Sicherheitskräfte auf dieser Reise lassen mich abrupt innehalten, und auf einmal koche ich vor Wut. »Ja«, antworte ich in einem lauten und angespannten Ton, der die ungeduldigen Proteste in der Schlange verstummen lässt, und schnappe mir meinen Pass. »Ich kann bestätigen, dass jemand gestorben ist. Und mit meinen Koffern werde ich den Leichnam meines Mannes in einem verdammten Sarg auf dem Gepäckband einsammeln.«

Die Bombe platzt

Vom Flughafen fahren die Jungen und ich sofort zu Alastairs Mutter nach Hause. Ich sitze in einem engen Kreis mit ihr und Alastairs einziger Schwester in der friedlichen, von Vogelgezwitscher erfüllten Schönheit eines südenglischen Gartens und berichte ihnen in allen Einzelheiten von seinem Tod. Ich sitze wieder im Beichtstuhl meiner Kindheit. Vergib mir, Mutter, denn ich habe gesündigt.

Ich habe unglaubliche Schuldgefühle gegenüber Alastairs Mutter, weil ich zugelassen habe, dass ihr Sohn gestorben ist. In mancher Hinsicht fühlt es sich an, als wäre er noch vor einer Woche der meine gewesen, im Tod aber wieder der ihre geworden. Ich habe nur sieben Jahre und seine jetzt nicht mehr existierende Zukunft zu betrauern, während seine Mutter neununddreißig Jahre hat. Ich spüre, dass ich um Alastairs ganzes Leben trauere, um seine Vergangenheit und seine Zukunft, nicht nur um den Mann, den ich zum Zeitpunkt seines Todes verloren habe.

Alastairs Mutter wurde mit sechsunddreißig Jahren Witwe, mit zwei kleinen Kindern. Ein bitterer Beigeschmack von Déjàvu umgibt Alastairs Tod und holt einen Großteil ihres vergrabenen Schmerzes über den frühen Verlust ihres eigenen Mannes wieder ans Licht. In den Tagen, die ich nach Alastairs Tod bei ihr verbringe, erfahre ich mehr über ihren Tom als in den vergangenen sieben Jahren, die wir uns kennen. Auch wenn wir uns schon immer gut verstanden haben, mit den üblichen Freuden und Spannungen einer Schwiegermutter-Schwiegertochter-Beziehung, haben wir jetzt diese gewaltige, lebensverändernde Erfahrung gemeinsam, die eine neue Vertrautheit zwischen uns stiftet.

In dieser Zeit, während ich bei Alastairs Mutter bin, platzt die Bombe. Trauer, Erschöpfung und Jetlag haben sich verbündet, um mir die Augen zu öffnen für das, was passiert ist. Als ich am Tag nach Alastairs Tod eine Freundin anrief, sagte sie immer wieder: »Das ist das Schlimmste, was ich je gehört habe; das ist das Schlimmste, was ich je gehört habe.« Damals dachte ich: Na ja, es gibt Schlimmeres; Völkermorde, Kriege, verheerende Erdbeben. Aber im Haus von Alastairs Mutter, nach über einer Woche hektischer Betriebsamkeit, erkenne ich, dass das hier mein eigenes verheerendes Erdbeben ist. Ich wiederhole gegenüber meiner Schwägerin neben mir: »Das ist das Schlimmste, was passieren konnte. Das Schlimmste, was passieren konnte.«

Und dann rutsche ich in die kalte Umklammerung einer Depression ab. In dem Bewusstsein, dass die Kinder fröhlich spielen, fühlt es sich an, als ob eine Bombe in unserer Familie explodiert ist und ich die Einzige von uns vieren bin, die es bemerkt. Ich breche zusammen, außer Stande und nicht interessiert daran, mich um die Kinder zu kümmern. Ich bekomme noch mehr Schlaftabletten, in der vergeblichen Hoffnung, dass sie mir Erleichterung verschaffen werden.

Der nächste Tag verläuft größtenteils verschwommen. Ich bin im Bett, als ich das Telefon klingeln höre, gedämpft und wie aus weiter Ferne. Es ist meine Mutter, die aus Irland anruft, wohin sie von San Francisco aus zurückgeflogen ist. Außer Stande, mit ihr zu sprechen, stoße ich nur einen stöhnenden Laut aus und höre zu, wie sie mit mir zusammen weint. »Ich will dir deinen Schmerz nehmen. Ich will ihn auf meine Schultern nehmen«, schluchzt meine schöne Mutter. Davon muss ich nur noch mehr weinen. Ich kann meinen eigenen Schmerz nicht lindern, geschweige denn ihren. Ich höre ihrer Stimme zu, bis ich wieder in meinen Dämmerschlaf sinke.

Die Todesanzeige

Nachdem ich einen ganzen Tag und eine Nacht im Haus von Alastairs Mutter geschlafen habe, trete ich mit den Jungen allein die Heimfahrt nach London an.

Ich will nur noch nach Hause. Ich will nur noch nach Hause.

Das Taxi fährt uns über die A3 und biegt dann in die Stadt Wimbledon ab. Es gleitet langsam an der langen Front viktorianischer Stadthäuser entlang und hält dann vor dem Haus mit der blauen Tür genau gegenüber dem Park. »Es wird mir gut gehen, wenn ich nach Hause komme«, sage ich laut, um mich zu beruhigen, als ich bemerke, wie meine Hand zittert, als ich Liams Babysitz losschnalle. Ich bezahle den Fahrer und betrete rasch das Haus, kicke den Haufen Briefe und Rechnungen zur Seite, um unsere Koffer ins Haus zu schleppen. Ich tippe den Code für die Alarmanlage ein, schließe die Tür und atme erleichtert aus.

Das Haus ist so, wie wir es erst vor einer guten Woche verlassen haben. Meine Schritte hallen über den Holzboden, als ich roboterartig in die Küche gehe, um Wasser aufzusetzen. Der Wasserkocher ist nicht eingestöpselt. Auf einmal halte ich inne. War es Alastair oder ich, der den Wasserkocher ausgestöpselt hat, bevor wir losgefahren sind? Ich nehme den Stecker und halte ihn einen Augenblick in der Hand, bevor ich ihn einstöpsele. Ich sehe mich in der Küche um, nehme die Papiere wahr, die auf dem Tisch verstreut liegen, das Notizbrett mit Alastairs Handschrift darauf, Alastairs Schuhe in einer Ecke neben meinen und denen der Jungen.

Das Haus weiß nichts von Alastairs Tod. Es wartet darauf, dass er nach Hause kommt. Es denkt noch immer, dass er in guten, sicheren Händen ist. Ich beginne zu weinen. Ich weine um das Haus, um seine Sinnlosigkeit und um die Familie, die es verloren hat. Ich wollte so dringend nach Hause, aber ohne Alastair habe ich kein Zuhause. Alastair ist mein Zuhause.

In diesem Augenblick kommt Tom in die Küche gerannt, seinen Eimer mit Legosteinen in der Hand, während Liam kreischend hinter ihm herkrabbelt. »Mummy«, fleht Tom mich an, »sag Liam, dass das mein Spielzeug ist.«

Ich wische mir mit einem Ärmel die Tränen ab und flüchte mich dankbar in die Welt der Jungen.

An diesem Abend kommen ein paar Freunde vorbei und kochen für uns alle einen riesigen Topf Spaghetti, rütteln das Haus aus seiner Trauer. Die Stimmung ist bedrückt, wie nach einer Geburtstagsparty, bei der das Geburtstagskind nicht auftaucht.

Als die meisten unserer Freunde gegangen sind, setze ich mich mit zwei engen Freundinnen an den Küchentisch und versuche, Alastairs Todesanzeige für die Zeitung zu schreiben. Wie soll man das Leben eines Mannes in einem Absatz zusammenfassen? Eines Mannes, den man liebt?

Ich beginne mit den Fakten und notiere sein Alter, seinen Beruf und eine Liste der engsten Angehörigen, die um ihn trauern. Dann ergänze ich das Datum, die Uhrzeit und den Ort für seine Beisetzung und den anschließenden Empfang. Der Text ist ohne Leben. Eine winzige Fußnote in der Geschichte.

Ein Bild von Alastair taucht vor mir auf, und ich sehe ihn lachen. Wie soll ich sein Lachen oder die Art, wie ich mich ohne ihn fühle, in Worte fassen?

Es ist lächerlich. Wie soll ich Alastairs Todesanzeige schreiben? Ich forsche in meinen Erinnerungen, um mit ein bisschen Humor zum Ausdruck zu bringen, wie lächerlich diese ganze Situation ist. »Wir sollten auch erwähnen, dass er zweimaliger Samba-Champion war«, sage ich zu meinen Freundinnen. Sie verfallen in Schweigen. »Wisst ihr noch, wie er mit der siegreichen Sambaschule in Rio de Janeiro aufgetreten ist, zwei Jahre in Folge? Und das Seltsamste war, dass es jedes Jahr mit einer anderen Schule war.« Ich verliere mich in der Erinnerung. »Alle in Rio de Janeiro nannten ihn einen *pé quente*, einen Glück bringenden Kaninchenfuß für die Sambaschulen in Rio. Ha, jetzt kann ich ihn vor mir sehen, in seiner senffarbenen Speedohose und mit den kunstvollen Flügeln, als eines der Pferde der Apokalypse. Ich kann sehen, wie er eine Dose Antarctica-Bier trinkt und dazu einen Maiskolben isst, hinter der Bühne im Sambódromo, lachend und scherzend mit seiner bunt gemischten Gruppe von Freunden aus Amerika, umgeben von einem Meer aus Farbe und nacktem Fleisch.«

Als Mann mit dem Talent eines Engländers fürs Tanzen, das so schlecht zu der brasilianischen Begeisterung passte, hatte Alastair einen Riesenspaß daran gehabt, allen und jedem stolz zu erzählen, dass er tatsächlich zweimaliger Samba-Champion war. Er ließ unerwähnt, dass er sich diese Meisterschaft mit fünftausend anderen Tänzern der Schule teilte. Und er ließ ebenfalls unerwähnt, dass diese fünftausend Tänzer fast aneinander klebten, während sie sich eine Stunde lang schwungvoll durch das Sambódromo in Rio de Janeiro bewegten und es in dem beengten Raum nur schafften, auf- und abzuspringen und dazu aus vollem Hals den Text des Sambasongs der Schule zu brüllen. Ihr Anblick und Lärm wurden die ganze Zeit vom Dröhnen der Trommeln und den halb nackten Schönheiten auf den Podesten übertönt. Wenn Alastair mit seinem Status als Samba-Champion prahlte, dann genoss er die beeindruckten Aahs und Oohs von Freunden und Kollegen mit einem breiten Grinsen und brachte mich mit einem Augenzwinkern zum Schweigen, bevor ich den Gesamtzusammenhang erklärte.

Meine Freundinnen tauschen einen Blick, und eine von ihnen sagt leise: »Schreib das, was für dich am meisten Sinn macht.«

Ich beende die Todesanzeige mit schneller Feder:

RAMSAY, Alastair James, starb tragischerweise im Alter von 39 Jahren am 27. Mai während eines Urlaubs in San Francisco. Geliebter und liebevoller Daddy von Tom und Liam, geliebter

Ehemann von Bébhinn, Sohn von P., Bruder von N. und Freund unzähliger anderer. Alastair feierte das Leben mit grenzenloser Leidenschaft und Energie, lebte in England, San Francisco und Rio de Janeiro. Äußerst erfolgreicher Partner in seiner Firma, Weltabenteurer, eigenwilliger Sportler, unverbesserlicher Spaßvogel und zweimaliger Samba-Champion.

»Weißt du«, sagt eine meiner Freundinnen, nachdem sie die Anzeige gelesen hat, »wenn Alastair länger gelebt hätte, ich glaube, dann hätte er einen Nachruf von einer halben oder ganzen Seite in einer landesweiten Zeitung bekommen.«

Ich beginne leise zu weinen, während ich Stift und Papier beiseitelege. Ihre Worte sprechen mir aus der Seele. So viel Talent und Fähigkeit, so viel Intelligenz und Energie, ohne ersichtlichen Grund vergeudet.

Die Welt ist weniger ohne ihn. Sie hat an Glanz verloren.

Letzter Wille und Testament

Spät an diesem Abend, als alle nach Hause gefahren sind und die Kinder tief und fest schlafen, sitze ich mit verschwommenem Blick auf dem Boden unseres Gästezimmers, aufgeschlagene Aktenordner, ausgedruckte Seiten und Karten rings um mich verstreut. Nachdem ich verschiedene Ordner durchgesehen habe, finde ich Alastairs Testament, und Tränen tropfen auf seine Unterschrift und lassen die Tinte verschwimmen, während ich es lese.

Ich habe sein Testament nie zuvor gelesen, und schon beim ersten Absatz muss ich weinen. Er bittet darum, neben mir beerdigt zu werden, sollte ich vor ihm verscheiden. Darüber hinaus gibt es keine Anweisungen bezüglich seiner Trauerfeier oder Beerdigung. Ich kann mich an kein Gespräch mit ihm über dieses Thema erinnern. Ich taumele in einem Meer der Unsicherheit.

Beim nächsten Absatz seines Testaments muss ich lächeln. Ohne dass ich davon wusste, hat Alastair fünf Prozent seines Vermögens für wohltätige Zwecke bestimmt. Ich gleite mit einem Finger über die Buchstaben, unter Tränen lächelnd. Ich wundere mich nicht darüber. Es entspricht voll und ganz dem Mann, den ich kenne und liebe. Die Unterstützung internationaler Hilfsorganisationen ist eine Leidenschaft und ein Lebenstraum, der uns beiden gemeinsam war. Spontan schießt mir die Idee durch den Kopf, irgendeine Art Stiftung oder Hilfsorganisation in Alastairs Namen zu gründen und seine Spende als Ausgangsbasis zu nehmen.

Als ich aufstehe, um erschöpft zu Bett zu gehen, hefte ich sowohl das Dokument als auch die Idee ab, bevor ich in einen rastlosen Schlaf sinke.

Aufwachen zur Totenwache

Am nächsten Morgen gehe ich mit meiner Schwester durch den Park in Wimbledon, als meine Beine auf einmal unter mir nachgeben. Wir sind seit drei Tagen wieder in England, und es ist der Tag vor der Beisetzung. Ein Bild von Alastairs leblosem Körper ist vor meinem geistigen Auge erschienen, und zum ersten Mal seit dem Stanford Hospital denke ich ernsthaft an seinen Leichnam. Sobald er gestorben war, schien er ein leeres Gefäß zu sein. Schon im Krankenhaus sah sein Leichnam nicht so aus wie er. Bei der Aufbahrung in Amerika hatte ich einen kurzen Blick auf diesen leblosen Körper geworfen. Trotz meiner gegenteiligen Bitte hatte man ihn geschminkt und ihm das Haar zur Seite gekämmt, hatte die Natürlichkeit seines Todes hinter einer Fassade von adrettem Amerikanismus versteckt. Haben wir wirklich so viel Angst davor, dem Tod ins Auge zu sehen, selbst in seinen offensichtlichsten Momenten?

Abgesehen von einer gedämpften Angst davor, bei unserer Ankunft in London auf dem Gepäckband den Sarg mit seinem Leichnam zu sehen, hatte ich mir um seine Überführung oder seine Aufbewahrung in einer hiesigen Leichenhalle keine großen Sorgen gemacht. Jetzt bin ich völlig ratlos, was ich tun soll. Ich habe keine kulturellen Anhaltspunkte, die mir helfen könnten, mit Alastairs plötzlichem Tod umzugehen. Ich bin in England, ich bin nicht besonders religiös, und es gibt viele Momente, in denen eine klare Struktur des Trauerns ein großer Segen wäre. Es gibt zwar eine starke irische Tradition der Totenklage, aber sie ist mir völlig unbekannt. Ich bin ein absoluter Anfänger, was die Zeremonie des Todes betrifft. Aber auf einmal durchzuckt mich dennoch ein völlig klarer Gedanke.

»Alastair muss von zu Hause zu seiner Beisetzung gebracht werden«, keuche ich, auf meine Schwester gestützt. »Wir müssen den Bestatter anrufen und dafür sorgen, dass sie ihn nach Hause bringen. Er muss seine letzte Nacht zu Hause verbringen und von dort zu seiner Beisetzung gebracht werden.«

Meine Schwester unterstützt mich, ohne Fragen zu stellen. Sie ruft den Bestatter an und vereinbart mit ihm, dass Alastairs Leichnam nach Hause gebracht wird.

Als der Sarg eintrifft, sind die Jungen und ich nicht zu Hause. Bei der Vorstellung, wie der Sarg zur Tür hereingetragen wird und Alastairs Leichnam darin hin- und herrutscht, dreht sich mir der Magen um, und ich will nicht da sein, bis er sicher an seinem Platz in unserem Wohnzimmer steht. Nach einer Weile lasse ich die Jungen und meine Schwester in einem Café und beschließe, etwas Zeit allein zu Hause zu verbringen, bevor sie dazukommen. Ich gehe zögernd durch den Park zurück zu unserem Haus. Als ich die Mütter sehe, die unschuldig mit ihren Kindern lachen und spielen, trifft mich der Surrealismus meines jetzigen Lebens wieder mit voller Wucht. Ich gehe durch diesen Park, wie ich es hunderte Male getan habe, aber diesmal gehe ich, um den Sarg meines Mannes in unserem Wohnzimmer zu sehen.

Ich sehe ihn durch das Fenster zur Straße. Sein Deckel schaut über das Fenstersims hervor wie ein kleines, schelmisches Kind. Ich stürze ins Wohnzimmer und zerre wie wild an den schweren Vorhängen. Ich reiße sie fast von den Stangen, als ich sie zuziehe. Ich will seinen Tod verbergen. Ich will diese Trauer in Grenzen halten. Im Halbdunkel lege ich den Kopf auf Alastairs Sarg. Ein Wehklagen steigt in mir hoch. »Wie kann das sein? Wie kann das sein?«

Nach und nach beginnt die Flut von Tränen die Panik in mir zu besänftigen, die Anspannung zu lockern, die meinen Körper quält. Langsam beginnt der Sarg seine unheimliche Ausstrahlung zu verlieren. Verblüfft stelle ich fest, wie natürlich es ist, dass Alastair zu Hause ist. Alastairs Leichnam im Wohnzimmer zu haben ist nichts, was man verstecken oder wofür man sich schämen muss. Es ist eine Spur von Alastair. Meine Stimmung hellt sich auf, und behutsam öffne ich die Vorhänge wieder. Ich lege unsere Lieblingsmusik von Marisa Monte mit dem Refrain *Amor, I love you. Amor, I love you* auf und singe aus vollem Hals mit. Endlich habe ich das Gefühl, dass Alastair wieder anwesend ist. Endlich habe ich das Gefühl, dass ich für Alastair wieder anwesend bin und dass er zu Hause ist, wo er hingehört.

Diesen ganzen Tag sitze ich auf der Couch und mache unser Hochzeitsalbum fertig, wie ich es ihm versprochen habe, als wir im Flugzeug nach San Francisco saßen. Leute kommen und gehen, um Abschied von Alastair zu nehmen. Der Tod und die Krise bringen mich den Menschen, die ich liebe, auf eine schlichte Weise nahe, und erlernte Verhaltensweisen eines ganzen Lebens werden aufgebrochen. Mein Bruder trifft aus Irland ein und umarmt mich mit aller Kraft.

»Ich liebe dich einfach, Bébh«, sagt er, während er mich hält. Mir wird bewusst, dass es das erste Mal ist, dass er diese Worte nicht im Scherz zu mir sagt, und ich weine in seinen Armen.

Mein Vater und ich sitzen nebeneinander im Wohnzimmer, die Ellbogen auf den Sarg gestützt. Mein Vater ist ein praktisch veranlagter Mann, bei dem das Leiden Unbehagen auslöst. Er ist immer bemüht, dass seine Kinder sich nicht in Problemen suhlen, sondern nach Lösungen suchen. Aber diesmal hört er zu und redet auf eine Weise, die das Leiden zulässt, und ich verspüre ihm gegenüber eine grenzenlose Liebe und Dankbarkeit.

Wo sind die Zeichen?

Als es am Tag vor der Beisetzung Nacht wird, kommt Father D., ein Freund und aufgeklärter Priester aus Irland, der Alastair und mich getraut und die Jungen getauft hat, mit dem Flugzeug aus Irland und setzt sich in unserem Zuhause in London zu mir. Father D. ist Mitte siebzig. Seine Schultern sind leicht gebeugt, sodass er nicht mehr die hochgewachsene Statur seiner jungen Jahre hat. Er hat einen leicht schlurfenden Gang, und er ist bei jedem langsamen Schritt, jedem bewussten Tun, völlig anwesend. Seine Augen glänzen wie die eines kleinen Jungen. Der Kreis seiner eigenen Unschuld hat sich geschlossen.

Er setzt sich zu mir auf die Couch, Alastairs Sarg auf Augenhöhe vor uns. Wir sitzen schweigend da. Ich spüre, wie sein sanfter Geist seinen Körper verlässt und sich in meinem eigenen niederlässt. Noch nie habe ich eine solch starke, stützende Gegenwart ohne Berührung oder Worte verspürt.

Worte sprudeln aus mir hervor. »Es hat einen riesigen Irrtum gegeben«, weine ich. »Alastair hätte nicht sterben sollen. Er hätte einfach nicht sterben sollen.«

Im Leben akzeptiere ich Dinge, die passieren, im Allgemeinen, weil ich stille Zeichen finde, die mir sagen, dass die Dinge so sind, wie sie sein sollten. Diese stillen Zeichen haben mich bei meinen Lebensentscheidungen und in schwierigen Alltagssituationen immer geleitet. Diesmal jedoch kommt es mir vor, als ob es einen Irrtum gegeben hätte, einen gewaltigen Irrtum. Das Universum ist chaotisch und aus den Fugen. Die Dinge sind nicht so, wie sie sein sollten; diesen Verlust sollten wir nicht zu ertragen haben.

Kurz bevor wir heirateten, hatte ich Alastair ein ledergebundenes Notizbuch geschenkt, in dem er seine Erinnerungen und Träume festhalten sollte. Er war nicht viel weiter gekommen, als eine Liste seiner Lebensträume aufzuschreiben. Manche hatte er abgehakt, wie zum Beispiel »Kinder haben«, »Bébhinn heiraten, die Frau meiner Träume«, »auf einem Pferd über einen Strand galoppieren«, aber so viele andere sind unerfüllt geblieben. Alastair hatte noch so viel Leben vor sich, und wir wollten noch so viel gemeinsam erleben. Es scheint eine solch unnötige Vergeudung von Liebe, von Talent, von Leben. Dieses Gefühl lastet schwer auf mir; ich habe nicht nur meinen Mann verloren, sondern auch mein Gefühl von Ordnung in der Welt. Father D. sitzt still bei mir und tröstet mich sanft. »Die Zeichen werden mit der Zeit kommen«, sagt er.

Ich lasse seine Worte auf mich wirken. Ich denke zurück an mein heutiges Treffen mit der Pfarrerin, die Alastairs Trauermesse zusammen mit Father D. leiten wird. Alastairs Mutter, seine Schwester und ich fuhren los, um die Pfarrerin zum ersten Mal zu treffen, und als wir zu ihrem Haus kamen, fiel uns auf, dass es Fairfields hieß, worüber wir lächeln mussten. Fairfields war der Name von Alastairs Kindheitszuhause, das seine Mutter bald nach dem Tod seines Vaters verkaufte. Während wir mit der Pfarrerin redeten, gingen die scheinbaren Zufälle weiter. Sie hat die Stelle in dieser Kirche in Wimbledon erst zwei Wochen zuvor übernommen. Davor hat sie zehn Jahre als Pfarrerin an der Christ Church der Universität von Oxford verbracht. Christ Church ist das College, an dem Alastair zwanzig Jahre zuvor Geschichte und Volkswirtschaft studiert hat. Während wir mit ihr über Alastair, sein Leben, seine Interessen, seine Leidenschaften und seinen Humor sprachen, wurde sie still.

»War Alastair im letzten September bei einem Treffen in Oxford?«, fragte sie auf einmal.

Ich hielt inne, um zu überlegen. »Ja«, antwortete ich, »das war er.«

»Na ja«, sagte sie, »ich glaube, ich habe beim Abendessen neben ihm gesessen.«

Ich muss daran denken, wie Alastair bei diesem Treffen in Oxford so viele Freunde wiedersah, wie uns seine Freunde aus dem Ausland in diesem Jahr besuchten, an unseren Skiurlaub und das Osteressen mit seiner Familie und sogar daran, wie er es schaffte, seine Freunde in den USA zu sehen, bevor er starb. Waren das alles stille Abschiede oder bloße Zufälle?

Ich erinnere mich, wie sich Alastair ein paar Monate vor seinem Tod mit mir zusammengesetzt hat, vor einer Excel-Tabelle mit unseren Finanzen. »Das wirst du eines Tages vielleicht wissen müssen«, sagte er.

Ich warf nur einen kurzen Blick darauf und tat es lachend ab. »Alastair, es gibt Dinge in dieser Beziehung, die ich tue und über die du nicht alles wissen musst, und es gibt Dinge, die du tust und über die ich nicht alles wissen muss. Das ist die ideale Arbeitsteilung!«

Fünf Monate vor seinem Tod räumte ich den Fernseher aus unserem gemütlichen Wohnzimmer, damit wir abends, wenn er nach Hause kam, miteinander reden konnten, anstatt automatisch vor dem Fernseher wegzudämmern. Was veranlasste mich ausgerechnet damals zu diesem Schritt?

An einem dieser Abende kam Alastair mit einer Flasche Wein und ein paar Blättern Papier zu mir. »Okay«, sagte er, »lass uns darüber nachdenken, was wir vom Leben wirklich wollen.« Auf jedes Blatt Papier hatte er einen unserer Lebensbereiche geschrieben: Kinder, Arbeit, Freizeit, Familie und Freunde, Beziehung, Spiritualität und so weiter. Er gab mir viele kleine, selbst klebende Papierstreifen. »Jeder von uns schreibt wichtige Begriffe zu jedem dieser Bereiche auf, und dann werden wir sehen, wo wir dieselben Ziele haben und wo wir uns unterscheiden.«

»Ha«, lachte ich liebevoll, während ich mein erstes Glas Wein leerte, und nahm den Stift, den er mir hinhielt. »Der ewige Consultant!«

Ein erbitterter Kampf tobt in meinem Kopf. Die Silhouetten der Zeichen rücken näher auf mich zu, aber ich sträube mich dagegen, sie zur Kenntnis zu nehmen. Ich bin in einer anderen Wahrheit verhaftet: *Alastair hätte nicht sterben sollen. Er hätte nicht sterben sollen.*

Father D.s Worte klingen hohl in meinem Kopf: »Die Zeichen werden mit der Zeit kommen.«

Die letzte Nacht

Ich schlafe auf der Couch im Wohnzimmer, mit Alastairs Sarg neben mir. Ich habe die Jungen oben zu Bett gebracht und bin dann wieder heruntergekommen, um meine letzte Nacht an Alastairs Seite zu verbringen. Es fühlt sich natürlich und friedlich an, mit seinem Leichnam in einem Zimmer zu schlafen. In der Nacht, halb eingeschlafen, höre ich das vertraute Getrippel von Liams Füßen, und ich spüre, wie sein kleiner Körper die Decke anhebt und sich an mich kuschelt. Ich bin mir nicht sicher, woher Liam weiß, dass ich hier bin. Er fällt neben mir rasch wieder in einen tiefen Schlaf.

Ich weine leise, während ich ihn fest an mich drücke; wir drei schlafen wieder in einem Zimmer, wie wir es unzählige Nächte getan haben.

Die Beisetzung: ein nüchternes, ernüchtertes Lächeln

Ich stehe vor meiner Mutter, die mir ein goldgelbes Tuch um die Schultern legt. Es ist der Morgen der Beisetzung, und ich trage das braune Knittersamtkleid, das Alastair mir zur Verlobung geschenkt hat. »Du willst doch in einer Kirche keine nackten Schultern zeigen«, erklärt meine Mutter sachlich. Ich füge mich. Ich weiß nichts über die Etikette einer Beisetzung, und ich habe auch nichts dafür übrig. Ich weiß nur, dass ein kräftiger Windstoß mich umpusten könnte.

Das slowakische Kindermädchen geht mit den Jungen zu Fuß voraus zur Dorfkirche, um sie ein bisschen müde zu machen, mir zuliebe. Wir anderen warten auf das Eintreffen des Leichenwagens. Alastairs Mutter, Schwester und Nichte sitzen still bei meinen Eltern in der Küche. Alastair und ich sind allein im Wohnzimmer, und ich setze mich ans Klavier und spiele ihm etwas vor. Meine Tränen fallen auf die weißen Tasten, während mein begrenztes Repertoire an Chopin und Mozart aus mir herausströmt. Ich fühle mich ins Wohnzimmer im Haus meiner Eltern in Irland zurückversetzt, am Tag unserer Hochzeit vier Jahre zuvor. Da saß ich in meinem wallenden weißen Kleid und spielte genau dieselben Melodien, um meine Nerven zu beruhigen, bis es Zeit war, zur Kirche zu gehen. Unsere Ehe begann auf dieselbe Weise, wie sie endet, und die Ähnlichkeiten stehen herzlos nebeneinander und verhöhnen mich.

Es klingelt an der Tür, und ich werde gerufen, um mit dem Bestatter zu sprechen, der nach mir gefragt hat. Er steht in einem schwarzen Besuchsanzug vor mir, mit ernster, respektvoller Miene. Er sagt, dass er ein paar wichtige Informationen für mich hat. Ich trete näher auf ihn zu. Dort auf der Türschwelle, während Alastairs lebloser Körper hinter ihm im Leichenwagen liegt, informiert er mich, dass ich einen staatlichen Zuschuss zu der Beisetzung bekommen kann, um einen Teil der Bestattungskosten abzudecken. Das Missverhältnis zwischen dieser Information und der Situation des Tages erschüttert mich. Ich schnappe fassungslos nach Luft, murmele einen unaufrichtigen Dank und setze mich dann vollkommen schockiert in den Trauerwagen hinter dem Leichenwagen.

Es ist ein strahlender Tag Anfang Juni, und die Kirche ist brechend voll. Perfektes Hochzeitswetter, denke ich im Stillen angewidert. Die Jungen spielen mit ihren Cousins und Cousinen, und Liam kommt in meine Arme gelaufen, als er mich sieht. Die Musik setzt ein, und Alastairs Mutter, seine Schwester, seine Nichte und ich mit Liam in meinen Armen gehen den Mittelgang hoch. Es erinnert alles so sehr an unseren Hochzeitsmarsch, nur dass diesmal Alastairs Familie, nicht meine, im Mittelpunkt steht.

Ich richte meine ganze Aufmerksamkeit auf die Zeremonie, gestatte mir nicht, mich in Verzweiflung oder Selbstmitleid zu ergehen. Es ist ein Tribut an Alastair, an sein abenteuerliches Leben und den wundervollen Mann, den ich zu meinem großen Glück kennenlernen, lieben und heiraten durfte. Die Zeremonie ist eine Feier und eine Danksagung, mit symbolischen Kerzen, bewegenden Tributen und seelenvoller Musik. Ich verlese einen Brief, den ich Alastair geschickt habe, kurz bevor wir uns verlobten.

Alastair, mein Liebster,
manchmal verspüre ich eine Liebe, die mein ganzes Herz ergreift und mir den Atem verschlägt: wenn du die Nase zusammenkneifst, die Augen aufreißt, den Mund weit öffnest und

mit gespielter Fassungslosigkeit schaust wie ein schelmischer Fünfjähriger. (Das wird oft von den Wolverhampton Wanderers oder deinem Schokoladen-Käsekuchen ausgelöst, gelegentlich aber auch von mir.)
Manchmal verspüre ich eine stille Gewissheit mit dir, wenn du mich und meine Gedanken mit einer solchen Offenheit und Liebe herausforderst, einer Herausforderung des Mitgefühls. Diese Zeiten wiegen mich in der Gewissheit, dass ich mit dir die Beste sein werde, die ich sein kann.
Manchmal empfinde ich große Achtung vor dir: wenn du mit den Leuten um dich herum redest und scherzt, vor allem mit stilleren oder weniger selbstbewussten Leuten. Darin bekundest du Respekt vor jedem einzelnen Menschen, dem du begegnest – jedem mit seiner Geschichte, die das Recht hat, angehört zu werden.
Manchmal empfinde ich tiefen Respekt vor dir, aber nicht, wenn du dein Wissen zeigst, auch wenn ich deinen Geist und die Klarheit deiner Gedanken (meistens) bewundere …, sondern vielmehr, wenn du offen bist und den Leuten aufrichtig zuhörst und das »scheinbar Richtige« zugunsten der Suche nach Weisheit und mehr Verständnis abtust. Deine Offenheit für neue Erfahrungen, Menschen, Meinungen, Lebensweisen erfrischt und begeistert mich.
Und manchmal weiß ich ganz genau, wie glücklich ich mich schätzen kann, dass das Universum sich verschworen hat, uns zusammenzuführen: wenn ich dich riechen und schmecken und deine Arme um mich spüren kann.
Das sind die Augenblicke, in denen ich begreife, dass ich in dir mein Kind, meinen Freund, meinen Vater, meinen Bruder und die große Liebe meines Lebens gefunden habe.

Die Kinder legen Sonnenblumen auf seinen Sarg und trällern fröhlich »Bye-bye, Daddy«, »Bye-bye, Alastair«, mit ihrer ganzen Respektlosigkeit und Unschuld.

Die Zeremonie ist ein Zeugnis des schönen Mannes, der Alastair war. Meine jugendliche Schwester drückt meine Hand und sagt mir voller Gefühl, dass sie eine solche Beisetzung selbst gern hätte. Später lacht meine Schwägerin schallend darüber und sagt, die ideale Beisetzung sei eine winzig kleine, bei der angesichts des eigenen fortgeschrittenen Alters nur eine Handvoll Freunde und Bekannte noch am Leben und in der Lage sind zu erscheinen. Dort würde die kleine Gruppe von Nachzüglern plaudernd und kichernd in der letzten Reihe der Kirche sitzen und Bonbons lutschen.

Ich frage mich, ob es besser ist, in einer Flamme des Lebens rasch zu verglühen oder den Docht bis zum Ende abbrennen zu lassen. Oder könnte es einen Mittelweg geben, um unser Leben in ausgewogenen, homöopathischen Dosen bis zu seinem natürlichen Ende zu leben?

Die Kinder scheinen besser im Stande, mit der Situation umzugehen, als die untröstlichen Erwachsenen. Während ich zusehe, wie die Jungen in der Kirche lachen, ahne ich zum ersten Mal, wie viel sie mir über den Umgang mit dem Tod beibringen können. Wir alle gehen hinter dem Sarg aus der Kirche, begleitet von den Gospelsängern, die eins von Alastairs Lieblingsliedern singen: *Swing Low, Sweet Chariot.* Ich stelle mir vor, wie er dazu die Handbewegungen macht und frech kichert.

Vor der Kirche kommen Leute auf mich zu, um mir die Hand zu geben und ihr Beileid auszusprechen, in einer surrealen, schockierten Atmosphäre. Die Sonne scheint warm auf mein Gesicht, und der Friedhof ist erfüllt vom Gezwitscher des Frühsommers. Ich sehe einen Cousin, den ich seit Jahren nicht gesehen habe. Alte Freunde und Familienangehörige umarmen mich, kämpfen mit den Tränen.

Alastairs Freundin P. lächelt mir durch die Menge zu. Sie trägt einen orangefarbenen Rock, durchbricht den düsteren Mantel von Schwarz, der alle um mich herum einhüllt. Ich lächele über ihr heidnisches Orange und nehme das Tuch von meinen Schultern, das mich einengt, sodass meine nackten Arme zu sehen sind.

Wir gehen zu einem Saal im Cannizaro House, wo wir Fotos von Alastair in jedem Alter aufgehängt haben. Wir essen Kanapees, schlürfen Sekt und reden über Alastair und das Leben im Allgemeinen. Ein paar von Alastairs Freunden beginnen ein Fußballspiel in Wolverhampton-Wanderers-Trikots. Die Schreie vom Fußballfeld sind eine willkommene Ablenkung und Befreiung von den Gefühlen des Tages. Es erinnert alles so sehr an unseren Hochzeitsempfang, mit fast derselben Gruppe von Leuten und diesem Gefühl, dass ich von einem zum anderen gehe, ohne die Gelegenheit zu haben, mit irgendjemandem wirklich zu sprechen. Aber diesmal gibt es kein Céilidh- oder Sambatanzen, und kein internationales Liedersingen, um den Abend abzurunden.

Kollegen von Alastair, deren Namen ich im Laufe der Jahre gehört habe, stellen sich bei dem Empfang persönlich vor. Mit gedämpften Stimmen geben sie mir die Hand und berichten mir, dass Alastair die schwierige Beförderung bekommen hätte, auf die er so sehnsüchtig gewartet hatte.

Diese Neuigkeit legt sich, wie der Tag insgesamt, wie ein nüchternes, ernüchtertes Lächeln auf meinen Mund.

Die Einäscherung

Nach der Trauerfeier gehen die nächsten Angehörigen zum Krematorium, um von Alastair Abschied zu nehmen. Ich spüre die Unterstützung meiner ganzen Familie, von der ich umgeben bin, während wir die kleine Kapelle betreten.

In seinem Testament hat Alastair geschrieben, er wolle neben mir beerdigt werden, sollte ich vor ihm sterben. Aber ich wusste nicht, wo ich ihn beerdigen sollte. Mit einunddreißig Jahren ist es mir unmöglich, festzulegen, wo ich einmal beerdigt werden will. Ich habe eine unruhige Seele, bin immer rastlos und auf dem Sprung zum nächsten Ort. In den vergangenen zehn Jahren habe ich in Peru, Brasilien und England gelebt, und ich habe keine Ahnung, wohin mich mein restliches Leben führen wird. Ich nehme an, vermutlich würde ich am ehesten in Irland beerdigt werden, wo die meisten meiner Familienangehörigen und Freunde leben. Aber Alastair hat nie in Irland gelebt, und ich lebe jetzt nicht dort. Es ist nicht sinnvoll, ihn dort zu beerdigen.

Es war am sinnvollsten, die Trauerfeier in Wimbledon abzuhalten, wo wir im Moment leben. Das ist der Ort, den wir in den vergangenen drei Jahren zu unserem Zuhause gemacht haben, und es ist nicht weit von dort, wo Alastair geboren und aufgewachsen ist. Es ist zentral gelegen, für die meisten seiner Verwandten, Freunde und Kollegen leicht zu erreichen. Aber würde ich ihn in Wimbledon beerdigen? Wir waren im Begriff gewesen, von dort wegzugehen, und hatten dort wenige dauerhafte Verbindungen. Nein, es erscheint mir nicht richtig, ihn dort zu beerdigen.

Angesichts aller möglichen Optionen wurde mir bewusst, dass es besser wäre, ihn einzuäschern. Wenn ich Alastairs Leichnam einäschern lasse, werde ich mehr Zeit haben, um über seine letzte Ruhestätte nachzudenken. Indem ich seinen Leichnam einäschern lasse, kann ich seine Asche an vielen verschiedenen Orten zerstreuen, was seinem Leben und den geografischen Entfernungen zwischen seinen Angehörigen und Freunden entspricht.

Ich muss mich über seinen Wunsch hinwegsetzen, beerdigt zu werden. Es ist eine Situation, die er sich nicht vorgestellt hatte. Im Stillen weiß ich, dass ich nicht blind alles erfüllen kann, was wir geplant hatten, als er noch am Leben war. Der

Kontext hat sich dramatisch verändert. Ich weiß, dass ich nichts anderes tun kann, als jede neue Situation abzuschätzen und das Bestmögliche zu tun.

Dies ist meine erste Entscheidung, die nicht auf dem beruht, was er oder wir vor seinem Tod festgelegt haben, sondern die die neue Situation seines plötzlichen Todes mit neununddreißig Jahren berücksichtigt. Wie viele andere Entscheidungen werden angesichts seines Todes überdacht und rückgängig gemacht werden? Ich denke mit mehr Mitgefühl an die Entscheidungen, die Alastairs Mutter traf, als sie selbst mit sechsunddreißig Jahren mit zwei kleinen Kindern zur Witwe wurde – Entscheidungen wie zum Beispiel die, ihren Sohn auf ein Internat zu schicken und das lieb gewonnene Familienzuhause zu verkaufen. Mein Leben verliert rasch seine eindeutigen Gewissheiten.

Das Ritual im Krematorium ruft ebenfalls Erinnerungen an unsere Hochzeit wach, mit der Familie des Bräutigams auf einer Seite der Kapelle und der Familie der Braut auf der anderen. Ich überschreite die Schwelle und setze mich zu Alastairs Mutter – die Braut nimmt den Platz des abwesenden Bräutigams ein. Die trällernden, melancholischen Klänge von *Gabriel's Oboe* beenden die kurze Zeremonie, während der rote Vorhang um Alastairs Sarg gezogen wird. Es ist die Musik, die bei unserer Hochzeit gespielt wurde, als ich zum Altar schritt. In diesem Augenblick geht mir eine ganz bestimmte Erinnerung durch den Kopf.

Wir beide waren im St. James's Park in London, sieben Jahre zuvor. Wir hatten eben zum ersten Mal offen über unsere Gefühle gesprochen. Ich hatte ihm gesagt, das Einzige, was ich im Leben tun könne, sei, ehrlich und mutig zu sein. »Meine Ehrlichkeit ist, dass ich in meinem ganzen Leben noch nie jemanden getroffen habe, zu dem ich eine solche Verbindung verspürt habe«, hatte ich gesagt, »und mein Mut ist, zuzugeben, dass ich dabei bin, mich in dich zu verlieben.«

Er seufzte und blickte auf den Ententeich vor uns. »Seit ich dich getroffen habe«, sagte er mit leiser Stimme, »setzt mein Herz jedes Mal einen Takt aus, wenn ich dich sehe.«

Als wir aufstanden, um den Park zu verlassen, trennten sich unsere Wege. Später erzählte mir Alastair, er hätte sich noch einmal umgewandt, um mir nachzusehen, und sich gesagt: »Wenn sie sich noch einmal zu mir umdreht, bevor sie den Park verlässt, dann ist sie das Mädchen, das ich heiraten soll.«

Ich weiß noch, dass ich trotz der sechzig Meter zwischen uns seinen Blick auf mir spürte, und ich lächelte, bevor ich mich umdrehte und dieses wissende Lächeln mit ihm teilte.

Am Ende ist das Einzige, woran ich denken kann, der Anfang.

ZWEITER TEIL

Tiefe Wasser

»Ich habe die Sibylle von Cumae mit eigenen Augen in einer Flasche hängen sehen, und als die Jungen sie fragten: ›Was willst du?‹, da antwortete sie: ›Ich will sterben.‹«

Aus *Satyricon* von Petronius,
wie im Vorwort zu T.S. Eliots *Das wüste Land* zitiert

Keine Lösung für den Tod

In den frühen Morgenstunden nach der Trauerfeier liege ich da, aus dem Schlaf hochgeschreckt, mit einem leeren Platz neben mir im Bett und einem gewaltigen Gefühl von Leere, wo einmal unsere Zukunft war.

Alastair ist tot. Alastair ist tot. Alastair ist tot.

Die erste Regel des Leidens ist, dass Geschäftigkeit eine effektive Art ist, es zu vermeiden. Aber die zweite Regel lautet, dass das Leiden, wenn man nichts mehr hat, um sich zu beschäftigen, mit einem erschütternden dumpfen Aufprall bei uns landet. Die Trauerfeier vorzubereiten war eine Art, nah bei Alastair zu bleiben. Hier verfolgten wir wieder einmal ein gemeinsames Projekt. Das richtige Gedicht finden, sich den richtigen Moment für das richtige Lied überlegen, das war ein inneres Gespräch zwischen uns beiden. Und irgendwo in meinem Unterbewusstsein hatte ich auch mit Alastair verhandelt: Wenn ich dir zeige, wie sehr ich dich liebe, indem ich eine Trauerfeier ausrichte, die dich wirklich feiert, die dein Andenken ehrt und deine Familie eng mit einbezieht, dann, vielleicht dann, wirst du zu mir zurückkommen.

Am Morgen nach der Trauerfeier werde ich von einer Verzweiflung heimgesucht, die mir kaum noch Luft zum Atmen lässt. Ich habe nur genügend Kraft für einen Spaziergang durch den Park. Ich fühle mich schwach und zerbrechlich, und ich muss beim Gehen von meiner Schwester gestützt werden. Ich brauche frische Luft, aber ich will nicht mit Nachbarn oder irgendwelchen wohlmeinenden Leuten reden müssen.

Als ich zurückkomme, ist meine andere Schwester dabei, den Kühlschrank zu putzen. »Das ist Alastairs Job«, bemerke ich tonlos. Sie umarmt mich fest und sagt: »Ich werde einmal im

Monat kommen und es für dich erledigen.« Ich lächele matt; mir ist klar, dass sie es nicht tun kann und nicht tun wird.

An diesem Abend sitze ich mit ein paar Verwandten und Freunden, alle Anfang dreißig, auf dem Balkon unseres Hauses, der auf den schattigen Park hinausgeht. Im Bewusstsein der gewaltigen Leere, die sich vor mir ausdehnt, frage ich jeden von ihnen, was sie glauben, dass mein Leben jetzt für mich bereithält. Sie versichern mir, dass ich meinen Doktor machen, eine interessante akademische Laufbahn einschlagen, mich wieder verlieben kann; vielleicht in drei Monaten, vielleicht in drei Jahren. Sie schlagen sogar vor, dass ich noch mehr Kinder haben könnte. Während ich ihnen zuhöre, fällt mir auf, wie sehr ich das Interesse an all meinen früheren Träumen verloren habe. Sie versichern mir, dass ich ein Spiegelbild meines alten Lebens wiederhaben kann. Ich erhasche einen ersten zornigen Blick auf die Tatsache, dass mein altes Leben mit Alastair gestorben ist: die Ziele, die Träume, die Schwerpunkte. Meine einstigen Pläne hängen vor mir wie schlaffe Skelette, machen sich als Außenstehende über mich lustig. Ich kann nie wieder zurück in mein Leben, wie es früher war.

Das schleudere ich meinen Freunden verbittert entgegen. Eine Freundin tätschelt meinen Arm und sagt immer wieder: »Es ist ja gut, es ist ja gut, es ist ja gut.« Ein Gefühl von Wut und scharfer Klarheit steigt in mir auf.

»Nein, es ist nicht gut«, fahre ich sie an. »Du fährst morgen nach Hause und umarmst deinen Mann, und ihr sagt beide: ›Wie traurig.‹ Aber ich werde allein hier sein, und es wird niemals gut. Alastair kann nicht zurückkommen. Dafür gibt es keine Lösung. Es kann niemals gut sein.«

Ich blicke durch die Dunkelheit auf den Park hinaus, in trostloses Schweigen gehüllt.

Asche zu Asche

Alastairs Asche wird eines späten Abends zugestellt, eine Woche nach der Trauerfeier, nachdem ich die Jungen bereits ins Bett gebracht habe. Ich klammere mich verzweifelt an ihre Alltagsroutine aus Abendessen, Baden und Bett, um das Ende jedes einzelnen Tages zu überstehen. Die Jungen scheinen weit entfernt von mir, selbst wenn ich sie füttere und ins Bett stecke. Liam klammert sich an mich und weint untröstlich, bis ich ihm erlaube, in meinem Bett zu schlafen. Er scheint verzweifelt bemüht, die Kluft zu überbrücken, die sich zwischen uns aufgetan hat, mich unter dem Schleier der Betäubung, die mich von allem trennt, wiederzufinden. Ich sehe seine vergeblichen Versuche wie aus weiter Ferne, nicht gewillt und nicht im Stande, ihm auch nur auf halbem Weg entgegenzukommen.

Ich danke dem Kurier schroff, nehme ihm den in Plastik verpackten Behälter ab und schließe hinter ihm die Tür. Ich bleibe in der Diele stehen, entferne das Plastik und gleite mit den Fingern über das dunkelbraune Holz und die kalte, glatte, vergoldete Plakette, auf der Alastairs Name und sein Geburts- und Sterbedatum stehen. Ein Buchstabe seines Vornamens ist falsch geschrieben, und im ersten Moment überlege ich, auf die Straße zu laufen und den Kurier zurückzurufen. »Das ist ein Irrtum«, könnte ich zu ihm sagen, »das ist nicht mein Mann, sogar der Name ist falsch.«

Ich stehe in der Diele. Die Augenblicke verstreichen langsam. Der Behälter ist nicht schwerer als eine Tüte Mehl. Diese ganze Größe, diese langen Finger, das Graugrün seiner Augen. Und das ist alles, was jetzt noch von ihm übrig ist? Ich stehe reglos da, überwältigt von hoffnungsloser Verzweiflung. Dieses flaue Gefühl in meinem Magen: hoffnungslose Verzweiflung. Es schwillt in mir an, macht sich bereit, mich ganz zu verschlucken.

Ich konzentriere mich auf das Gewicht meines Körpers, der über meine Füße am Boden verankert ist. Ich atme langsam und tief durch, um mich zu beruhigen. Und während ich dort stehe, kommt ein Hauch von Erleichterung mir zu Hilfe. Wenigstens kann Alastairs lebloser Körper mich jetzt nicht mehr berühren. Das Bild seines Leichnams, der im Sarg vor sich hin verwest, die Vorstellung des bleichen Todesschattens auf seiner Haut drohten mich in ungeschützten Augenblicken heimzusuchen. Ich bin rasch davor geflüchtet, hin zu freundlicheren Gedanken, Aktivitäten, Weinflaschen, Schlaftabletten. Jetzt kann sein eingeäschertes Selbst mich nicht mehr berühren.

Als ich mich beruhigt habe, nehme ich den Behälter mit in mein Schlafzimmer und stelle ihn auf die Kommode, genau neben das Bett: das Letzte, was ich sehe, bevor ich einschlafe, und das Erste, was ich sehe, wenn ich aufwache.

Eine alleinerziehende Mutter

Ich bin in ein Ödland getreten. Mein Verstand ist ständig verschwommen, und ich werde von einem endlosen Gefühl von Erschöpfung heimgesucht, sodass mir Entscheidungen oder Unternehmungen schwerfallen. Nach mehreren Telefonaten mit meinem verständnisvollen Chef, nachdem ich Termine immer weiter nach hinten verschoben hatte, beschließe ich, nicht mehr zu meinem befristeten Arbeitsvertrag und den gefährlichen Kontrollreisen in den Kongo und nach Haiti zurückzukehren. Ich kann meinen Tagtraum von dem ersten Tag, an dem ich wieder zur Arbeit erscheine, und die Angst, die er in mir wachruft, nicht abschütteln. Ich sehe mich durch das Großraumbüro zu meinem Schreibtisch gehen, zwischen besorgten und mitleidvollen Blicken. Selbst wenn ich meinen Schreibtisch erreiche, werde ich mich nirgends verstecken können. Ich vereinbare mit dem Kindermädchen der Jungen, dass sie in Teilzeit noch ein paar Monate länger bleibt.

Mitte Juni kommt meine Mutter nach London, und wir gehen ins Dorf Wimbledon zum Mittagessen. Wir sind nur zu zweit – ohne Ehemänner, ohne Kinder, ohne Geschwister. Ich kann mich nicht erinnern, wann wir das letzte Mal, falls überhaupt je, so essen gegangen sind. Ich bestelle zwei Gläser Rotwein und höre ihr zu.

»Wir haben alle darüber geredet, Bébhinn«, beginnt sie, »und wir denken, es wäre sinnvoll, wenn du nach Irland zurückkehrst. Komm mit den Jungen zurück nach Dublin, dann können wir dir helfen, sie großzuziehen. Du hast dort so viele Verwandte und Freunde. Die Jungen werden von all ihren Cousins und Cousinen und Onkeln und Tanten umgeben sein.«

Ich nippe an meinem Wein und seufze. Meine Eltern haben acht Kinder, mit einem Abstand von fünfundzwanzig Jahren zwischen dem ersten und dem letzten Kind. Sie sind beide Mitte sechzig, und meine jüngere Schwester ist eben achtzehn geworden. Nach über vierzig Jahren Kindererziehung sind sie endlich frei. Und jetzt platze ich mit zwei vaterlosen Söhnen und einem gebrochenen Herzen dazwischen.

»Du kannst erst einmal bei uns einziehen«, fährt sie fort, »und dir dann irgendwo in der Nähe eine Wohnung suchen. Du warst glücklich in Dublin, bevor du Alastair kennengelernt hast. Und du bist nicht allein. Du kannst nach Hause kommen.«

Ich beginne zu weinen. »Ich habe kein Zuhause, Mum. Ohne Alastair habe ich kein Zuhause.«

Ich empfinde Dankbarkeit gegenüber meiner Mutter und meiner ganzen Familie. Aber ich habe auch das Gefühl, zu ersticken. Ich bin nicht mehr die Zweiundzwanzigjährige, die vor neun Jahren aus Dublin weggegangen ist. Ich habe mich so daran gewöhnt, außerhalb von Irland zu leben und es als meine stets verfügbare Basis zu haben. In Irland sind meine Wurzeln, aber was ist mit meinen Flügeln? Müssen meine Träume denn mit Alastair sterben, unsere Träume davon, in vielen verschiedenen Ländern zu leben, zu reisen, die Welt zu erobern? Es sind nicht nur Alastairs Träume, es sind auch meine! Wenn ich nach Irland zurückkehren würde, würde Alastair dann auf einen kurzen Abstecher aus meinem irischen Leben reduziert? Ich habe mich hinausgewagt, aber ich wurde gebissen, und daher habe ich mich wieder in die Sicherheit meines Geburtslandes zurückgezogen. Nach Irland zurückzukehren würde heißen, zu meinem Leben vor Alastair zurückzukehren. Nach Irland zurückzukehren würde heißen, das Leben aufzugeben, das wir uns gemeinsam aufgebaut und erträumt haben.

»Danke, Mum.« Ich lächele meine Mutter unter Tränen an, nehme ihre Hand. »Ich habe auch darüber nachgedacht. Ich weiß euer Hilfsangebot zu schätzen, aber ich kann nicht nach Irland zurückkehren. Ich werde mir den Sommer über Zeit nehmen, um mit allem fertigzuwerden, und im September werde ich mit meiner Doktorarbeit an der Universität von Oxford anfangen. Ich muss unser Leben fortführen, das Leben unserer Familie.«

Ich habe gedacht, es würde mir gut gehen, wenn ich zurück aus Amerika und wieder zu Hause in London wäre, aber jetzt erkenne ich, wie unrealistisch das war und wie wenig ich verstand, was mit meinem Leben passierte. Ich kann nicht in dem Haus in London bleiben, eine junge Miss Havisham, die bis in alle Ewigkeit Fotografien aus sieben Jahren ordnet. Ich muss umziehen. Ich muss atmen. »Es wird mir gut gehen, wenn ich nach Oxford komme«, sage ich zu meiner Mutter und versuche gleichzeitig, mich selbst zu überzeugen.

In diesem langen, verlorenen Sommer ist es mir unmöglich, das gewaltige Ausmaß dessen zu begreifen, was passiert ist. Jeder Atemzug ruft mir in Erinnerung, dass Alastair nicht mehr ist, dass ich nie wieder in seine graugrünen Augen sehen oder sein leichtes Lachen über einen (vermutlich ziemlich schlechten) Witz hören werde. Ich muss mich zwingen weiterzuatmen.

Ich gehe den Tag im Krankenhaus und die Monate vor seinem Tod immer wieder in Gedanken durch. Das Bild, wie Alastair in seinem Krankenhausbett schwebt, überrumpelt mich immer wieder in den zufälligsten Momenten, und ich kann es nicht abschütteln. Ich stehe auf einer Leiter, wo mich der Schwindel erfasst, wenn ich hinuntersehe, und wo mich Verzweiflung erfüllt, wenn ich hinaufsehe. Ich kann mich immer nur konzentrieren, eine Sprosse auf einmal hochzuklettern. Alles, was ich brauche, ist genügend Licht, um diese eine Sprosse hochzuklettern.

Die Jungen geben mir dieses Licht. Die Alltagsroutine hält mich beschäftigt: mit ihnen aufstehen, sie anziehen, sie aus dem Haus scheuchen, Tom zur Schule fahren, ihn wieder abholen, Essen kochen, das Haus putzen und Gutenachtgeschichten vorlesen. Das routinemäßige Verstreichen der Tage ermöglicht es mir, etwas Abstand zwischen den Schock von Alastairs Tod und den Umgang mit den Konsequenzen zu bringen. Oberflächlich betrachtet geht mein Leben so weiter wie zu Beginn des Jahres, bevor ich angefangen hatte, wieder zu arbeiten. Jetzt fehlt ihm nur das Schlusskapitel jedes Tages, wenn Alastair und ich zusammen beim Abendessen saßen und uns von unserem Tag erzählten. Ich bot meine endlosen Aktivitäten mit den Jungen als meinen Beitrag zu dem Leben, das wir uns zusammen aufbauten. Jetzt gibt es niemanden, mit dem ich es teilen kann, und unser Leben liegt in Trümmern.

Unter der Oberfläche erfordert jede noch so kleine Aktivität übermenschliche Anstrengungen. Ich bin wie ein Schwan auf einem scheinbar ruhigen Meer, mit einer heimtückischen Unterströmung, die mich ganz zu verschlucken droht. Selbst die einfachsten Tätigkeiten wie das Haus staubzusaugen oder höflich

Smalltalk zu machen erschöpfen mich, und ich schelte mich für meine Kraftlosigkeit, den Mangel an Energie. Jeden Abend falle ich ins Bett und schlafe sofort ein. Vor Alastairs Tod fiel es mir schwer, ohne ihn allein in dem Haus zu schlafen, jetzt habe ich kein Problem damit. Meine nächtlichen Panikattacken sind wie weggeblasen. Vielleicht hat meine schlimmste Angst, nachdem ich sie erlebt habe, die Gewalt über mich verloren.

Die Jungen scheinen sich des schweren Verlusts, den sie erlitten haben, gar nicht bewusst zu sein. Sie genießen vielmehr die Aufmerksamkeit, mit der jeder sie überschüttet. Sie werden von einem ständigen Strom von Besuchern und wohlmeinenden Bekannten und einem endlosen Fließband von Geschenken bei Laune gehalten. Die meiste Zeit scheinen sie nicht zu bemerken, dass ich wie in Trance bin und die Alltagsroutine unseres Lebens nur roboterartig erledige. Die Zeit, die ich mit den Jungen verbringe, ist für mich bittersüß. Sie sind ein und drei Jahre alt, und sie entdecken jeden Tag irgendetwas Neues – neue Wörter, neue Fragen. Liam singt in einem fort sein Lieblingslied: »Mummy, Daddy, Mummy, Daddy, ich liebe euch.« Ihre neuen Entdeckungen entzücken mich, und ich sehe mich nach Alastair um, um sie mit ihm zu teilen, und verspüre einen stechenden Schmerz über seine Abwesenheit.

Die Tage sind durchsetzt von unzähligen Erfahrungen, bei denen ich zusammenzucke. Ich kaufe das neue Fahrrad, das Alastair und ich für Tom zu seinem vierten Geburtstag ausgesucht hatten, und der Verkäufer fragt, ein wie guter Mechaniker sein Daddy ist. Ich flüchte, beschämt von meinen Tränen, vor dem Väterrennen bei Toms allererstem Sporttag. Tom und ich stehen im Supermarkt in der Schlange. Ein Korb voller Einkäufe baumelt gefährlich vom Griff des Buggys, in dem Liam nach einem Wutanfall festgeschnallt ist. Ich fühle mich erschöpft und will nur noch aus dem grellen Supermarktlicht verschwinden und so schnell wie möglich nach Hause. Ich sehe die lange Schlange vor uns und seufze. Tom zupft an der Jacke eines Mannes in mittleren Jahren vor uns. Er sieht dem Mann ins Gesicht und sagt lächelnd: »Mein Daddy ist tot, und das ist kein Witz.« Er hat gelernt, was für eine Reaktion er damit bei anderen Leuten hervorruft, und er spielt damit. Der Mann starrt erst ihn und dann mich an. Er ist sichtlich nervös. Sein Blick ist eine Mischung aus Mitleid, Skepsis und dem eindeutigen Bedürfnis, nicht hineingezogen zu werden. Ich lächele matt und versuche mich zusammenzureißen, bis wir an der Kasse bezahlt haben und endlich verschwinden können.

Die Jungen sind eine ständige Erinnerung an Alastair, was ein großer Trost und eine große Belastung zugleich ist; Alastair ständig in Tom zu sehen lässt mich lächeln und gleichzeitig zusammenzucken. Bisweilen muss ich den Blick abwenden, mit einem flauen Gefühl im Magen, wenn Tom mit einer beiläufigen Handbewegung oder Miene Alastair vor mir zum Leben erweckt. Meine Beziehung zu den Jungen, die von Freude und Leichtigkeit geprägt war, als ich sie mir mit Alastair als Sahnehäubchen auf dem Kuchen unserer Beziehung teilte, ist jetzt mit einem Gefühl von Verzweiflung und Bedürftigkeit durchsetzt.

Kurz vor Alastairs Tod hatten wir wieder angefangen zu versuchen, ein drittes Kind zu bekommen. Meine Periode ist bereits überfällig, als er stirbt, und Tage und Wochen verstreichen, und meine Periode bleibt noch immer aus. Eine Phantasie beginnt Besitz von mir zu ergreifen. Kann es sein, dass ich mit seinem dritten Kind schwanger bin? Könnte es sein, dass ein Teil von ihm in mir ist und wächst, anstatt in der Gegenwart zu verblassen? Meinen ersten Schwangerschaftstest hatte ich in der Nacht seines Todes im Krankenhaus, da der Arzt mir keine Schlaftabletten geben wollte, ohne sicher zu sein, dass ich nicht schwanger war. Im Laufe der folgenden Monate mache ich noch zwei Tests, bete jedes Mal hoffnungsvoll darum, das positive Zeichen eines roten Kreuzes zu sehen. Alle Fragen von praktischer Durchführbarkeit existieren in meinem Kopf nicht. Ich sehne mich einfach nach noch einem Teil von ihm. Schließlich sitze ich mit meinem dritten und letzten Schwangerschaftstest allein auf der Toilette. Das lange weiße Stäbchen macht sich zehn Minuten über mich lustig mit seiner durchgehenden negativen roten Linie. Schließlich stehe ich auf und lasse das Stäbchen und die Phantasie lustlos aus meiner Hand in den Abfalleimer fallen.

Da ich nichts mehr mit Alastair teilen kann, fühle ich mich als Elternteil allein und beginne an mir selbst zu zweifeln. Eine Verwandte, bemüht zu helfen, schlägt vor, dass die Jungen in Irland leben könnten, während ich unser Leben organisiere, und ich sie an den Wochenenden besuchen könnte. Das erfüllt mich mit Grauen: die Vorstellung, dass ich jetzt weniger gut im Stande bin, mich um die Jungen zu kümmern, dass meine emotionale Verletzlichkeit mich daran hindert, ihre Mutter zu sein, und dass die Leute glauben könnten, es wäre das Beste, mir die Jungen wegzunehmen. Ich habe Angst, jemand könnte mir mein Rettungsfloß entreißen, während ich am Ertrinken bin.

Ich sträube mich dagegen und erinnere mich an Alastairs Worte kurz vor seinem Tod: »Die Leute müssen dich ansehen und denken: ›Was für eine wundervolle Mutter und was für glückliche Kinder.‹ Und sie haben recht: Du bist es, und sie sind es.«

Diese Worte geben mir Kraft in den Momenten des Zweifels und der Verletzlichkeit als frischgebackene alleinerziehende Mutter.

Liebe ohne Ego

Alastair ist überall im Haus. Früher war er bis zu vierzehn Stunden täglich in der Arbeit, jetzt scheint er ständig bei mir zu sein. Sein Geruch ist in den Hemden, in denen ich mein Gesicht vergrabe, sein Lächeln auf den Hochzeitsfotos auf dem Kaminsims und die Gestalt seines Körpers in dem leeren Platz neben mir im Bett. Alastair ist ein Mann, den ich in einem ähnlichen T-Shirt im Park sehe, ein leicht kahl werdender Kopf, den ich in einem Wagen erblicke, der vor dem Haus vorbeifährt. Ich sehne mich danach, das Geräusch seines Schlüssels in der Tür und sein halb gesungenes »Hallo, mein Schatz« zu hören. Manchmal höre ich das Kratzen des Schlüssels in der Tür sogar, und für einen Sekundenbruchteil denke ich, dass er nach Hause gekommen ist. Es erfüllt mich mit Abscheu, dass seine Hemden, seine neuen, ungetragenen Jeans, dieser idiotische Tisch, den wir gekauft haben, eine längere Lebensdauer haben können als er. Ich spiele seine Ansage auf dem Anrufbeantworter immer wieder ab, falle in einem trällernden Ton in seine Stimme mit ein: »Bitte hinterlassen Sie eine Nachricht nach dem Signalton. Vielen Dank.«

Er ist überall und nirgends. Ich träume selten von ihm. Tagsüber nehme ich die Flut monotoner Aufgaben in Angriff, aus denen mein Leben besteht. Abends sehe ich mir Fotoalben und Filmaufnahmen von uns an. Den ganzen Tag sehne ich mich nach dem Bett, wo ich Alastairs Bild heraufbeschwören und mit der frischen Erinnerung an ihn einschlafen kann. Aber er besucht mich selten in meinen Träumen.

Ich werde gequält von dem Gefühl, dass wir einen entsetzlichen Streit hatten, aber ich kann mich nicht erinnern, worüber, oder mir überlegen, wie wir ihn beilegen könnten. Ich verspüre ein scharfes Gefühl von Verlassenheit und Wut auf Alastair, weil er mich im Stich gelassen hat. Gerade Alastair sollte doch nach seinem Tod Verbindung zu mir aufnehmen. Wir hatten eine liebevolle, starke, kommunikative Beziehung. Bei einer Flasche Rotwein sagte er gern, wir »haben keine Probleme, wenn wir darüber reden können«.

»Wie können wir reden, wenn du nicht zu mir kommst?«, wimmere ich, bereits bei meiner zweiten Flasche Wein. Alastair war ein hartnäckiger, entschlossener Mann, und er hing sehr an seiner Familie. Ich hatte gedacht, er würde Himmel und Erde in Bewegung setzen, um mir ein klares Zeichen zu geben, dass er bei mir war. Als Jugendliche war ich jedes Mal zu Tränen gerührt von dem Film *Ghost – Nachricht von Sam,* wenn ich ihn bei Übernachtungspartys mit Freundinnen sah. In dem Film spielt Demi Moore eine Frau, der ihr verstorbener Freund, gespielt von Patrick Swayze, auf liebevolle Weise erscheint. In einer Szene findet er heraus, wie man einen Penny bewegt, und sein Geist schiebt für Demi einen Penny unter einer Tür hindurch und reicht ihn ihr. Dieses Bild verfolgt mich. »Wo ist mein verdammter Penny?«, tobe ich.

Ich spreche ständig mit Alastair, sage ihm, dass ich offen für jede Art von Erscheinungen oder Zeichen bin, verscheuche jeden Zweifel und Unglauben in einem verzweifelten Bemühen, ihn wiederzusehen. Doch in der dunkelsten Stunde der Nacht, wenn die Kinder schlafen und ich wach liege und meinen eigenen Herzschlag im Schlafzimmer nachhallen höre, wird mir vor Angst flau im Magen bei dem Gedanken, dass Alastair mir tatsächlich erscheinen könnte.

Ich denke an Alastairs Freundin L. in Amerika. Sie war bei unserem Wochenendausflug, als er starb, nicht dabei und hatte nicht gewusst, dass Alastair krank war. Doch in der Nacht, in der Alastair starb, wurde L. zweimal wach. Beim ersten Mal wachte sie mit dem Gefühl auf, dass ihr Mann Herzprobleme hätte. Beim zweiten Mal hielt sie beim Aufwachen ihr Ohrläppchen umklammert, an dem sie oft Diamantohrringe trug, und sie hatte das Gefühl, irgendetwas zu verlieren, das ihr kostbar war. Sie ist eine einfühlsame und offene Frau, die eine liebevolle Beziehung zu Alastair hatte und sich eingehend mit dem Tod naher Angehöriger auseinandergesetzt hat. Ich vertraue ihr.

Ich schicke ihr eine E-Mail, um sie zu fragen, ob Alastair ihr irgendwann in ihren Träumen erschienen ist. Dies ist ihre Antwort an mich:

Danke für deine E-Mail. Ich werde dir einen Traum erzählen, in dem Alastair vorkam: Ich saß unter einem Baum, bedrückt von Traurigkeit, während ich an dich und die Jungen und die Perversität und Ungerechtigkeit des Lebens dachte, die du in deiner E-Mail erwähnt hast. Ich spürte Alastair in der Nähe, und ich begann zu weinen. Er sagte so etwas wie: »Ich bin mir nicht sicher, was eben passiert ist. Wohin soll ich jetzt gehen?« Er klang so verwirrt. Und ich sagte: »Du solltest nicht bleiben; halt nach dem Licht Ausschau und geh dorthin.« Aber er sagte, das könne er nicht, er wolle dich und die Jungen nicht verlassen. Es war alles ein bisschen seltsam und fühlte sich sehr unvollständig an. Als ich aufwachte, war ich sehr traurig. Auch mir fällt es schwer, irgendeine Bedeutung darin zu finden. Aber eines weiß ich ganz sicher: Er ist bei dir, nicht gewillt, dich zu verlassen, und das wirst du irgendwann wissen.

Ich lese diese E-Mail immer und immer wieder. Sie passt perfekt zu dem, was ich von Alastair erwartet hätte. Ich kann mir gut vorstellen, dass er sich hartnäckig weigert, uns zu verlassen.

Das ist genau der Weckruf, den ich brauche. Ich sehne mich danach, dass Alastair bei mir ist. Ich sehne mich danach, dass er in irgendeiner Dimension zwischen Leben und Tod bleibt, mich mit Liebe überschüttet und mir mit den Jungen hilft.

Aber mehr noch sehne ich mich danach, dass es ihm gut geht.

Wo immer er ist und was immer er tut, ich wünsche ihm Frieden und Wohlergehen. Ich wünsche ihm Lachen und völliges Eintauchen in die Erfahrungen, die er macht, was immer das für Erfahrungen sein mögen. Dieses Gefühl ist stärker als jedes Selbstmitleid. Ich stelle mir vor, dass er seinem Vater und seiner Tante begegnet, die er so gern wiedersehen wollte, dass er diese Begegnungen aber nicht genießen kann, da er so sehr am Leben und an uns hängt.

Ich beschließe, ihm auf seinem Weg zu helfen. Jedes Mal, wenn ich ihn mir jetzt vorstelle, sage ich ihm, er soll gehen, den Tod voll auskosten, sich einfach hineinstürzen, wie er sich ins Leben gestürzt hat. Ich stelle ihn mir in einem hellen, gelblichen Licht aus Liebe und Güte vor und schicke ihn auf seinen Weg. Es fühlt sich so gut an, ihm auf diese Weise Liebe zu schicken: eine Liebe, die so viel selbstloser, so viel wahrhaftiger ist als das verzweifelte Bedürfnis, das ihn anflehte, bei mir zu bleiben. Damit fühle ich mich leichter, und es vertreibt meine Wut auf ihn.

Ich erinnere mich an meine Worte zu ihm an dem Tag, bevor er starb: »Al, ich habe das Gefühl, dass unser wundervolles gemeinsames Leben von jetzt an nur noch reicher und tiefer werden wird«, und ich koste den unsicheren Geschmack der Prophezeiung.

Liebe nach dem Tod, begreife ich, ist pure Liebe. Es gibt keinen Kampf zwischen Egos, wie er im Alltagsleben gegenwärtig ist. Sie verspricht ungebrochene Kontinuität und entlarvt die Seichtigkeit des Todes.

Liebe nach dem Tod ist Liebe ohne Ego. Sie ist eine Form von Gnade.

Der fürsorgliche Vater

Zwei Wochen nach der Trauerfeier, an einem Juninachmittag, sitze ich am Küchentisch und hefte einen Stapel Rechnungen ab. Der Tag ist warm und diesig, erfüllt vom Versprechen des Sommers. Durch die Fenster des Wintergartens kann ich die Jungen fröhlich im Garten spielen sehen. Auf dem Stapel vor mir liegen vier geöffnete Rechnungen mit Stempeln aus den USA. Ich nehme sie heraus und zucke zusammen. Sie sind von den Krankenhäusern, in denen Alastair behandelt wurde.

Die Rechnungen flattern noch immer ins Haus, drohen in einem immer entschiedeneren Ton mit rechtlichen Schritten. Als ich Wochen zuvor die erste Rechnung öffnete, warf ich sie angewidert auf den Boden. Der Betrag war sowohl in Ziffern als auch in Worten ausgeschrieben, um die Schuld zu betonen: »1.000.000 US $ (eine Million US-Dollar).« Keine leistungsbezogene Bezahlung, denke ich voller Abscheu und Verbitterung. Ich rufe noch einmal bei der Versicherung an, flehe sie an, die Zahlung zu leisten und dafür zu sorgen, dass die Rechnungen nicht mehr zu mir nach Hause geschickt werden. Die Rechnungen führen mir Alastairs Tod und unsere neue Verletzlichkeit immer wieder vor Augen, genau auf meiner Türschwelle.

Es ist wie mit dem Bestatter, der mir am Morgen der Beisetzung von dem staatlichen Zuschuss erzählte – ebenso unpassend und geschmacklos. Haben die Leute denn immer nur Geld im Kopf, selbst in solchen Augenblicken?

Als ich kurz davor bin, vor Selbstmitleid zu zerfließen, hilft mir ein plötzlicher klarer Gedanke, widerstrebend anzuerkennen, dass ich mich glücklich schätzen kann. Die Information über den Bestattungszuschuss traf mich nur deshalb so hart, weil Geld das Letzte war, was mir in dem Moment durch den Kopf ging. Und jetzt sind die Klinikrechnungen aus den USA, auch wenn sie schmerzliche Erinnerungen an Alastairs Tod sind, keine Schlinge, an der meine Zukunft und die meiner Kinder aufgeknüpft werden wird.

Einen Augenblick lang überlege ich, wie es wäre, wenn ich diese Rechnungen bezahlen müsste oder wenn ich für Alastairs Beisetzung nicht hätte aufkommen können. Ich schaudere. Ich denke an die Mutter meines Schwagers, deren Mann mit Anfang dreißig starb. Er arbeitete auf den Docks, und sie musste sich um ihre vier kleinen Kinder kümmern, ihren Schmuck verpfänden und zusätzlich zu ihrem Tagesjob einen Nachtjob annehmen, um die Familie über die Runden zu bringen.

Alastair hat fast zwei Jahrzehnte für ein und dieselbe Firma gearbeitet, angefangen mit einem Ferienpraktikum im Alter von siebzehn Jahren. Er hat immer viel gearbeitet, aber seine Tätigkeit war interessant und gut bezahlt. Jahrelang hat er gesagt, er würde dort bald aufhören. Aber er musste erst sterben, bis es dazu kam. Mit dem Geld, das er verdiente, lebten wir sehr komfortabel und haben es sogar geschafft, die Hypothek für unser Haus in London abzubezahlen. Zu seinem Gehaltspaket gehörten eine Kranken- und eine Lebensversicherung.

Deshalb lasten jetzt keine Geldsorgen auf mir, und ich bin nicht gezwungen, lange zu arbeiten, womit mir keine Zeit bleiben würde, um mit den Jungen zusammen zu sein oder mich mit den Konsequenzen von Alastairs Tod auseinanderzusetzen. Obwohl er relativ jung starb, hat Alastair finanziell für mich und unsere beiden kleinen Kinder gesorgt.

Das stelle ich mit einem Gefühl von Erleichterung fest, während ich die Klinikrechnungen zerreiße und in den Abfall werfe. Ein kleiner, logischer Teil meines Gehirns empfindet Dankbarkeit gegenüber Alastair, aber der einsame Teil in mir verflucht sein verdammtes Geld. Im Stillen werfe ich ihm vor: »Wenn du nicht so hart gearbeitet hättest, wenn du nicht so viel verdient und dich nicht zu einer Position hochgearbeitet hättest, die mit so viel Stress verbunden war, wärst du dann jetzt noch am Leben?« Ich werfe es ihm vor, und doch ziehe ich immer wieder mit gedankenloser Leichtigkeit die Kreditkarte durch.

Etwas später an diesem Tag klingelt es an der Tür, während ich den Abwasch erledige. Ich trockne mir die Hände an einem Geschirrtuch ab und gehe zur Tür, um zu öffnen. Ein Kurier in Ledermontur steht vor mir und überreicht mir ein Paket. Als ich die Tür schließe und das Paket umdrehe, sehe ich, dass es von Alastairs Firma ist. Ich lege es auf den Küchentisch und öffne es. Darin liegt eine CD mit dem Titel *Alastairs persönliche Dokumente*. Ich halte die CD in das Licht, das durchs Küchenfenster fällt, und drehe sie in meiner Hand.

Aus heiterem Himmel kommt mir der Gedanke, dass er den Jungen einen Brief geschrieben haben könnte. Alastairs Vater starb, als Alastair fünf und seine Schwester sieben war. Er hat ein paarmal erwähnt, dass er sehr gern einen Brief von seinem Vater gehabt hätte, um ihn durchs Leben zu geleiten, und dass er einen Brief an die Jungen schreiben würde, nur für alle Fälle. Natürlich tat ich seine Worte ab und sagte, er solle nicht so morbid sein. Ich versicherte ihm, dass er ein langes Leben haben würde, mit den Jungen und mir an seiner Seite, um ihn in den Wahnsinn zu treiben.

Ich gehe langsam hoch in unser kleines Arbeitszimmer und denke darüber nach. Dann setze ich mich an den Schreibtisch, schalte den Computer an, lege die CD ein und warte, während er hochfährt. Das Haus ist still, und nicht einmal die Kinder geben einen Ton von sich. Ich klicke die CD an, und eine lange Liste von Dokumenten erscheint auf dem Bildschirm. Ich überfliege die Liste rasch, bis mein Blick an einer Datei hängen bleibt. Sie trägt den Titel *Lieber Tom und Liam*:

Lieber Tom, lieber Liam,
in einem Augenblick der Paranoia schreibe ich euch eine kurze Nachricht für den, wie ich hoffe, undenkbaren Fall, dass unser Flugzeug über Sibirien oder sonst irgendwo abstürzen sollte. Ehrlich gesagt, habe ich schon mehrmals überlegt, euch einen Brief zu schreiben, nur für den Fall, dass mir irgendetwas zustoßen sollte, da ich mir immer gewünscht habe, mein Vater hätte das getan, bevor er starb. Da es schon spät ist – und ich noch gar nicht gepackt habe –, werde ich mich kurzfassen, auch da ich natürlich hoffe, dass dieser Brief niemals gelesen werden wird.

Ich will nur drei Dinge sagen:

1. Ihr beide bereitet mir jeden Tag mehr Freude, als ich mir je hätte vorstellen können. Ihr seid so wunderschöne, wundervolle Jungen. Ich hätte nie gedacht, dass es möglich ist, so zu empfinden. Und nachdem du, Tom, geboren warst, dachte ich, ich könnte niemals ebenso viel Liebe für ein anderes Kind empfinden … und jetzt, wo du, Liam, bei uns bist, wird mir bewusst, wie sehr ich mich getäuscht habe und wie sehr sich meine Liebe zu euch beiden einfach ausgedehnt hat.
2. Während ich über mein Leben nachdenke, wird mir bewusst, dass ich vieles falsch gemacht habe. Aber in einem Punkt bin ich mir ganz sicher: dass es richtig war, eure Mutter zu heiraten. Sie ist wirklich die große Liebe meines Lebens. Schön, leidenschaftlich, intelligent, freundlich, liebevoll, kreativ, und sie hat eine »Schärfe«, die ich liebe – und sie lacht über meine Witze. Was mehr könnte ich mir wünschen? Ich hoffe, dass ihr beide eines Tages diesen ganz besonderen Menschen in eurem Leben findet. Ihr müsst nur dem Leben vertrauen, dass es euch helfen wird, ihn zu finden.
3. Es tut mir ungeheuer leid, dass ich, wenn ihr diesen Brief lest, nicht mehr da sein werde. Ich kann kaum an diese

Aussicht denken, während ich hier sitze. Ich freue mich so darauf, euch aufwachsen zu sehen. Mein einziger Wunsch für euch ist, dass ihr das Leben genießt und glücklich seid: Es gibt viele verschiedene Wege, die ihr einschlagen könnt, um dieses Glück zu finden. Habt den Mut zu wählen, was ihr glaubt, das für euch richtig ist, und vertraut eurem Bauchgefühl – es hat mich nie enttäuscht, wenn ich wirklich darauf gehört habe.

Es gibt noch so viel mehr, was ich sagen will, aber ich hoffe, dass das hier Worte sind, die ihr niemals lesen werdet.
Ich werde im Geist immer bei euch sein.

Ich lasse mich auf dem Stuhl zurückfallen und schluchze laut auf. Es ist ein Brief über den Tod hinaus. Er ist kurz und süß, und er fasst den Kern dessen zusammen, was Alastair seine Söhne und mich wissen lassen muss.

Dieser Mann, der unsere Kinder mit so viel Liebe willkommen geheißen und finanziell und materiell für sie vorgesorgt hat, ist seinem Bauchgefühl gefolgt, um auch emotional für sie zu sorgen.

Identitätskrise

Neben Alastairs Tod erlebe ich Tag für Tag auch meine eigenen persönlichen kleinen Tode – den Tod meines Platzes in der Gesellschaft und den Tod meines eigenen Selbstbildes. Ich bin im Begriff, rasch alles zu verlieren, was ich einmal war – eine unabhängige Frau, eine geliebte Ehefrau, ein Teil eines starken Paars, das unsere Kinder großzog, eine hilfsbereite Freundin. Ich kreuze das »Verwitwet«-Kästchen in einem Formular nach dem anderen an, und ich schaudere.

Ziele, die mein Ego als wichtig ansah, wie zum Beispiel, meine Karriere weiterzuentwickeln, mein akademisches Potenzial auszuschöpfen, meine eigene Individualität unabhängig von meinen Kindern und meinem Mann herauszuarbeiten, jemand zu sein und Großes in der Welt zu tun, all das verliert jede Bedeutung. Ich interessiere mich nicht mehr für das Weltgeschehen und sehe zu, wie sich unsere wöchentlichen Ausgaben des *Economist* neben der Tür stapeln, noch in ihren Plastikhüllen. Ich bin aus einem Rennen ausgeschieden, das ich mit mir selbst ausgetragen hatte. Ich kauere nackt inmitten der Asche der Person, die ich einmal war.

Alastairs Verlust lässt mich in vielfacher Weise ratlos zurück. Auf einmal fallen mir all die Dinge zu, für die er früher zuständig war – den Rasen mähen, Flüge buchen, die Jungen zum Schwimmen bringen, die Steuererklärungen machen. Ich erinnere mich an seine abwehrende Stimme während eines Streits, als er sagte: »Hey, ich tue viel für diese Familie.« Ich bin beschämt und gedemütigt, weil ich so vieles als selbstverständlich betrachtet habe.

Ich ersticke in einer Flut von bürokratischen Aufgaben. Das Letzte, was ich tun will, ist, dafür sorgen, dass sein Name auf den Rechnungen in meinen umgeändert wird, mich mit seinen Klinikrechnungen oder seiner Krankenversicherung befassen oder den Prozess der Erbscheinerteilung (wovon ich noch nie etwas gehört hatte) in die Wege leiten. »Aber das sind Alastairs Aufgaben«, wimmere ich spätabends in unserem Arbeitszimmer vor mich hin, während ich versuche, aus den verschiedenen Akten und E-Mails schlau zu werden.

Ich lernte Alastair in meinem ersten Arbeitsjahr kennen, und er hatte immer meine Steuererklärungen für mich gemacht. Jetzt wird von mir verlangt, gleich mehrere Steuererklärungen zu machen, und ich weiß gar nicht, wo ich zuerst anfangen soll. Ich bekomme Unterstützung von Alastairs alter Firma, und es gibt einen Buchhalter und einen Anwalt, die ich um Rat fragen kann, aber ein riesiger Berg an Papierkram bleibt immer noch an mir hängen.

Ich mache mich an diese Aufgaben mit allem Widerwillen, den ich aufbringen kann. Ich rufe die Versorgungsunternehmen an, um den Namen auf unseren Rechnungen ändern zu lassen, setze sie von Alastairs Tod in Kenntnis, und nur bei einer von ihnen spricht man mir sein Beileid aus. Die kalte Effizienz, mit der diese Unternehmen die Information verarbeiten, die ich ihnen gebe, macht mich wütend. Leben wir denn wirklich in einer gefühllosen Welt, in der Effizienz wichtiger und natürlicher ist als Mitgefühl?

Inmitten all dieser neuen und alten Anforderungen habe ich jedoch das Gefühl, nach Alastairs Tod enorm viel Unterstützung zu bekommen. Meine Familienangehörigen und Freunde und alle, die mir, Alastair oder meiner Familie in irgendeiner Form verbunden sind, stehen mir auf eine unglaubliche Weise zur Seite. Ich kann ihr Mitgefühl förmlich spüren.

Meine Familie reist von weit her an, um mich zu sehen, hört mit unendlicher Geduld zu, schickt mir Bücher und Gedichte und hilft mir mit den Jungen. Freunde besuchen mich nach anstrengenden Arbeitstagen zum Tee, kommen mit Schokolade vorbei, um sich zu vergewissern, dass es mir gut geht, und überschütten die Jungen mit unnötigen Geschenken. Meine enge Freundin C. hält mit meinem Tempo mit, während ich ein Buch nach dem anderen über Verlust und Tod verschlinge. Sie hört sich meine Gedanken an, hinterfragt mitfühlend mein häufig selbstmitleidiges Denken und teilt ihre eigenen Fragen und ihr Verständnis mit mir. Sie zeigt mir, dass das Einzige, was man für einen leidenden Freund tun kann, darin besteht, nach dem Motto zu leben: »Du bist nicht allein – ich bin bei dir.«

Aber die Leute sind nicht nur eine große Stütze, sie erteilen mir auch Ratschläge und befassen sich mit meinen Angelegenheiten auf eine Weise, auf die sie es nie tun würden, wenn Alastair noch da wäre. Es ist, als ob sich die ganze Sicherheit und Stärke unserer Kernfamilie aufgelöst hätte. Ich habe das Gefühl, dass die Leute mich nicht mehr für stark und kompetent halten. Meine Schwägerin, die Alastair (und stellvertretend mich) gebeten hatte, im Falle ihres Todes die Vormundschaft für ihre Kinder zu übernehmen, überträgt diese Rolle jemand anderem. Mir wird bewusst, dass mich jetzt nie wieder irgendjemand bitten wird, die Vormundschaft für seine Kinder zu übernehmen. Ich habe keine zusätzliche Liebe und Sicherheit zu bieten. Ich bin jetzt diejenige, die Hilfe braucht, die Arme.

Es gibt nichts Richtiges, was irgendjemand sagen könnte. Ich taumele in einem Meer aus Verletzlichkeit und Empfindlichkeit, und jede Bemerkung, jedes Tun, löst eine Abwehrreaktion in mir aus. Freunde und Bekannte erzählen mir, wie sie, wenn sie einen schlechten Tag mit den Kindern oder in der Arbeit hatten, an mich denken und Gott für alles danken, was sie haben. Sie lernen das Leben zu schätzen – auf Kosten meiner Familie. Sollte ich mich freuen, dass mein Leben, mein kaputtes, erbärmliches Leben, ihnen die Möglichkeit bietet, dankbarer für ihr eigenes Glück zu sein? Ich hasse es, wenn sie davon reden, und doch hasse ich es noch mehr, wenn sie nicht davon reden. Ich kann das ewige Jammern über die tagtäglichen Banalitäten des Familienlebens nicht mehr hören.

Wenn ich zusehe, wie meine Freundinnen ihren ununterbrochenen Alltag weiterleben, mit dem Gedanken spielen, noch ein Kind zu bekommen, Pläne für den Sommer oder fürs nächste Jahr schmieden, möchte ich sie insgeheim am liebsten anschreien: »Seid euch nicht so verdammt sicher!« Ich will sie am liebsten anknurren: »Meint ihr etwa, dass ihr der Bitterkeit des Lebens entkommen seid? Ich war auch dankbar. Ich war auch dankbar für mein Schicksal, und seht, was es mir gebracht hat. Das Leben ist so vergänglich wie eine Rauchfahne; baut eure Träume nicht darauf.«

Ich beiße mir immer wieder auf die Zunge. Oft kommt es mir vor, als würde ich über Kindererziehung mit jemandem reden, der nie ein Kind großgezogen hat. Ich rechne aus, wie lange es dauern wird, bis jede meiner Freundinnen in meiner Situation ist, mit zwei Kindern im Alter von einem und drei Jahren. Und genau dann, wenn sie diese Phase erreichen, werde ich neben ihnen stehen und ihnen aus heiterem Himmel ins Ohr flüstern: »Und jetzt stell dir vor, wie dein Leben aussehen würde, wenn dein Mann heute sterben und nie wieder nach Hause kommen würde. Das ist das, was ich durchgemacht habe.« Vielleicht werden sie dann eine winzige Ahnung davon bekommen, wie es mir geht.

Die Leute sagen mir, dass ich für die Jungen jetzt beides, Mutter und Vater, sein muss. Der bloße Gedanke überfordert mich, zumal es mir noch immer schwerfällt, die Worte in ihren Gutenachtgeschichten zu entziffern.

Eines frühen Morgens Mitte Juni kann ich nicht mehr schlafen. Ich gehe hinaus und beginne, unseren kleinen Rasen mit unserem Handrasenmäher zu mähen. Er ist seit Alastairs Tod nicht mehr gemäht worden, und es ist das erste Mal überhaupt, dass ich das tue. Ich keuche und verfluche die stumpfen Klingen und lasse den Garten in einem völligen Chaos zurück. Während ich in der Küche sitze, eine Tasse heißen Kaffee trinke und auf den verunstalteten Rasen hinaussehe, wird mir eines klar: Wenn ich versuche, alles zu tun, was Alastair getan hat, dann werde ich nicht tun können, was ich getan habe. Wenn ich versuche, für die Jungen Mutter und Vater zu sein, dann werden sie sowohl ihre Mutter als auch ihren Vater verlieren. Es ist schon anstrengend genug, ich selbst zu sein, so echt und vollständig wie möglich.

Als ich meinen Kaffee austrinke, ist mir klar, dass ich mich aufs Wesentliche konzentrieren und alles andere auslagern muss, soweit meine Freundschaften und Finanzen es zulassen. Aber bis ich genügend Selbstliebe und Demut aufbringe, um meine eigenen tagtäglichen Grenzen und meine Verletzlichkeit wirklich zu akzeptieren und die Hilfe anzunehmen, die mir von den Menschen in meiner Umgebung so offen angeboten wird – das dauert weitaus länger als eine Tasse Kaffee.

Verzweifelt gesucht: Lösungen I

Mein Verstand versucht angestrengt und verzweifelt, mit dem fertigzuwerden, was passiert ist. Ich will zu meinem Leben zurück, wie es früher war, und ein Gefühl von Sicherheit wiederherstellen.

Ich taste herum, suche nach irgendeiner Art Rettungsfloß, das mir helfen könnte, mit der Situation umzugehen. Ende Juni beschließe ich, an eine Entscheidung anzuknüpfen, die ich fast zehn Jahre zuvor gefällt hatte, als ich auf dem Jakobsweg pilgerte. Als freie und ungebundene Dreiundzwanzigjährige hatte ich mir versprochen, falls in meinem Leben je irgendetwas schiefgehen sollte, dann würde ich mich auf diesen Pilgerweg zurückziehen.

Jetzt, als Witwe mit zwei kleinen Jungen, ist mir die Vorstellung, sie zurückzulassen, einfach unerträglich. Warum nicht den Doppelkinderwagen bepacken und sie mitnehmen? Ich könnte eine kürzere Variante des Pilgerwegs mit ihnen gehen. Ich google den Pilgerweg und finde heraus, dass einer der Wege der »Englische Weg« heißt und nur etwas über 100 Kilometer lang ist. Das könnten wir doch sicher zu Alastairs Ehren schaffen? Dann könnten wir auch einen Teil seiner Asche bei unserer Ankunft auf dem Platz vor der Kathedrale in Santiago verstreuen, auf dem sogenannten Sternenfeld, nachdem er immer gesagt hat, er wolle den Pilgerweg unseres Liebesheiligen einmal mit mir zusammen gehen. Meine Eltern, die den Pilgerweg vor ein paar Jahren selbst gegangen sind und die Beschaffenheit des Geländes und die Schlichtheit der Herbergen auf dem Weg kennen, äußern sanft Bedenken, ob dieses Vorhaben mit zwei kleinen Kindern durchzuführen sein wird.

»Lass uns wenigstens mitkommen, um dir zu helfen, den Kinderwagen über irgendwelche Hindernisse auf dem Weg zu tragen«, fleht mein Vater.

»Nein, Dad«, versichere ich ihm, meiner Motive unsicher. »Wir müssen das allein tun.«

Einen Monat nach Alastairs Tod gehe ich online und buche unsere Flüge. Dieser Plan gibt mir ein Gefühl von Frieden, eine Ablenkung für meinen Geist und eine Möglichkeit, Alastair nah bei mir zu behalten. Nachdem ich einen schier endlosen Monat lang das Gefühl hatte, mein Leben überhaupt nicht mehr unter Kontrolle zu haben, nehme ich die Zügel wieder in die Hand. Vielleicht ist das der Grund, weshalb ich meine Eltern nicht bitte, uns zu begleiten. Vielleicht muss ich das Gefühl haben, irgendeine kleine Sache völlig unter Kontrolle zu haben, anstatt in die Rolle der anpassungsfähigen Tochter zu schlüpfen.

In den nächsten Tagen halte ich die Augen offen nach einer Jakobsmuschel, dem Symbol des Pilgerwegs. Als ich den Pilgerweg das letzte Mal ging, nahm ich meine Muschel aus Peru mit; sie war das Zeichen, das ich brauchte, um mich auf den Weg zu machen. Diesmal suche ich nach einer Bestätigung, dass der Pilgerweg die richtige Entscheidung ist. Die Muschel zu finden wäre das perfekte Zeichen.

Aber ich finde keine Muschel, bevor ich aufbreche.

Am Abend vor unserer Abreise warte ich, bis die Jungen schlafen, dann nehme ich den Holzkasten mit Alastairs Asche von der Kommode neben meinem Bett und gehe nach unten. Ich halte den Kasten mit feierlicher Ehrerbietung vor mir. Ich lege die CD mit unserem Hochzeitslied, *Gabriel's Oboe*, in den CD-Player. Während mich die Musik durchströmt, schraube ich langsam die sechs Schrauben ab, mit denen der Deckel an dem Kasten befestigt ist. Dann fülle ich unter Tränen einen Teil der Asche in ein kleines Holzkästchen, das handbemalt mit Blumen ist. Wir haben dieses Kästchen, das ursprünglich Münzen enthielt, bei der Hochzeit unserer Freunde in der Woche vor Alastairs Tod bekommen. »Die könnten sich einmal als nützlich erweisen«, hatte Alastair lächelnd gesagt, als er sie am Ende des Abends in seine Hosentasche steckte. Er konnte ja nicht ahnen, dass dieses kleine Kästchen einen Monat später seine Asche enthalten würde.

Am nächsten Morgen sitzen die Jungen und ich entspannt im Flugzeug. Ich gehe in aller Ruhe einen Schritt nach dem anderen. Wir finden unser Hotel in Santander und stellen unser Gepäck ab. Dann machen wir drei uns auf die Suche nach etwas zu essen, wobei wir so tun, als wären wir die drei Ziegenbrüder aus dem Märchen. Ein Gefühl von Stärke erfüllt mich, während wir gehen und spielen: Ich kann allein mit den Jungen verreisen, ich kann weiterhin Abenteuer erleben, ich kann noch immer das Gefühl haben, am Leben zu sein.

In genau diesem Augenblick stemmt sich Liam mit der Neugier eines Einjährigen an einem niedrigen Vorsprung hoch, verliert den Halt und schlägt sich das Gesicht auf. Sein Heulen zerreißt die Stille. Ich wische ihm das Blut aus dem Gesicht und küsse seine Tränen weg. Langsam und schweigend öffnet er meine Hand und legt einen perfekten Milchschneidezahn hinein.

Ich starre den Zahn entsetzt an. Er steht für seine Unschuld – die einstige Vollkommenheit seines jungen Lebens – und holt mich mit einem dumpfen Aufprall auf den Boden der Tatsachen zurück. Ich zerre die Jungen in ein Café in der Nähe und bitte um ein Glas Milch, in das ich den Zahn legen kann. Mit panischer Stimme bitte ich darum, uns ein Taxi zu rufen, das uns zum nächsten Krankenhaus bringen kann. Dort angekommen erkläre ich in meinem eingerosteten Spanisch die Situation, und die Empfangsangestellte verweist uns auf den Warteraum.

Auf einem roten Plastikstuhl im Warteraum des Krankenhauses schluchze ich leise und verzweifelt vor mich hin, während die Jungen zu meinen Füßen spielen. Hier bin ich wieder, einen Monat später, in einem fremden Land im Warteraum eines Krankenhauses. Ein Refrain, der mich an eine Zeile aus einem Simon-and-Garfunkel-Song erinnert, geht mir ständig durch den Kopf. »*Warum hast du mich verlassen?*«

Nach vier Stunden Warten werde ich aufgerufen und erkläre der behandelnden Krankenschwester in gebrochenem Spanisch die Situation. Sie sieht mich an, als hätte ich den Verstand verloren, und erklärt mir, dass der Zahn nicht wieder eingesetzt werden kann und dass er in fünf oder sechs Jahren nachwachsen wird. Ich berichte ihr in unklaren Worten von Alastairs Tod, und dass ich mir sicher sein muss, dass Liam keine Infektion im Mund bekommen wird. Ich suche nach Mitleid, aber sie tut mein Drama wie ein erfahrener Profi ab. »*Nada que hacer*«, sagt sie mit Nachdruck und zeigt zur Tür. Nichts zu machen.

Ich raffe einen erschöpften Liam hoch in meine Arme und nehme Toms pummelige kleine Hand in meine. Wir verlassen das Krankenhaus und fahren zurück zu unserem Dreisternehotel. Im Hotelzimmer schiebe ich die beiden Einzelbetten zusammen, damit wir alle aneinandergekuschelt schlafen können. Während die Jungen links und rechts von mir in Schlaf sinken, bleibe ich wach, um zum ersten Mal die ganze Geschichte von Hiob zu lesen. Ich identifiziere mich mit diesem Mann, dem ein Leiden nach dem anderen geschickt wurde, und ich schwanke zwischen Selbstmitleid und Entschlossenheit.

Der ausgeschlagene Zahn schreckt mich nicht ab. Ich höre nicht auf dieses klare Zeichen. Wir nehmen einen Zug zum Ausgangspunkt des Englischen Wegs in der nordwestlichen Ecke Spaniens. Ich schiebe einen widerspenstigen Doppelbuggy, beladen mit Taschen, über holperige Waldwege, steile Hügel und Seitenstreifen von Autobahnen. Die ganze Zeit besteche ich die Jungen mit Lutschern und Eis, damit sie sitzen bleiben. Bis wir die Herbergen erreichen, sind die Jungen aufgedreht vom Zucker und davon, dass sie den ganzen Tag im Buggy festgeschnallt waren. Sie wollen herumlaufen, um ihre ganze Energie loszuwerden. Ich selbst bin natürlich körperlich erschöpft.

In den ersten beiden Nächten übernachten wir in den offiziellen Pilgerherbergen. Wir erreichen das erste dieser trostlosen, rohbauartigen Gebäude – ein Ziegelstein lustlos über den anderen gesetzt als seelenlose städtische Verpflichtung. Es befindet sich in der Mitte eines langen und schlichten öffentlichen Parks. Im Umkreis von 500 Metern gibt es keine anderen Gebäude. Wir ziehen an den Türen, die fest verschlossen sind. Ich hebe die Jungen hoch zu ein paar Fenstern ohne Vorhänge, damit sie einen Blick hineinwerfen können, aber es gibt keine Bewegung, kein Leben darin. Ich finde eine wenig einladende Notiz neben der Tür, mit einer Handynummer, die ich anrufen kann, um mit irgendjemandem von einem entfernt gelegenen Empfang zu sprechen. Ich wähle die Nummer und erreiche einen offiziellen städtischen Angestellten. Nachdem wir eine halbe Stunde gewartet haben, kommt er, um uns die Tür aufzuschließen. Er zeigt wenig Interesse an dem Pilgerweg oder diesen drei ungewöhnlichen Pilgern. Er öffnet gelangweilt die Tür, zeigt mir, wie das Licht angeht, und betont, dass ich die Tür bei unserer Abreise zuziehen soll.

»Wird denn niemand sonst hier bei uns schlafen?«, frage ich besorgt.

Er sieht mich seufzend an und sagt in einem langsamen Spanisch: »Dieser Teil des Jakobswegs ist nicht sehr beliebt. Und Sie sind außerhalb der Hauptsaison hier, die im Juli und August ist«, ergänzt er vorwurfsvoll. »Wenn Sie Hilfe brauchen, können Sie bis achtzehn Uhr diese Telefonnummer anrufen. Ansonsten rufen Sie die Polizei.« Er geht, ohne sich noch einmal umzusehen.

Ich liege unruhig auf einer Einzelkoje, mit Liam neben mir. Es fällt mir schwer, allein mit den beiden Jungen in diesem trostlosen Gebäude zu schlafen, weit weg von den beruhigenden Geräuschen der Stadt. »Bitte pass auf uns auf, Alastair«, flüstere ich in die Dunkelheit, wie ein endloses Mantra. Dieser Pilgerweg ist nicht zu vergleichen mit dem ganzen Französischen Weg, den ich ein Jahrzehnt zuvor gegangen bin. Kein Eintauchen in Gegenwärtigkeit, keine spirituellen Rituale, keine Unterstützung von anderen Pilgern. Um genau zu sein, gibt es überhaupt keine anderen Pilger. Während ich im Dunkeln dort liege und auf das Geräusch von Toms rhythmischem Atmen in der Koje über mir lausche, kommt mir eine Frage in den Sinn: »Was zum Teufel tue ich hier eigentlich?«

Am dritten Tag, nach einem drei Kilometer langen Marsch, auf dem ich die Jungen immer wieder über holperige Waldwege schiebe und mit Eiscreme besteche, erreichen wir eine Stadt ohne Pilgerherberge. Stattdessen finden wir ein kleines Hotel. Sobald wir eintreten, entdecken die Jungen einen Pool und wollen unbedingt schwimmen gehen. Ich checke ein, und wir steigen rasch die Treppe hoch, um unser Gepäck in unserem Zimmer abzustellen. Unsere Schwimmsachen über die Schulter geworfen laufe ich mit den Jungen rasch wieder hinunter zum Pool. Der Pool ist etwa zehn Meter lang und zwei Meter tief. Zu meinem Entsetzen stelle ich fest, dass er so tief ist, dass ich im Wasser nicht stehen kann, sodass ich unmöglich zwei kleine Jungen auf einmal halten kann. Keiner von ihnen kann allein schwimmen, und ich habe keine Schwimmflügel oder -westen dabei. Fünf angespannte Minuten lang versuche ich, immer nur mit einem von ihnen ins Wasser zu gehen, während der andere auf den Stufen wartet, bis ich wiederkomme. Während ich mit Liam losschwimme, wird Tom ungeduldig und springt mir ins Wasser nach. Ich schnappe ihn mir, bevor er untergehen kann. Unter dem Gewicht der beiden gehe ich selbst fast unter, und beide schlucken Wasser. Ich strampele wie wild mit den Beinen, um zu den Stufen zu gelangen, und setze die beiden erschrockenen Jungen ab, bevor ich selbst keuchend nach Luft schnappe. »Das reicht«, schimpfe ich atemlos. »Ich habe genug. Ich kann das nicht allein.«

Ich verlasse den Pool, die beiden unwilligen, weinenden Jungen im Schlepptau. Ich bin völlig allein. »Wo bist du, Alastair?«, wimmere ich, wie schon so oft, im Stillen. »Du hättest nicht sterben dürfen. Du hättest nicht sterben dürfen. Ich brauche dich hier.«

In der darauf folgenden Stille erkenne ich voller Verzweiflung die unerbittlichen Grenzen, an die ich als alleinerziehende Mutter mit zwei kleinen Jungen stoße.

Ich wickele die Jungen in Handtücher, und wir machen uns lärmend auf den Weg zurück zu unserem Zimmer. Als wir durchs Foyer kommen, springt mir etwas Buntes auf einem Beistelltisch ins Auge. Ich bleibe stehen und sehe genauer hin. Es ist eine Jakobsmuschel, das Symbol der Pilger, und jede Rille ist von einer Kinderhand in einer anderen leuchtenden Farbe bemalt. Die Muschel ist perfekt für unsere Kinder-Pilgerreise. Ich nehme sie in die Hand und zeige sie den Jungen. »Unsere Muschel!«, sage ich lachend zu ihnen. »Wir haben unsere Pilgermuschel gefunden.« Die Jungen betrachten die Muschel, die in allen Regenbogenfarben schillert, eingehend und lächeln mich mit tränenverschmierten Gesichtern an. Tom nimmt die Muschel und wendet sie in seiner kleinen Hand.

»*Jetzt* sind wir Pilger«, sage ich lachend zu den Jungen, während wir fröstelnd im Foyer stehen.

Der Himmel stürzt ein

Am nächsten Tag schnalle ich die Regenbogen-Muschel an den Doppelbuggy und schiebe die Jungen über eine Brücke, vorbei an einem unheimlichen alten Turm und über die Hügel bis zur nächsten Stadt. Es ist ein herrlicher Tag, und wir machen in der Nähe eines Strandes Mittagspause, spielen ein paar Stunden in der heißen Sonne und schreiben mit Stöcken und Steinen Liebesbotschaften für Alastair in den Sand. Dann schnalle ich die Jungen wieder in den Buggy und schiebe sie vier Stunden lang bergauf. Der Wanderweg ist zu schwierig für den Buggy, daher schiebe ich ihn schließlich auf den Seitenstreifen einer viel befahrenen Straße, wo die Autos nur wenige Zentimeter neben uns vorbeischießen. Eine Mischung aus Erschöpfung und Angst um unser Leben bringt mich zur Besinnung. Der Teil des Pilgerwegs, an dem ich die Kinder in ihrem Buggy schiebe, ist zu Ende. Ich interpretiere das Finden der Muschel als ein Zeichen, dass wir weit genug gegangen sind und uns unsere Pilgerabzeichen verdient haben.

Das bestätigt sich in der nächsten Stadt, in der unser ungewöhnliches Grüppchen eintrudelt.

Wir kommen am frühen Abend dort an. Die Pilgerherberge wird gerade renoviert, und wir müssen irgendeine andere Unterkunft finden. Ich schiebe den Buggy den siebzig Grad steilen Hügel zur Hauptstraße hoch und fange an, mich nach einem Zimmer für die Nacht umzusehen. Aber da wir zum alljährlichen Stadtfeiertag angekommen sind, gibt es in der Pension keinen Platz für uns. Ich gehe zu jedem der fünf Pubs und Gästehäuser an der Hauptstraße und werde an jedem schroff abgewiesen. Die Jungen zappeln unruhig in ihrem Buggy. An beiden Seiten des Buggys sind Satteltaschen mit Kleidern befestigt, Plastiktüten mit Lebensmitteln baumeln von seinem Griff, und überall hängen die nassen Kleider der Kinder, die ich an diesem Morgen gewaschen habe, damit sie auf dem Weg trocknen. Tom beginnt auf eine leere Blechbüchse einzuhämmern, die ihm ein Ladenbesitzer gegeben hat, um ihn zu beschäftigen. Wir sind ein verlottertes, lautes Häuflein und ziehen von allen Seiten Blicke auf uns, während wir über den Gehsteig zuckeln.

Auf einmal fährt ein Wagen genau vor uns scharf heran und zwingt mich, die Handbremse des Buggys anzuziehen, um einen Unfall zu vermeiden. Ich stöhne hörbar auf und starre fassungslos und wütend auf das junge Paar, das mit dem Wagen auf die Bordsteinkante gefahren ist, um zu wenden. Ich sehe, wie das Mädchen auf dem Beifahrersitz auf uns zeigt, um dem Fahrer zu verstehen zu geben, dass er aufpassen soll. Der junge Mann sieht zu mir hoch, dann fällt sein Blick auf den Buggy und die Kinder, bevor wir uns durch die Windschutzscheibe anstarren. »*¿Ella?*«, sehe ich seinen Mund sagen. »*Ella puede esperar.*« Sie kann warten. Er wirft mir einen verächtlichen Blick zu, grinst frech und setzt den Wagen dann langsam, ganz langsam, von der Bordsteinkante zurück, beendet die Wende und fährt davon.

Da gehe ich in die Luft. Ein loderndes Feuer von Wut flammt in mir auf. Ich reiße Tom die leere Büchse aus der Hand und schleudere sie die Straße hinunter dem Wagen nach. »Scheißkerl«, brülle ich ihm hinterher, während Toms empörte Schreie die Luft erfüllen. Dieser rücksichtslose Idiot hat meinen Wutschalter umgelegt und ist dann einfach weggefahren.

Wieder lodert diese verdammte Mischung aus Zorn und Ohnmacht in mir – und es ist niemand da, an dem ich meine

Wut auslassen kann. Ich keuche schwer, während sich das Feuer in mir nach außen frisst. Jetzt bin ich wütend auf die Gastwirte, die kein Zimmer für uns haben, und wütend auf die Stadt, die keine Herberge hat. Ich bin wütend auf jeden, der nicht versteht, was ich durchmache. Ich bin wütend auf die Freunde, die sich nie melden. Ich bin wütend auf all die älteren Leute, die anderen Witwen und Witwer, die mir nicht sagen können, wie ich über diese Sache hinwegkommen soll. Und da ist er wieder, dieser Knoten, der sich nicht lösen will – ich bin wütend auf Alastair, und ich bin wütend auf Gott, die beiden Konstanten, die immer dafür zuständig waren, dass mein Himmel nicht einstürzt.

Alastair hätte nicht sterben sollen. Er hätte nicht sterben sollen.

»Das Einzige, was mich nicht im Stich lassen wird, ist meine verdammte MasterCard«, denke ich verbittert. Ich winke mir ein Taxi in die nächste Stadt und nehme die Karte, um ein Zimmer im besten Hotel zu bezahlen, wo die Jungen und ich sofort in den Schlaf fallen.

Auf dem Sternenfeld

Als ich am nächsten Morgen aufwache, ist mir sonnenklar, dass wir genug gelaufen sind. Anstelle von Gegenwärtigkeit oder Achtsamkeit hat mir das Gehen mit den Jungen nur Erschöpfung und Verzweiflung eingebracht.

Wir nehmen wieder ein Taxi, um die letzten sechzig Kilometer nach Santiago zurückzulegen. Die Landschaft rauscht an uns vorbei, während wir auf der Rückbank des Taxis sitzen und Mr.-Men-Bücher lesen. Wir erreichen Santiago rechtzeitig zur Mittagsmesse. Die Mittagsmesse ist die Pilgermesse, wenn die eintreffenden Pilger willkommen geheißen werden und das riesige Weihrauchfass an starken, dicken Seilen durch den Mittelgang geschwenkt wird und den würzigen Geruch von brennendem Weihrauch in der ganzen Kirche verbreitet.

Als ich in Santiago die Taxitür öffne, ist das Erste, was ich höre, ein galizischer Dudelsackpfeifer, der auf dem Kopfsteinpflaster des Platzes spielt. Dabei muss ich an Alastair denken: an seine schottischen Wurzeln und den Dudelsackpfeifer, der uns auf unserer Hochzeit mit seiner Musik auf das Abendessen eingestimmt hat. Die Knie werden mir weich, und ich breche in Tränen aus.

Ich lasse den Buggy bei einer verdutzten Verkäuferin in einem Juweliergeschäft in der Nähe stehen und betrete mit den Jungen die wogende Kathedrale. Wir schieben uns langsam durch das Gedränge von Pilgern und Touristen. Ich habe kaum noch die Kraft, mich vorwärtszubewegen, während Liam an meiner Hüfte hängt und Tom sich an meinem Bein festklammert. Als wir endlich drinnen sind, gibt es keine freien Sitzplätze mehr, und ich habe einfach nicht die Kraft zu stehen. Ich setze mich auf den Boden der Kathedrale; die beiden Jungen spielen um mich herum, ohne auf die Messe zu achten. Ich habe nicht die Energie, die Jungen stillzuhalten. Liams Windel hat angefangen zu stinken. Mein Körper wird von Schluchzern zerrissen. Ich bemerke, dass die anderen Pilger mich ansehen, und ich spüre, dass sie mich im Stillen dafür tadeln, dass ich so viel Krach mache. Sie haben einen langen Weg hinter sich gebracht, um die Messe zu hören, und jetzt sitzen wir da und stören sie. Aber ich habe es aufgegeben, auch nur so zu tun, als wäre ich rücksichtsvoll, während ich mich in meiner eigenen Verzweiflung verliere.

Als der Gottesdienst zu Ende ist, schieben wir uns wieder hinaus auf den Platz. Ich bin jetzt still, ausgelaugt von Trauer. Der Legende nach träumte ein Priester, dass der Leichnam des Jakobus, des Jüngers Jesu, inmitten eines Sternenfelds begraben sei, und der Platz und die Kathedrale wurden über diesem Feld errichtet. Ich stehe in der Mitte dieses Felds, das jetzt mit Kopfsteinen gepflastert und mit Scharen von Pilgern, Radfahrern und Touristen bevölkert ist. Am Himmel sind keine Sterne zu sehen, nur bedrohliche graue Wolken.

Während die Jungen Eistüten lecken und über den Platz laufen, um den Tauben nachzujagen, gehe ich zum Epizentrum. Dort nehme ich das kleine Kästchen mit Alastairs Asche aus meiner Hosentasche. »Endlich haben wir es zusammen nach Santiago geschafft«, flüstere ich schluchzend unter Tränen.

Ich klopfe die Asche aus dem Kästchen, sende Alastair mit jedem erschöpften Klopfen meine Liebe. Die Asche fällt auf das Kopfsteinpflaster und wird rasch vom Wind verweht.

Nächster Angehöriger

Als wir wieder in London ankommen, lauert der Tod noch immer in jeder Ecke, und ich versuche hektisch, meine Angelegenheiten zu regeln. Die Anwälte schicken mir per E-Mail die letzte Fassung meines Testaments, und ich drucke sie aus und vergesse sie danach tagelang in der Papierausgabe des Druckers. Über meinem Leben liegt ein Schleier benommener Geistesabwesenheit.

Liams zweiter Geburtstag kommt. Die Jungen verbringen den Vormittag im Haus eines Freundes. In der Küche öffne ich eine Dose Kondensmilch, um für Liams Party am Nachmittag Toffee zu machen. Ich soll die Kondensmilch zum Kochen bringen, dann eine Stunde sieden lassen und mich immer wieder vergewissern, dass noch genügend Wasser im Topf ist. Ich werde von irgendetwas abgelenkt, und drei Stunden verstreichen. Als ich in die Küche gehe, höre ich ein Zischeln aus dem Topf. Mir fällt die Kondensmilch wieder ein, und ich stürze an den Herd und schalte die Platte unter dem Topf aus. Das Zischeln verwandelt sich in eine Explosion – bumm! Der Topfdeckel und Spritzer von kochend heißem Toffee fliegen durch die Küche, bekleckern die Decke und die Fenster. Ich halte mir eine Hand vors Gesicht, um mich vor dem Toffee zu schützen. Ich verspüre Schmerz und Schock zugleich, während mein Arm, Hals und Gesicht brennen. Schreiend renne ich ins Bad, um mir Wasser auf die Brandwunden zu spritzen. Ich lasse mich auf den Toilettensitz fallen und weine untröstlich. Ich weine Klumpen von brennendem Selbstmitleid.

Als mein Verstand sich etwas beruhigt hat, gehe ich in die Diele, um mir das Telefon zu nehmen und den staatlichen Gesundheitsdienst anzurufen. Ich erkläre, was passiert ist, und frage, wie ich mit solchen Verbrennungen umgehen soll. »Ich empfehle Ihnen, so schnell wie möglich ins Krankenhaus zu fahren«, schlägt mir der Mann in einem bedächtigen Ton vor. »Wenn Sie Verbrennungen am Hals haben, könnte er anschwellen und Sie könnten Atemprobleme bekommen.«

Mein Selbstmitleid schlägt um in entschlossenes Handeln. Ich rufe mir ein Taxi und stürze nach oben, um mir einen Stift und mein Testament von der Papierausgabe des Druckers zu schnappen. Das Taxi kommt, und ich springe auf die Rückbank. »Ich muss ins Krankenhaus«, sage ich zu dem Taxifahrer, »aber könnten Sie zuerst noch meine Unterschrift auf meinem Testament hier bezeugen?«

Ich unterzeichne das Dokument und reiche es dem Fahrer zusammengefaltet durch die Trennscheibe. Er sieht erst das Dokument und dann mich an. Die Brandwunden sehen wie große Sommersprossen auf meinem Gesicht und Hals aus, und mein Handgelenk ist mit Frischhaltefolie umwickelt. Er seufzt nur, unterzeichnet das Dokument und fährt mich rasch zum Krankenhaus.

Im Krankenhaus werde ich sofort zur Untersuchung gebracht. Die Ärztin ist eine Frau in mittleren Jahren, die sich mit klinischer Effizienz bewegt. Bei ihrer kalten Art muss ich leise weinen. »Kein Grund zum Weinen«, ermahnt sie mich, während sie meinen Hals untersucht. »Sie werden keine Atemprobleme bekommen, und diese Brandwunden werden mit einer Vitamin-E-Creme im Nu verschwunden sein.«

Sie führt eine Augenuntersuchung durch, deutet schnell auf Buchstaben, die ich unter Tränen laut lese. Sie nimmt ein Formular von ihrem Schreibtisch. »Ich benötige nur noch Ihren vollständigen Namen«, beginnt sie, »und den Namen Ihres nächsten Angehörigen.«

Mein sanftes Weinen verwandelt sich in ein Schluchzen aus tiefster Seele. »Wer ist jetzt mein nächster Angehöriger? Wer wird sich um mich kümmern, wenn ich krank werde und im Krankenhaus bleiben muss? Wer wird mir vorsingen, wenn ich langsam das Bewusstsein verliere?«

Alastair hätte nicht sterben sollen. Er hätte nicht sterben sollen.

Ich wimmere verzweifelt, während eine verwirrte, ungeduldige Ärztin mir zusieht.

Verzweifelt gesucht: Lösungen II

Zwei Monate nach Alastairs Tod melde ich mich zu einem einwöchigen buddhistischen Schweige-Retreat an. Ich bin keine Buddhistin, aber das bringt mich nicht von meinem Entschluss ab. Als ich die Organisatoren anrufe, versichert man mir, dass die Stille eine Stütze und Hilfe sein wird. Ich lasse die Kinder bei meiner Familie in Irland und mache mich auf den Weg zu einem großen Gutshaus in Devon, in der verzweifelten Hoffnung, dass der Buddhismus mir helfen wird, mit der Wucht von Alastairs Tod fertigzuwerden.

Ich fahre über verschlungene Landstraßen, bis ich die lange

Steinmauer des Gutshauses finde, die sich über die schmale Straße zu neigen scheint. Ich halte mich dicht an der Mauer und biege dann auf den Parkplatz ein. Schon als ich aus dem Wagen steige, überwältigt mich die Stille. Ich werde freundlich begrüßt und bekomme ein Zimmer zugewiesen. Ich gehe auf mein Zimmer und lächele die junge Frau an, mit der ich mir das Zimmer teile. Sie nickt mir schweigend zu und richtet ihr Bett her. Ich gehe nach unten, wo ich mich lautlos für die Arbeitsmeditation im Garten einschreibe. Während nach und nach der Rest der Teilnehmer eintrudelt, sitze ich in dem großen, zugigen Esszimmer und schlürfe schweigend Pfefferminztee.

Der Tagesablauf ist anstrengend. Von sechs Uhr morgens an haben wir Stunden mit Sitzmeditation, Gehmeditation und Arbeitsmeditation. Wir beginnen jeden Morgen in einer Schweigegruppe von dreißig Leuten, wo wir uns im Lotussitz einen kurzen Vortrag anhören, der uns bei unserer Meditationspraxis helfen soll. Den Vortrag hält ein freundlicher, westlicher, in ein Gewand gekleideter Mönch Anfang fünfzig.

»Wenn Sie meditieren«, beginnt der Mönch bedächtig, »dann konzentrieren Sie sich auf Ihren Atem. Richten Sie Ihre Aufmerksamkeit auf Ihr Einatmen durch die Nase und die Ausdehnung Ihrer Lungen. Dann richten Sie Ihre Aufmerksamkeit auf Ihr Ausatmen, während Ihre Lungen sich zusammenziehen und die Luft durch Ihre Nase entströmt.«

Ich atme tief und bewusst, fast seufzend.

»Versuchen Sie nicht, Ihren Atem zu beherrschen«, fährt der Mönch fort. »Achten Sie einfach nur auf Ihren Atem.«

Ich versuche durch Entspannung aus dem Rhythmus zu kommen, den ich meinem Atem auferlegt habe.

Es gelingt mir ganze zwei Minuten, auf meinen Atem zu achten, und ich werde von einem Gefühl von Frieden durchströmt. Ich bin einfach nur hier und atme. Dann bricht der Ansturm los. Gedanken attackieren mich. Die äußere Stille ist eine Fassade für den Aufruhr in meinem Verstand, wo verschiedene Gedanken um Aufmerksamkeit wetteifern. Zornige Gedanken von Ungerechtigkeit bäumen sich auf: *Alastair hätte nicht sterben sollen. Er hätte mich nicht verlassen sollen. Gott hat unsere Familie zerstört. Alastair hat unsere Familie zerstört, indem er zu hart gearbeitet hat.* Schuldbewusste Selbstzweifel steigen tief aus meinem Inneren auf: *Habe ich unsere Familie zerstört? Habe ich es versäumt, Alastair zu retten? Habe ich seinen Tod verursacht?* Pessimistische Gedanken über die Zukunft faseln weiter: *Die Jungen werden bis an ihr Lebensende emotionale Narben davontragen. Ich werde für immer allein sein. Ich schaffe das nicht. Ich bin dazu nicht fähig.*

Ich versuche die Gedanken zu unterdrücken und mich wieder auf meinen Atem zu konzentrieren. Das gelingt mir für ein paar Sekunden, und dann stürmen die Gedanken gehässig wieder auf mich ein.

»Kämpfen Sie nicht gegen die Gedanken an«, fährt der Mönch sanft fort. »Wenn ein Gedanke in Ihrem Geist aufkommt, dann beschriften Sie ihn, stellen Sie sich vor, dass er ein Luftballon ist, und sehen Sie zu, wie er langsam in den Himmel davonschwebt.«

Mein weinerlicher Refrain wird wieder laut: *Alastair hätte nicht sterben sollen. Er hätte nicht sterben sollen.* »Schmerzlicher Gedanke«, beschrifte ich ihn und stelle mir vor, wie der Ballon davonschwebt. Bevor er außer Sicht ist, taucht ein neuer Gedanke auf. »Schmerzlicher Gedanke«, beschrifte ich auch ihn, aber noch bevor der Ballon in meinem Geist ganz aufgeblasen ist, taucht wieder ein Gedanke auf. »Schmerzlicher Gedanke«, »schmerzlicher Gedanke«, »schmerzlicher Gedanke«. Es ist ein Ansturm von Gedanken, sie verbünden sich gegen mich, lassen mir keinen Raum, um zu meinem Atem zurückzukehren.

»In Meditation zu sitzen ist, als ob man auf einem Klavier die Tonleitern spielen lernt«, erklärt der Mönch, womit er meine

Aufmerksamkeit von meinem inneren Tod durch Luftballons ablenkt. »Das Ziel besteht darin, in jeden Augenblick Ihres Alltagslebens Achtsamkeit zu bringen. Die Praxis der Sitzmeditation wird es Ihnen erleichtern, im Trubel des Alltags achtsam zu sein.«

Als Kind konnte ich es nie leiden, Tonleitern zu üben. Ich zog es immer vor, gleich die Musikstücke selbst zu spielen und mich beim Spielen zu verbessern. Vielleicht ist das der Grund, weshalb ich nie über das Mittelmaß hinausgekommen bin.

»Manche Leute sehen Meditation als Hobby an«, fährt der Mönch in einem fassungslosen Ton fort. »Nicht jeder erkennt, dass es eine Lebensweise ist, keine Ergänzung eines hektischen Lebens.«

Während ich unbehaglich mit hochgezogenen Knien in meinem Lotussitz verharre, durchzuckt mich der Gedanke, dass ich eine Schwindlerin in dieser Gruppe bin. Ich bin eine von diesen »manchen Leuten«.

Draußen in dem blühenden Garten jäte ich Unkraut und schneide Zweige zurück, als Teil meiner Arbeitsmeditation. Ich soll meine ganze Aufmerksamkeit auf die Tätigkeiten des Schneidens und Jätens richten, aber auch hier haben die Gedanken den Kampf gewonnen. Ich werde von Gedanken an das neue Haus bestürmt, das Alastair und ich in Oxford kaufen wollten. Ich bin noch immer fest entschlossen, eine riesige Hypothek aufzunehmen und das Haus zu kaufen: ein letztes Aufgebot, um zu verhindern, dass meine Familie zerfällt. *Wenn ich in unser neues Haus in Oxford ziehe, werde ich einen Kräutergarten anlegen, vielleicht in dem grünen Bereich vor dem Haus, neben der Hecke. Ich werde meine ganze freie Zeit damit verbringen, einen Rosengarten zu Alastairs Ehren anzulegen. Was für Gemüse werde ich zuerst pflanzen? Vielleicht sollte der Kräutergarten im oberen Teil des Gartens sein, näher bei der Küche.* Die Gedanken tänzeln und wirbeln durch meinen Kopf, und keine Luftballons sind in Sicht, um auch nur zu versuchen, sie einzufangen und auf ihren Weg zu schicken.

In der Diele des alten Gutshauses stoße ich auf eine Buddhastatue neben einer brennenden Kerze und einem runden, bemalten Stein. Auf dem Stein stehen drei Worte: »Sei jetzt hier.« Unwillkürlich kehre ich immer wieder zu diesem Stein zurück, streiche langsam über seine glatte Form und folge den Kurven der Buchstaben mit einem Finger. »Sei jetzt hier«, flüstere ich mir zu. Mein Körper ist hier, aber mein Geist ist weit, weit weg. Er ist in der Vergangenheit verhaftet. Er kauert am Boden, versteckt sich Schutz suchend mit Alastair. Ein Bild taucht immer wieder vor meinem geistigen Auge auf: Alastair hält eine Flasche Wein in der Hand und drängt mich, in einem B & B in der Nähe zu ihm zu kommen. Der Geist ist stärker als die Achtsamkeit. Die Vergangenheit ist stärker als die Gegenwart.

Nach drei Tagen in dem Retreat, mitten in einer ausgedehnten Schweige-Sitzmeditation, beschließe ich abzureisen. Ich kann spüren, wie die Aufregung in mir anschwillt. Ich reiße mich los. Ich stehe auf und verlasse den Raum, in dem die anderen weiter in Schweigemeditation sitzen. Halb gehe ich, halb renne ich hoch zu meinem Zimmer, stopfe meine Kleider in meinen Rucksack und ziehe das Bett ab. Ich gebe die Bettwäsche unten in der Waschküche ab und schreibe eine kurze Nachricht, die ich an die Tür des Koordinators hefte: »Es tut mir leid, dass ich gehen muss, aber ich bin einfach nicht bereit, mit so viel Stille umzugehen. Bébhinn«

Als ich aus dem Haus trete, zucke ich zusammen, geblendet von dem grellen Tageslicht. Ich öffne den Wagen, werfe meinen Rucksack auf den Beifahrersitz und springe hinein.

Auf dem Rasen sind die anderen Teilnehmer jetzt in einer Schweige-Gehmeditation. Sie sehen eher aus wie sedierte Insassen einer Nervenheilanstalt, nicht wie Menschen auf der Suche nach dem Frieden des Geistes. Ich stoße einen Freudenschrei aus, während der Wagen über den Kies schlittert, lasse die Stille, die konzentrierten Schritte der Teilnehmer und ein paar fragende Blicke hinter mir zurück. Im Wagen habe ich einen einzigen klaren Gedanken: Ich muss die Kinder sehen. Ich muss bei ihnen sein. Ich fahre sofort zum Flughafen, um einen Flug nach Irland zu nehmen.

»Das Beste, was dieses Retreat gebracht hat«, witzelt mein Vater später, »ist, dass du zurückgekommen bist, um meinen Garten zu jäten.«

Ehrlich gesagt, glaube ich, dass er recht hat.

Verzweifelt gesucht: Lösungen III

Das Gefühl der Gebrochenheit ist überwältigend. Die Wochenenden in Wimbledon sind unerträglich. Ich kann nicht in dem Haus bleiben. Es ist von einem Zuhause zu einem leblosen Gebäude geworden, einem Gefängnis, in dem mich der Geist unseres einstigen Lebens als Familie in jeder Ecke verspottet. Ich halte mich von dem Haus fern, bis die Kinder ins Bett müssen und wir alle nach oben huschen und sofort in Schlaf fallen können. Die Sonntage sind am schlimmsten. Wohin ich auch gehe, bombardieren mich die Bilder von Männern, die ihre Kleinkinder auf den Schultern tragen oder mit den älteren Kindern im Park Fußball spielen, während die Mutter dasitzt und Zeitung liest. Eine Auszeit für die Mutter. An diesen Tagen ist der Doppelkinderwagen besonders schwer über das Kopfsteinpflaster der Parkwege zu manövrieren, während er mit jedem Knarren zu keuchen scheint: *Alastair – hätte – nicht – sterben – sollen.* Selbst die Jungen scheinen an den Sonntagen weinerlicher und anstrengender zu sein.

Als Alastair und ich heirateten, sagte ich zu ihm, er sei der Mann, mit dem ich nicht nur in guten Zeiten zusammen sein wolle, sondern der, den ich auch in allen schlechten Momenten an meiner Seite haben wolle, die das Leben uns zuwerfen könnte. Und jetzt bin ich im schlimmsten Moment meines Lebens kurz davor zu ertrinken und er ist nirgends zu finden. Ich bin doppelt verflucht: einmal durch Alastairs Tod, dann aber auch dadurch, dass ich Alastair nicht an meiner Seite habe, um dem Tod ins Auge zu sehen.

Ich fühle mich wie überschwemmt von unverbrauchter, sinnloser Liebe. All die Aufmerksamkeit und Fürsorge, die ich Alastair gewidmet habe, brodelt in mir, ohne entweichen zu können. Ich verzehre mich nach körperlicher Intimität. Ich vermisse es, im Arm gehalten zu werden, geküsst zu werden. Ich sehne mich danach, das Gespenst des Todes zu verscheuchen, indem ich jemanden endlos, geistlos körperlich liebe. Aber wen? Alastairs Tod hat meine Libido gesteigert und mein Ventil dafür verschlossen.

Ich vertraue das meiner Schwester an und lache dabei ironisch auf. Wer hätte gedacht, dass Alastairs Tod solche Gefühle in mir wachrufen würde? Vielleicht hat mein gesteigertes, fast paranoides Bewusstsein des Todes meinen animalischen Fortpflanzungstrieb verstärkt: *Erhalte die DNA am Leben, erhalte die DNA am Leben.* Meine Schwester, praktisch wie immer, reagiert darauf, indem sie mir einen Vibrator kauft. Ich lache schallend auf, als sie ihn mir gibt, vergesse für einen Moment mich selbst und meine Verzweiflung. Aber das bedrohte Tier lässt sich nicht so leicht zum Narren halten – es sehnt sich nicht nach Vergnügen, sondern nach Überleben.

Eines Wochenendes besucht mich einer von Alastairs engsten Freunden, J. Bei diesem Besuch wird mir bewusst, dass ich mit ihm auf eine ähnliche Weise reden kann wie früher mit Alastair. Mir fällt auf, dass er Alastair ähnlicher ist als irgendjemand, den es sonst auf der Welt gibt. Wir spielen zusammen Backgammon, sehen uns immer wieder DVDs mit den Kindern an, trinken Bier und schwelgen in Erinnerungen an Brasilien, wo er mich und Alastair oft besucht hat. Er ist nicht nur Alastairs, sondern auch mein Freund, und er hat Alastair immer von ganzem Herzen geliebt und voller Ehrfurcht von unserer Beziehung gesprochen – der Art Beziehung, die er noch nicht gefunden hat.

Er kommt an einem schönen Sommersonntag zu Besuch, und wir beschließen, auf den Jahrmarkt im Dorf Wimbledon zu gehen. Ich schnalle Liam in den Buggy, und Tom klettert auf J.s Schultern. Wir gehen durch unseren von Blumen übersäten Park, und zum ersten Mal seit Monaten verspüre ich ein entspanntes und erleichtertes Gefühl von Frieden in der frühmorgendlichen Familienstimmung eines Sonntags. Oben im Dorf Wimbledon lassen wir die Kinder Karussell fahren, essen Zuckerwatte und gewinnen für jeden von ihnen einen kleinen Teddy. Wir wetteifern darum, wer den kitschigsten Gegenstand bei den vielen Buden finden kann, die hauptsächlich billigen Plastik-Schnickschnack verkaufen. Wir laufen über den Jahrmarkt, jagen den Jungen lachend nach. Ein Bild unseres letzten Tages mit Alastair in dem Vergnügungspark in Santa Cruz schießt mir durch den Kopf, und ich lächele. Als ich auf die Toilette muss, bitte ich J. beiläufig, auf die Kinder aufzupassen, und schlendere in aller Ruhe allein los. Was für eine Abwechslung von der üblichen Notwendigkeit, zwei widerspenstige, protestierende Jungen in den Buggy zu schnallen und über das schlammige Gras zu schieben, um eine Toilette zu finden.

Im Gehen lächele ich all die Familien um mich herum an, und süße Erleichterung durchströmt mich. Ich habe einen Tag Auszeit von meiner Trauer geschenkt bekommen. Wir sind wie eine Familie, teilen uns die Jungen und scherzen miteinander. Wie jede andere Familie. J. hat erwähnt, er hätte Halsschmerzen, daher gehe ich zur Apotheke und kaufe ihm ein Medikament, ohne ihn zu fragen. Ich verspüre die Freude, die es mir bereitet, mich um einen Mann kümmern zu können, wieder an jenem Wettstreit an Großzügigkeit teilzunehmen, der für meine Ehe so typisch war.

Auf dem Rückweg von der Apotheke sehe ich, wie er die beiden lachenden Jungen auf Schaukeln anschubst, und auf einmal wird mir bewusst, wie tief meine Erleichterung und meine Freude reichen. Mitten auf dem schlammigen Feld beginne ich zu weinen. Ich will so unbedingt wieder Teil einer Familie sein, einen Mann haben, den ich lieben kann, mit dem ich mir die Kinder teilen kann.

Im Laufe des Tages packt mich der beängstigende Gedanke, dass Alastairs Freund bald abreisen wird, dass er diese Gefühle mitnehmen und mich mit dem Gefühl quälender Verzweiflung und Einsamkeit zurücklassen wird. An diesem Abend, bei einem Bier und einer Runde Backgammon, schlage ich ihm vor zu bleiben, bringe zögernd die Möglichkeit zur Sprache, eine Beziehung anzubahnen. Er schlürft sein Bier und bewegt nachdenklich seine Backgammonsteine.

»Ich bin mir nicht sicher, ob das klappen würde«, sagt er langsam, gedehnt, ohne den Blick von dem Brett abzuwenden.

Ich spüre meine Verlegenheit wie eine schallende Ohrfeige, und Wut keimt in mir auf. »Ich bin im Moment wirklich verletzlich«, sage ich angespannt, um einen beiläufigen Ton bemüht. »Ich weiß nicht, ob ich eine Abfuhr wirklich verkraften kann.«

»Eben«, sagt er und sieht mir geradewegs in die Augen. »Du bist im Moment wirklich verletzlich.«

Am nächsten Tag fährt er ab, aber er umarmt die Jungen und mich fest, bevor er geht.

Überlebensschuld

Ich versinke in einem Sumpf von Schuldgefühlen.

Ich fühle mich schuldig, weil ich auch nur daran gedacht habe, eine Beziehung mit irgendjemand anderem außer Alastair zu haben. Ich appelliere an meine Vernunft, rufe mir in Erinnerung, dass ich nichts Besonderes für J. empfand, bevor Alastair starb, dass ich Alastair bis vor Kurzem noch bedingungslos geliebt habe. Aber meine Verzweiflung ist stärker als die Vernunft.

Und ich fühle mich sehr schuldig wegen Alastairs Tod. Schuldig, weil ich nicht begriffen hatte, dass er sterben würde, weil ich nicht gegenwärtig und gefasst genug war, um ihm dabei zur Seite zu stehen. Schuldig, weil ich ihn nicht verstand, als er mir sagte, dass er mich liebte, bevor er das Bewusstsein verlor. Schuldig, weil ich nicht da war in dem Augenblick, in dem er aufhörte zu atmen. Ich fühle mich sogar schuldig, weil ich glaube, dass er tot ist. Andere lassen sich vielleicht etwas vormachen, aber zuzugeben, dass er gestorben ist, erscheint mir wie der schlimmste Verrat.

Ich fühle mich auch schuldig, weil ich mich im Korridor des Krankenhauses nicht auf die Knie geworfen und geschrien und geschrien habe, bis jemand dafür sorgt, dass sich sein Zustand bessert.

Und ich fühle mich schuldig, weil ich zu seinem Tod beigetragen habe. In diesem Jahr hatte sich Alastair auf eine schwierige Beförderung vorbereitet. Er arbeitete lange und war viel auf Reisen. Er war angeschlagen, nachdem er im Jahr zuvor eine Knieoperation gehabt und sich ein paar Monate vor seinem Tod einen Virus eingefangen hatte, den er nicht wieder loswurde. All das waren Anzeichen dafür, dass sein Körper unter Stress stand. Gleichzeitig hatte ich meinen Vollzeitjob aufgenommen und war verärgert darüber, dass ich jeden Tag um Punkt fünf Uhr Feierabend machen musste, um rechtzeitig nach Hause zu kommen und das Kindermädchen abzulösen, während Alastair bis spätabends arbeitete. Ich war genervt, weil die Verantwortung für die Kinder nach wie vor hauptsächlich an mir hängen blieb, obwohl ich ebenfalls Vollzeit arbeitete. Und ich ließ Alastair wissen, wie ich mich fühlte.

Zusätzlich zu seiner Arbeit verbrachte Alastair viel Zeit damit, sich nach einem Haus für unsere Familie und einer Schule für Tom in Oxford umzusehen, mit der gebührenden Sorgfalt, die er allen Dingen widmete. Außerdem kam er freitagnachmittags nach wie vor um halb vier nach Hause, um Tom zu seinem Fußballtraining zu bringen. Ich nehme an, dass diese ganze Arbeit, der Stress und die familiären Belastungen Alastairs Immunsystem geschwächt hatten. Ich finde keine andere Erklärung dafür, weshalb ein gesunder junger Mann ganz plötzlich an einem relativ harmlosen und weit verbreiteten Bakterium sterben sollte. Angesichts seines Todes beginne ich mich zu fragen, warum ich ihn bei seinen Bemühungen um die Beförderung nicht mehr unterstützt habe, mit den Kindern zu Hause geblieben bin. Warum ich die Aufgaben, ein Haus und eine Schule in Oxford zu finden, nicht selbst übernommen und ihn mit einem entspannten, einladenden Zuhause begrüßt habe, wenn er von der Arbeit nach Hause kam, anstatt am Computer meine Arbeit fertig zu machen, verärgert und erschöpft, nachdem ich die Kinder zu Bett gebracht hatte.

Mir geht durch den Kopf, in wie vieler Hinsicht ich genau das Gegenteil der perfekten Stepford-Ehefrau war, und ich spüre das Gewicht meines eigenen Egos in unserer Beziehung. Wenn Alastair noch am Leben wäre, dann wäre das vielleicht das ganz normale Tauziehen in einer wechselseitigen, ausgehandelten Beziehung. Aber nach seinem Tod erschüttert es mich bis ins Mark und lässt mich all meine Ansprüche an Alastair und an unsere Beziehung infrage stellen.

Im August sitzen Alastairs Mutter und ich in meinem stehenden Wagen auf einem Supermarktparkplatz, als ich ihr meine Schuldgefühle leise gestehe. Es sind Gefühle, die ich in diesen drei langen Monaten sorgfältig für mich behalten habe, vor Scham und Angst, sie andere sehen zu lassen.

»Oh«, sagt sie auf eine absolut lässige, beiläufige Art, »ich habe mich auch schuldig gefühlt, und ich habe im Laufe der Jahre mit so vielen Witwen gesprochen, und jede von ihnen hat sich wegen des Todes ihres Mannes schuldig gefühlt.«

Ich seufze tief auf und sehe zu, wie ihre Worte Wunder bei mir wirken.

Ihre Worte, ihr beiläufiger Ton, gewähren mir einen kleinen Blick darauf, wie natürlich meine Gefühle sind. Vor Stoßstangen und verirrten Einkaufswagen beuge ich mich über den Schaltknüppel und umarme sie fest. Diese Schuldgefühle als Teil des Trauerprozesses zu sehen hilft mir, an der Richtigkeit meiner eigenen Schuld zu zweifeln. Alastairs Mutter legt eine Saat des Zweifels in meine erdrückende Überzeugung und schafft Platz für andere Erklärungen. Ich sehe die endlose Straße des »Was wäre, wenn« und erkenne, dass es eine Sackgasse ist.

Vielleicht dreht sich die Welt nicht um meine Achse. Vielleicht habe ich Alastairs Tod nicht herbeigeführt oder es versäumt, ihn zu retten. Unsere Beziehung war liebevoll und lebendig. Wir haben uns nicht auf den Tod vorbereitet oder in seinem Schatten gelebt. Wir dachten, wir hätten ein erfülltes gemeinsames Leben vor uns, und wir waren noch immer dabei, die Bedingungen unserer Beziehung auszuloten und festzulegen.

Die Saat des Zweifels ermöglicht es mir, weniger hart zu mir selbst zu sein. Ich habe Alastair geliebt, so gut ich konnte, und er hat meine Liebe erwidert. Ich habe ihm gegeben, was er sich im Leben am meisten gewünscht hat: eine echte, liebevolle, von Lachen erfüllte Beziehung und zwei entzückende Söhne. Ich war in seinen letzten bewussten Stunden an seiner Seite.

Vielleicht war ich doch genug. Ich atme tief und erleichtert aus, nachdem ich eine winzige Schicht des Leidens abgeworfen habe.

Den Geistern entkommen

Jedes Mal, wenn einer meiner verzweifelten Versuche, eine Lösung für Alastairs Tod zu finden, scheitert, klammere ich mich wieder an meinen letzten Funken Hoffnung. *Es wird mir gut gehen, wenn ich nach Oxford komme. Es wird mir gut gehen, wenn ich nach Oxford komme.*

Ich beginne mich auf unseren Umzug vorzubereiten, sichte die Trümmer unseres Zuhauses und versuche zu entscheiden, was ich mitnehmen, was ich einlagern und was jetzt weggeworfen werden soll. Ich beginne, indem ich die Schubladen in unserem Schlafzimmer ausräume. In der ersten Schublade stoße ich auf eine alte Geburtstagskarte von Alastair. Sie wirft mich völlig um. Ich sitze zwei Stunden lang da und gleite immer wieder mit dem Finger über die Worte »Meine Liebe«, bevor ich mich dem nächsten Gegenstand zuwenden kann. Ich packe einen alten Koffer randvoll mit Alastairs Kleidern und schleppe ihn zu einem örtlichen Wohlfahrtsladen. Ich gebe den Koffer ab und sehe zu, dass ich verschwinde. Bei der Vorstellung, Alastairs Kleider auf dem Boden des Wohlfahrtsladens auszuleeren oder zuzusehen, wie eine pingelige Achtzigjährige die Qualität seiner zahllosen Hemden begutachtet, dreht sich mir der Magen um. Es dauert Wochen, das ganze Haus auszuräumen – während ich mir die ganze Zeit einrede, dass ich unser Klavier und unser Bett meinen Freunden nur *leihe*, dass ich unser rotes Chenillesofa wiederhaben kann, *wann immer ich will.*

Mit einer Freundin und Alastairs Schwester fahre ich nach Oxford, um das Haus, das Alastair und ich kaufen wollten, von außen zu besichtigen. Die Familie ist bereits ausgezogen. Ich bin bereit, unser ganzes Geld in den Kauf dieses Hauses zu stecken. Ich klammere mich daran als das letzte Zuhause, das Alastair und ich je zusammen aussuchen werden. Es stellt unsere Zukunft dar, unser Familienzuhause. Es geht dabei auch um Alastairs romantische Erinnerungen an Fairfields, das Familienzuhause, das seine Mutter kurz nach dem Tod seines Vaters verkaufte, als Alastair fünf war. Ich bin entschlossen, meinen Söhnen nicht ihr Familienzuhause zu rauben. Wenn ich das Haus kaufe, wird unsere Familie vielleicht wieder eine Art Struktur haben. Ich überlege, ob es besser ist, das Haus in London zu verkaufen oder es zu behalten und zu vermieten, während ich über eine saftige Hypothek für das Haus in Oxford verhandle. Ich gehe mit meiner Freundin und Alastairs Schwester über die drei Rasenflächen des Hauses und erzähle ihnen, was ich mir in meinem buddhistischen Retreat für jede Rasenfläche überlegt habe. »Hier werde ich den Kräutergarten anlegen«, sage ich und deute darauf. »Und hier drüben werde ich das Gemüse anbauen.« Wir gehen die Küche und das Esszimmer zusammen durch. »Das ganze Erdgeschoss muss renoviert werden«, sage ich zu ihnen, »aber damit bin ich dann wenigstens beschäftigt.«

Meine Freundin umarmt mich. »Du bist so tapfer«, flüstert sie.

Alastairs Schwester beißt sich auf die Lippe. »Meinst du nicht, dass du dir ein bisschen zu viel zumutest?«, fragt sie sanft.

Ich grübele ein paar Wochen über ihre Frage nach. Ich rede mit unserem Bankberater. Ich sehe auf unseren winzigen, schlecht gemähten Rasen in London hinaus. Ich halte inne, um auf die Erschöpfung zu hören, die ich verspüre, wenn ich eine Glühbirne wechseln muss.

Im August stehe ich schließlich auf der Eingangsveranda dieses neuen Hauses in Oxford und weine verzweifelt über einen erneuten winzigen Verlust, als ich akzeptieren muss, dass ich es nicht kaufen kann. Das Letzte, was ich brauche, ist eine riesige Hypothek, die über uns schwebt. In den nächsten vier Jahren, während ich studiere, werde ich nichts verdienen, daher benötige ich die Mieteinkünfte aus dem Haus in London, um für die Jungen und mich zu sorgen. Die Stipendien, um die ich mich beworben habe, reichen nicht aus, um zwei kleine Kinder durchzubringen. Beide Optionen – eine große Hypothek aufzunehmen oder das Haus in London zu verkaufen – kommen nicht infrage. Warum lässt sich praktische Durchführbarkeit so schlecht mit Romantik vereinbaren?

Anstatt das Haus zu kaufen, ziehe ich im September zur Miete in ein malerisches Butlerhaus auf dem Gelände von Wytham Manor. Erleichtert stelle ich fest, dass es dort keinen Rasen gibt, den ich mähen muss, sondern einen gepflasterten Hof, in dem die Kinder spielen können. Wytham ist ein winziges Dorf, etwa drei Kilometer außerhalb von Oxford gelegen, mit einem gemütlichen Pub, einem kleinen, aber gut sortierten Laden, einer einladenden Kapelle und einem endlosen Wald voller Glockenblumen, der uns lockt. Unser Vermieter erzählt uns, dass der Wald voller Dachsbaue und Eulennester ist. »Tief in der Mitte des Waldes«, erzählt er Tom, der ihn mit aufgerissenen Augen ansieht, »gibt es einen Baum, der über zweitausend Jahre alt ist.«

Das ganze Dorf scheint wie geschaffen dafür, uns in diesem ersten Jahr nach Alastairs Tod Zuflucht zu gewähren. Die Gemeinde ist klein und hat ein starkes Gemeinschaftsgefühl. Als ich eine der Mütter auf dem Dorfspielplatz treffe, lädt sie mich zu dem Erntemahl ein, das im Gemeindesaal abgehalten werden wird. Als ich stehen bleibe, um mich einem anderen Nachbarn vorzustellen, lädt er mich ein, »Tante Sally« zu spielen, was, wie sich herausstellt, ein altes englisches Wurfspiel ist, das dienstagabends vor dem Pub gespielt wird.

Das Haus ist aus grauem Stein, und pinkfarbene Rosen

ranken sich über seine Fassade. Es hat drei Schlafzimmer, ein ziemlich großes Wohnzimmer und eine gemütliche Küche. Es ist das perfekte Nest für uns. Etwa zwanzig Meter vor unserer Haustür befindet sich ein niedriger runder Torbogen. Immer wieder stelle ich mir vor, wie Alastair am Ende eines Arbeitstages durch diesen Torbogen kommt, wie sein Anzug an seinen Seiten flattert, wenn er mit raschen Schritten nach Hause eilt. Er muss den Kopf einziehen, um sich nicht an dem Stein anzustoßen.

Er steht umrahmt dort, unter dem Torbogen, Abend für Abend, aber er geht nie durch ihn hindurch.

Oxford-Blues

Von uns allen passt sich Tom am besten an Oxford an. Er liebt seine Schule und findet leicht Freunde. Morgens ist er immer derjenige, der mich weckt. Er rüttelt mich wach, und ich lasse mich in die Kissen zurücksinken und sage ihm, dass er sich anziehen soll. Er kommt angezogen wieder, und ich sage ihm, dass er in die Küche gehen und sein Frühstück essen und seinem zweijährigen Bruder ein Frühstück geben soll. Er kommt wieder, nachdem er gegessen und seinem Bruder das Frühstück gegeben hat. Das ist der Moment, da ich genug Mitleid mit diesem süßen, besorgten Jungen empfinde, um selbst aus dem Bett zu steigen und ihn zur Schule zu fahren.

Eines Tages, als ich ihn von der Schule abhole, tritt seine Lehrerin nah an mich heran und flüstert mir irgendetwas zu. Anfangs kann ich nicht verstehen, was sie sagt, und ich bitte sie, es zu wiederholen. »Sein Pyjama ist in seiner Tasche«, sagt sie.

Verlegen werfe ich einen Blick in seine kleine Schultasche, und natürlich, dort ist sein Pyjama, ordentlich zusammengefaltet. Dieser kleine vierjährige Junge hat sich heute früh seine Kleider über dem Pyjama angezogen, während seine Mutter versuchte, das Leben mit betäubendem Schlaf auszublenden.

Tom bringt das Leiden in unserem Haus offen zur Sprache. »Weinst du wieder wegen Daddy?«, fragt er verärgert, wenn ich in Tränen über dem Herd stehe.

Tom stellt endlose Fragen über den Tod, danach, wo sein Daddy ist und wie sein Daddy war. Ich antworte so ehrlich und einfach, wie ich kann. Für mich fühlt es sich an, als ob sein Daddy auf irgendeiner langen Reise ist, und ich versuche hartnäckig, ihn so gegenwärtig wie möglich zu halten. Zu Toms erstem Schultag in Oxford malen wir Bilder für seinen Daddy, um ihm alles darüber zu erzählen. An jenem ersten Morgen vor der Schule steht Tom lächelnd in unserem steinernen Hof, verloren und süß in seiner neuen Schuluniform, und bindet die Bilderbotschaften an vier Luftballons fest. Dann lässt er sie mit einem Freudenschrei los, und sie schaukeln und schwingen sich in die Luft, zu Daddy im Himmel. An besonderen Tagen zünden wir eine Kerze nach der anderen an, um Daddy bei uns zu haben. Tagsüber, wenn wir zwischen den Schneeglöckchen und Glockenblumen in dem nahe gelegenen Wald Fangen spielen, sage ich ihm, dass jeder Schmetterling, der unseren Weg kreuzt, dafür sorgt, dass sein Daddy nah bei uns ist. Abends suchen wir den hellsten Stern, und ich sage ihm, dass der Stern sein Daddy ist, der auf ihn herunterscheint.

Tom fragt mich, warum sein Daddy gestorben ist und warum andere Kinder ihre Daddys noch haben. Ich habe keine Antwort für ihn, und ich teile sein Gefühl von Ungerechtigkeit. Ich sage ihm, dass es ein Geheimnis ist, dass sein Daddy aber aus irgendeinem Grund jetzt im Himmel sein muss und wir hier ohne ihn weiterleben müssen. »Du hattest drei Jahre lang einen absolut liebevollen Daddy«, sage ich zu ihm. »Manche Kinder haben nie einen liebevollen Daddy.«

Ich versuche sein Gefühl von Ungerechtigkeit zu lindern, seine Opferrolle kleinzureden, aber es klingt hohl.

»Wie ist Daddy gestorben?«, fragt er mich.

»Ein Virus ist in seinen Körper gelangt und hat gemacht, dass er gestorben ist«, sage ich sanft.

»Woher ist das Virus gekommen?«

»Es war in der Luft, vielleicht im Flugzeug oder sonst irgendwo. Viren sind überall um uns herum, und die meisten von ihnen sind harmlos.«

»Wird in meinen Körper auch ein Virus kommen?«, fragt er ängstlich.

Ich versichere ihm immer wieder, dass mit ihm alles gut sein wird, aber er fängt an, sich zwanghaft die Hände zu waschen, und weigert sich, Tassen oder Wasserflaschen mit irgendjemandem zu teilen, selbst mit der eigenen Familie. Ich seufze und schelte mich dafür, dass ich irgendwie das Falsche gesagt habe.

Tom fragt, ob ich auch sterben werde. Ich drücke ihn fest an mich und versichere ihm, nein, es sei sehr unwahrscheinlich, dass ich sterben werde, bevor er erwachsen ist.

»Aber was, wenn du doch stirbst, Mummy?«, hakt er nach.

»Wenn ich sterbe«, versichere ich ihm, »dann hast du viele andere Leute, die sich um dich kümmern werden.«

Wir sitzen auf seinem Bett und zeichnen unseren Familienstammbaum, der unendlich viele Großeltern, Onkel und Tanten aufzeigt. Er kuschelt sich zufrieden an mich. »Kann ich mehr fernsehen, wenn du stirbst?«, fragt er verschmitzt, sodass ich lächeln muss. Ich kitzele ihn, bis er aus vollem Hals lacht.

Liam ist jünger, nicht im Stande, sein Leid und seine Verwirrung zum Ausdruck zu bringen, und er scheint unter den Veränderungen mehr zu leiden. Er schreit und wimmert jeden Morgen, wenn ich ihn im Kindergarten abliefere. Ich stehe an der Wand des Kindergartens, außer Sicht, und weine, bis er sich beruhigt. So beginne ich jeden Morgen, und dann fahre ich nach Oxford, um mich in eine Seifenblase aus Forschung und Studium zu flüchten. Liam schläft nachts immer weniger und wacht mit entsetzlichen, schreienden Wutanfällen auf. Seine Haltung mir gegenüber schwankt dramatisch – mal klammert er sich verzweifelt an mich, dann wieder richtet er seine ganze erbitterte Wut gegen mich. Auch meine Haltung schwankt wild – mal bin ich wütend auf ihn, weil er mir das Leben in einer Zeit, in der ich so schlecht damit umgehen kann, so schwer macht, dann bin ich wieder überwältigt von Mitleid und Liebe für meinen armen, vaterlosen Kleinen. Wir sind in gegenseitiger Verzweiflung gefangen: In diesem kleinen Jungen zeigt sich das Unglück unserer ganzen Familie.

Ich stürze mich verzweifelt in das Leben in Oxford, beginne mit Vorlesungen und Tutorien über Sozialpolitik und Kindesentwicklung, treffe meine Studienberaterin und umreiße mein Forschungsvorhaben. Die ganze Zeit suche ich begierig nach Informationen über Forschungsergebnisse für Kinder, die ihren Vater verloren haben. Wie sieht es bei ihnen im Allgemeinen in Sachen Erziehung, geistige Gesundheit, in ihrem grundsätzlichen Verhalten aus? Erleichtert stelle ich fest, dass sich nur ein leicht erhöhter Anteil von Kindern, die ihren Vater verloren haben, schlechter entwickelt als diejenigen, die in stabilen Zwei-Eltern-Familien aufwachsen. Väter, so wird mir versichert, sind das Sahnehäubchen für Kinder, aber die Mutter ist der eigentliche Kuchen.

Die Sprache überrumpelt mich wieder, wenn ich neue Bekanntschaften mache. Die Pronomen bringen mich um. Ich spreche immer wieder von unseren Kindern und taste mich dann stockend zurück zu *meinen* Kindern. Wenn Leute mir wohlmeinende Fragen nach meinem Mann stellen, stolpere ich darüber, welche Zeitform ich verwenden soll. »Er ist Engländer, kein Ire« oder »Er war Engländer, kein Ire«? Ich beschließe, »Ich habe einen Engländer geheiratet« zu sagen, um eine aufrichtige Antwort zu geben, ohne seinen Tod erwähnen zu müssen. Wenn ich den Leuten irgendwann sagen muss, dass er gestorben ist, schmerzt es mich, die brutalen Worte auszusprechen: »Mein Mann ist gestorben.« Es beschwört Bilder von Alastair herauf, wie er in seinem Krankenhausbett liegt, und verschlägt mir vor Entsetzen den Atem. »Ich bin verwitwet«, gebe ich schließlich zu, wenn das Gespräch allzu verzwickt wird. Etwas später, wenn ich beginne, von Alastair zu sprechen, stellt mir die Sprache erneut eine Falle. Ist er mein *Exmann*? Nein, es gab keine Trennung; für mich ist er noch immer mein Mann. Mein *toter Mann?* Zu direkt. Schließlich entscheide ich mich für mein *verschiedener Mann.*

Ich bewerbe mich um zwei Stipendien für meine Doktorarbeit. Es verlangt übergroße Anstrengungen, mich auf die Bewerbungen und die anschließenden Vorstellungsgespräche zu konzentrieren. In meiner gesamten akademischen Laufbahn bin ich mit einer Bewerbung um ein Stipendium noch nie gescheitert, aber ausgerechnet jetzt, wo mein Leben auf Grund gelaufen ist, werden beide Anträge abgelehnt. Die Enttäuschung und das ungewohnte Gefühl, akademisch gescheitert zu sein, sind schwer zu verkraften. Was macht das Leben mit mir? Früher, als ich stärker und besser im Stande war, mit Rückschlägen umzugehen, habe ich alles spielend geschafft, und jetzt tritt mich das Leben, während ich am Boden liege. Warum schlägt mir das Leben Türen zu? Wenn Alastair hier wäre, dann hätte er mir geholfen. Wenn Alastair hier wäre, dann hätte ich es besser machen können.

Alastair hätte nicht sterben sollen; er hätte nicht sterben sollen.

In unserer ersten Woche in Oxford melde ich die Jungen und mich bei der Arztpraxis im nahe gelegenen Wolvercote an. Ich erkläre dem Arzt unsere Situation und berichte ihm von Alastairs Tod vier Monate zuvor.

»Sie wissen, dass Sie sich noch mindestens zwei Jahre lang nicht ›normal‹ fühlen werden?«, stellt er rundheraus fest.

Mir graut bei der Vorstellung, mich noch zwei Jahre so zu fühlen wie jetzt.

»Soll ich versuchen, ob ich irgendeine Art Therapie für Sie finden kann?«, fragt er hilfsbereit.

Ich nicke nachdrücklich.

Kurz nach Alastairs Tod hatte ich in Wimbledon auf meiner Bettkante gesessen und alle möglichen Hilfsorganisationen und Beratungseinrichtungen angerufen, um Unterstützung zu bekommen. Aber da ging es darum, den Jungen zu helfen, mit dem Tod ihres Vaters fertigzuwerden. Im Spiegel des Kleiderschranks sah ich mich selbst, übers Telefon gebeugt, an das ich mich in der Hoffnung klammerte, irgendeine Möglichkeit zu finden, die Narben zu löschen, die der Tod ihres Vaters in ihrem Leben hinterlassen wird. Die Tür des Kleiderschranks war einen Spaltbreit geöffnet, und ein Ärmel von einem von Alastairs Hemden schaute dahinter hervor.

Ich will alles tun, was in meiner Macht steht, um die Jungen vor einem solchen Start ins Leben zu schützen. Sie sind wie viel versprechende Rennpferde, die straucheln, kurz nachdem sie durch das Gatter geschossen sind.

Überall, wo ich anrief, sagte man mir, man würde nur Kinder ab fünf Jahren nehmen, und empfahl mir, mich in ein paar Jahren wieder zu melden. Schließlich gab mir eine Frau, die die Verzweiflung in meiner Stimme hörte, einen mütterlichen Rat: »Das Beste, was Sie für so kleine Kinder tun können, ist, dafür zu sorgen, dass es Ihnen selbst gut geht. Glückliche Mutter – glückliche Kinder.«

Das ist genau das grüne Licht, das ich brauche. Vor Alastairs Tod hatte ich nie irgendeine Art Beratung oder Psychotherapie bekommen. Nicht unbedingt, weil ich es nicht brauchte, sondern weil ich unausgesprochen der Überzeugung war – die ich vielleicht mit den meisten Leuten teile, die ich im bodenständigen Irland kenne –, dass Therapie etwas für die Schwachen oder Selbstbesessenen ist, für Leute, die an irgendeiner Art Geisteskrankheit oder Instabilität leiden und geheilt werden müssen. Außerdem hegte ich die Überzeugung, dass Leute, die zu einer Therapie gehen, keine guten Freunde haben, mit denen sie offen und ehrlich über ihr Leben reden können.

Alastairs Tod hat mich von meinem eigenen begrenzten Verständnis von Therapie befreit. Ich bekomme von allen Seiten Liebe und Unterstützung, aber niemand kann mir helfen, Frieden oder Verständnis in meinem Kopf für Alastairs Tod zu finden. Manche meiner Gedanken will ich nicht einmal mit anderen Leuten teilen, um nicht ihr Leid zu verschlimmern oder ihnen die Gelegenheit zu geben, mich als irgendetwas anderes als die untröstliche, treue und liebevolle Witwe zu sehen. Ich brauche einen Filter, der mir hilft, die Gedanken zu artikulieren und zu analysieren, die in dem ständigen Geplapper in meinem Kopf entstehen. Erst dann kann ich beginnen, sie mit meinen engsten Freunden, meiner Familie oder meiner Schwiegermutter zu erörtern.

Daher packe ich, als der Arzt in Wolvercote mir eine Therapie vorschlägt, die Gelegenheit beim Schopf. Am nächsten Mittwochabend löse ich Liam von meinem Bein, schenke einer nervösen Babysitterin ein hoffnungsvolles Lächeln und fahre im starken Regen zu einer kleinen, schlichten staatlichen Klinik, die in einer Ladenzeile versteckt liegt. Der Therapeut ist ein lässig gekleideter Mann in den Vierzigern, mit einer kleinen umrandeten Brille und einem warmen Lächeln. Er fordert mich auf, Platz zu nehmen. Ich setze mich in einen abgewetzten Ledersessel zwischen medizinischen Apparaten und beginne meine Geschichte zu erzählen. Im Laufe der nächsten Stunde werde ich von der schäbigen staatlichen Klinik zu den Szenen meines Lebens mit Alastair zurückversetzt. Ich kann das frisch gemähte Gras in dem Park, in dem wir uns zum ersten Mal küssten, und den brasilianischen Kaffee unserer faulen Sonntagvormittage fast riechen.

Drei Monate lang sind die Mittwochabende der Höhepunkt meiner Woche. Ich lasse alles aus mir hervorsprudeln. Ich weine verzweifelt vor diesem Menschen, der mich nicht aufzumuntern versucht. Was für ein Luxus. Hier sitze ich wieder mit einem intelligenten, witzigen, zurückhaltenden Engländer zusammen und teile meine innersten Gedanken mit ihm. Er hört mit unendlicher Geduld zu, während ich ihm mein Lied der Verzweiflung vorsinge: *Alastair hätte nicht sterben sollen. Er hätte nicht sterben sollen.* Ich zucke zusammen, dann muss ich lächeln, als mein Therapeut mir meine Widersprüche und mein rührseliges, selbstmitleidiges Denken entgegenhält. Ich flehe ihn an, mir zehn einfache Schritte zu nennen, damit es mir besser geht, aber er hebt nur die Hände mit einem freundlichen »Tut mir leid«.

»Verstehen Sie es denn immer noch nicht?«, fragt er mich sanft.

»Verstehe ich was nicht?«, frage ich.

»Niemand kann Ihnen hier den Ausweg zeigen außer Ihnen selbst.«

Eines Abends, als ich das Leben nur in schwarzen Farben sehe, erwähnt er Antidepressiva. Dieser Vorschlag rüttelt mich schlagartig wach. Ich will keine Beruhigungsmittel, um aus meiner Traurigkeit zu fliehen. Ich will kein Rezept, um in der Gesellschaft gut genug zu funktionieren, um den Leuten in meiner Umgebung nicht zur Last zu fallen. Ich sehne mich danach, mich selbst wiederzuerkennen. Ich sehne mich danach, wieder zu lachen. Wirklich zu lachen.

Die Therapie hat Löcher in meine Idealisierung des Lebens vor Alastairs Tod gestochen. Jetzt sehe ich, dass es Augenblicke der Unsicherheit und eine leise schwelende Unzufriedenheit mit meinem Leben gab, selbst damals. Bevor Alastair starb, hatte ich immer einen Notizblock neben meinem Bett liegen, und jeden Abend vor dem Einschlafen schrieb ich drei Dinge auf, für die ich an dem Tag dankbar war. Ich tat das, um das Gefühl von Unvollkommenheit zu vertreiben, das ich empfand, trotz meines glücklichen Familienlebens.

Allmählich werde ich mir des Weckrufs bewusst, den Alastairs Tod für mich darstellt, und des Lichts, das auf all die Fragen scheint, die mir, häufig unbewusst, durch den Kopf schwirrten. *Was ist das Leben? Warum bin ich am Leben? Was bleibt von uns nach dem Tod? Was sollte ich mit meiner begrenzten Zeit auf der Erde anfangen?* Lebenslange Fragen erwachen in mir, befreit von der Betäubung der Alltagshektik und meinem eigenen unbewussten Leugnen meiner Sterblichkeit.

Ich will aufhören, mich so elend zu fühlen, und darüber hinaus will ich alles lernen, was aus dem Riss zu lernen ist, den Alastairs Tod in die Illusion meines Lebens gebracht hat.

Freude und Schmerz

Ich fühle mich zu Friedhöfen hingezogen. Nachmittags, wenn ich Tom und Liam von der Schule abgeholt habe, gehe ich mit ihnen gern über alte Friedhöfe und lese einen Grabstein nach dem anderen. Wenn ich einen Grabstein von jemandem sehe, der jünger gestorben ist als Alastair, dann verspüre ich ein Gefühl von Erleichterung. Alastair hatte mehr Glück als *diese* Person. Und *diese* Person. Ich will nicht, dass Alastair zu dem »armen Alastair« herabgesetzt wird. Ich will glauben, dass er von Gott geliebt ist, vom Leben begünstigt. Ich warte halb darauf, dass irgendeine Tragödie, irgendeine Atomexplosion passiert, damit ich wissen kann: »Das ist der Grund, weshalb Alastair gestorben ist. Er war ein guter Mann, ein schöner Mann. Alastair sollte sterben. Er sollte sterben, damit ihm *das hier* erspart bleibt.«

Auf vielen Grabsteinen lese ich die Lebensdaten von Paaren, die im Tod wiedervereint wurden. Viele von denen, die ein hohes Alter erreichten, starben offenbar kurz hintereinander. Als könnte einer ohne den anderen nicht mehr leben. Andere trennen zwanzig oder dreißig Jahre, bevor sie wiedervereint wurden. Wie lange wird es dauern, bis ich mit Alastair wiedervereint werde? Der indische Brauch, bei dem sich die Witwe auf den Bestattungsscheiterhaufen wirft, erscheint mir jetzt ein klein wenig logisch. Es gibt eine Zeit nach Alastairs Tod, wenn ich auch sterben werde. Ich lebe in einer Zeit der Krise: Das alte Leben ist zu Ende, und kein neues Leben entsteht aus der Asche. Ist es wahr, dass neues Leben entstehen wird?

In stillen Augenblicken gestatte ich mir, zu weinen und zu staunen, innerlich von Trauer zerrissen. Am Küchentresen zusammengesackt, während die Jungen essen, oder abends, wenn beide endlich eingeschlafen sind, lasse ich die Trauer mit mir machen, was sie will. Ich bin eher ein Objekt als das Subjekt dieser Trauer. Die Trauer ist größer als ich, und ich beuge mich. Was aus meinem Mund kommt, ist eher ein Hüsteln als ein Weinen: Etwas muss aus mir freigesetzt werden. Ich bin entsetzt, wie wenig linear die Trauer verläuft. Ich hatte gedacht, die Trauer würde mit der Zeit leichter zu bewältigen sein, sie würde jeden Tag ein bisschen mehr nachlassen. Aber die Trauer verläuft nicht linear; sie kommt in Wellen. Die vorgezeichneten Phasen – von Leugnen über Wut, Verhandeln und Depression hin zu Akzeptanz – existieren gleichzeitig. Sie laufen nicht in irgendeiner linearen Perfektion ab. An manchen Tagen ist die Trauer leichter, und ich verspüre ein Gefühl von Distanz und Fortschritt. An anderen Tagen werde ich ganz verschluckt von dem Monster der Trauer und stehe schluchzend da, meine Gefühle entblößt vor zwei verständnislosen Kindern.

Wenn das passiert, erzähle ich immer wieder eine von Toms Lieblings-Gutenachtgeschichten nach. Ich kann nicht über die Trauer hinwegsteigen, nicht unter ihr hindurchschlüpfen und mit Sicherheit nicht um sie herumgehen. O nein, flüstere ich mir im Stillen zu, ich muss durch sie hindurch!

Eine Freundin erzählt mir, dass ihre Cousine, die noch Single ist, bei der Nachricht von Alastairs Tod ausrief: »Aber wie kann es sein, dass ich meine Geschichte noch gar nicht begonnen habe und ihre Geschichte schon vorbei ist?« Diese Worte gehen mir immer wieder durch den Kopf. Meine Geschichte ist schon vorbei. Wie schnell das gegangen ist, wie kurz die Zeit zwischen frisch verheiratet und verwitwet war! Wie schnell ich vom Pläneschmieden zum Erinnern gekommen bin! Wie alt ich mich fühle! Wie das Alter plötzlich auf mich einstürzt! Manchmal sehe ich in den Spiegel und kann kaum glauben, dass dieses junge Gesicht meines ist. Wie Dorian Gray bin ich nicht, was ich scheine. In mir gibt es ein verborgenes Porträt meines echten Selbst: faltig, ausgelaugt und erschöpft.

Mithilfe meines Therapeuten beginne ich den Schmerz als den Preis für die Liebe zu sehen, die ich in den sieben Jahren unseres Zusammenseins mit Alastair geteilt habe. Trotz der Bitterkeit des Verlusts, die mich oft nach Luft schnappen oder nach einer zweiten Flasche Wein greifen lässt, weiß ich, dass ich nicht einen Moment meiner Zeit mit ihm missen wollen würde, nur um den Schmerz zu vermeiden, den ich jetzt empfinde. Wenn dieser Schmerz der nicht verhandelbare Preis für die Erinnerungen an mein Leben mit Alastair ist, dann akzeptiere ich ihn widerstrebend und höre auf, so unerbittlich dagegen anzukämpfen.

Hin und wieder gibt es aber auch einen Augenblick des Trostes in der Trauer, die ich empfinde. Sie erhält die Verbindung zwischen Alastair und mir lebendig und aufrecht, und ich biete sie ihm als den Preis, den ich zu zahlen bereit bin für die Liebe und die Abenteuer, die wir miteinander geteilt haben. In Trauer zu verharren schweißt uns zusammen. Ich klammere mich verzweifelt an das Leben, das wir hatten, an die Träume, die wir teilten. Ich bin nach wie vor seine Ehefrau. Er ist nach wie vor der Vater unserer Kinder. Wir sind eine vierköpfige Familie, und die Welt ist unsere Auster. Jeder Moment des Leidens ist die Reibung zwischen dem, wie das Leben war, und dem, wie das Leben ist. Wenn ich diese Reibung aufgeben würde, könnte ich ihn verlieren. Wenn ich diese Reibung aufgeben würde, könnte ich mich selbst verlieren.

Als Alastairs bester Freund G. mich fragt, wie es mir geht, erkläre ich ihm stoisch, dass ich den Schmerz als die Kehrseite all der Momente der Liebe betrachte, die wir miteinander geteilt haben. »Aber der Schmerz muss sich jetzt doch so nah anfühlen und diese Momente so fern?«, fragt er.

Ich lächele kopfschüttelnd, aber ich sage nichts. Nur indem man den Schmerz selbst durchmacht, begreift man, dass die Reste der Freude irgendwie in dem Schmerz lebendig sind.

Gnade

Es ist Anfang Oktober, und ich fahre zu Toms Schule, um ihn abzuholen. Es ist ein strahlender, frischer Tag, und das Sonnenlicht tänzelt auf meinen Augen, während ich fahre. Die gerade Straße vor mir ist zu beiden Seiten dicht gesäumt von kräftigen dunkelgrünen Kiefern, und sie scheint sich vor mir zu erheben und am Horizont zu verschwinden. Ich komme an dem Haus vorbei, das Alastair und ich kaufen wollten. Zweimal täglich komme ich hier vorbei: wenn ich Tom morgens zur Schule bringe und nachmittags wieder abhole. Wieder stelle ich mir vor, in die Auffahrt einzubiegen. Alastair sitzt auf der Veranda und steht auf, um mich zu begrüßen. Er scheint so natürlich, als er auf mich zugeht. Er scheint älter, ruhiger. Als er die Hand nach der Wagentür ausstreckt, reiße ich mich aus meinem Tagtraum. Mein Verstand wird erdrückt von der Last meiner Traurigkeit und meines Leidens.

Aber auf einmal, aus der Asche des Schmerzes, steigt eine stille Freude auf und spült über mich hinweg, und meine Seele singt. Mein Körper ist schwerelos, und mein Magen rumort von dem Gefühl, dass der Wagen und ich über der Straße schweben und wir uns zu den Baumwipfeln emporschwingen. Ich will nicht atmen, damit die Seifenblase in meiner Brust nicht zerplatzt. Mein Verstand hält inne; die milde Nachmittagsluft hallt durch ihn hindurch.

Ein Wort formt sich, sichtbar vor mir. Das Wort heißt Gnade.

Langsam vergeht das Gefühl, und ich fahre weiter die Straße hinunter, und der Blinker durchbricht die Stille unvermittelt, als ich zu Toms Schule abbiege.

Fünfter Hochzeitstag

Am Anfang von allem steht das Echo des Verlusts. Toms erster Geburtstag nach Alastairs Tod ist überschattet von Erinnerungen, wie Alastair bei seinem letzten Geburtstag im Garten mit den Kindern herumalberte. Liams erster Geburtstag nach Alastairs Tod ist überschattet von der Tatsache, dass Alastair nur eines von Liams Geburtstagsfesten erleben durfte. Unser erster

Hochzeitstag nach seinem Tod, fünf Monate danach, hätte unser fünfter sein sollen. Ich beschließe, mit den Jungen in das kleine Haus in Wales zu fahren, das Alastairs Mutter gehört.

Mir graut vor dem Jahrestag. Die Jungen und ich machen uns auf unseren Lieblingsspaziergang zum Pobbles Beach, einen Weg, den Alastair und ich oft Hand in Hand gegangen sind, mit Liam in einem Tragetuch oder auf Alastairs Schultern, während Tom vor uns hersprang. Jetzt versuche ich die Jungen zu überreden, mit mir über die sandigen Dünen zu gehen, aber letztendlich trage ich alle beide, während ich langsam vor mich hin trotte. *Alastair hätte nicht sterben sollen. Er sollte hier sein. Ich brauche ihn hier.*

Es ist ein strahlender, windiger, trockener Tag. Die Wellen, die sich am Strand brechen, und die hoch aufragenden grasigen Klippen sind Nahrung für eine hungrige Seele. Ich war besorgt, ich würde mich an diesem Tag allein und unglücklich fühlen, aber während ich gehe, verspüre ich ein Gefühl von tiefem Frieden. Den ganzen Tag über werde ich von einer Erinnerung durchflutet, die alle Gedanken an Traurigkeit und Verzweiflung vertreibt. Etwa sechs Monate vor seinem Tod fuhr Alastair geschäftlich nach Russland. Davor hatten wir einander versprochen, eines Tages Russland gemeinsam zu erkunden. Ich war eben dabei, die Kinder ins Bett zu bringen, als er anrief und lachend sagte, er sei gut in Russland angekommen und in einem Taxi auf dem Weg zum Hotel. »Ich habe die Augen fest geschlossen«, sagte er scherzhaft. »Ich werde nicht ein bisschen von Russland ohne dich sehen, bis auf das Hotelzimmer und den Konferenzraum.« Ich lachte und hielt den Jungen das Telefon ans Ohr, damit sie ihm gute Nacht sagen konnten, und bat ihn, später noch einmal anzurufen.

Als die Jungen gerade eingeschlafen waren, klingelte das Telefon wieder. Ich saß auf der obersten Treppenstufe. Alastairs Stimme war jetzt leiser, friedlicher. »Ich bin im Hotel«, sagte er,

»und das Zimmer geht auf den Roten Platz hinaus. Der Platz liegt unter einer sanften Schneedecke, und es schneit leicht. Es ist atemberaubend«, sagte er fast flüsternd. »Und das Einzige, was ich denken kann, ist, dass ich wünschte, du wärst hier, um es mit mir zu teilen.«

Aus heiterem Himmel überkommt mich diese Erinnerung an unserem Hochzeitstag immer wieder. Jedes Mal, wenn ein trauriger Gedanke oder ein Bewusstsein von Alastairs Abwesenheit in meinem Geist entsteht, kommt mir diese Erinnerung in den Sinn.

Als ich am Abend unseres fünften Hochzeitstages einschlafe, höre ich den Klang von Alastairs besänftigender Stimme in meinen Ohren, die mir versichert, dass es, wo immer er ist, atemberaubend ist und dass er wünscht, ich wäre dort, um es mit ihm zu teilen.

Der vierzigste Geburtstag

Anfang Dezember naht Alastairs vierzigster Geburtstag, der schwer auf meinen Gedanken lastet. Wenn ich über Alastairs lange Arbeitszeiten und seinen Mangel an tiefer Zufriedenheit mit seiner Arbeit klagte, beschwichtigte er mich gern, indem er sagte: »Ich verspreche dir, Bébhinn, mit vierzig werde ich etwas anderes machen.«

Jetzt sind es nur noch ein paar Tage bis zu seinem vierzigsten Geburtstag, und er ist seit sechs Monaten tot. Ich muss es ihm lassen, er macht jetzt mit Sicherheit etwas anderes, aber es schmerzt mich, dass die Veränderung so drastisch und tragisch war.

Ich lade seine Mutter und ein paar seiner Freunde zum Abendessen in das Haus meiner Schwester in London ein, um seinen Geburtstag zu feiern. Ich verbringe den Vormittag damit,

Alastairs typische Gerichte zu kochen: Huhn und Lauchtorte und sein Meisterstück, Schokoladen-Käsekuchen. Beim Kochen erinnere ich mich, wie wir das erste Mal einen Geburtstag zusammen gefeiert haben. Es war mein fünfundzwanzigster Geburtstag, und Alastair kam vorbei und kochte genau dieses Essen für mich und meine Freunde und meine Familie, in meiner Wohnung in London. Er stellte einen Tisch auf und klappte dann das Bügelbrett daneben auf, um den Tisch zu verlängern. »Wir werden eine Tischdecke darüberlegen, dann wird niemand etwas bemerken«, sagte er lachend.

Ich habe noch nie eine vollständige Mahlzeit für Alastairs Freunde gekocht, da ich bei den Partys im Allgemeinen Alastairs Hilfsköchin war. Während ich dieses Essen vorbereite und koche, fließt all meine Liebe zu ihm in mein Tun, und der Vormittag verstreicht in meditativem Frieden. Als seine Freunde kommen, essen wir eine köstliche Mahlzeit zum Gelächter von Alastairs beiden Söhnen, die mit den Kindern seiner Freunde spielen. Die Unterhaltung ist leicht und fließend. Alastairs Anwesenheit ist unbeschwert und liebevoll.

Jede Zelle von mir ist sich der Tatsache bewusst, dass ich allein bin. Ich sehe den Paaren dabei zu, wie sie miteinander tanzen, ohne es richtig zu merken. Er sieht ihr leeres Weinglas und füllt es nach. Sie trennt etwas Fleisch von einem Flügel und reicht es ihm. Er rührt ihr Milch und ein Stück Zucker in den Tee, genau wie sie es mag. Auch um mich kümmert man sich gut; alle sind sehr freundlich zu der frischen Witwe, aber sie müssen fragen: »Möchtest du noch etwas Wein? Brust oder Keule? Wie möchtest du deinen Tee?« Ich gehöre zu niemandem.

An diesem Abend falle ich erschöpft ins Bett. Während ich daliege und darüber staune, wie ich den Tag überstanden habe, bricht auf einmal ein lebhaftes Bild von unserem letzten Skiurlaub über mich herein. Alastair steht in seiner orangefarbenen

Skijacke und seinen offenen Skistiefeln vor mir. Er lächelt, und er trägt, wie immer, meine und seine eigenen Skier. Wenn wir Ski fuhren, nahm er mir jedes Mal wortlos meine Skier ab und hob sie auf seine andere Schulter. Das war eine der vielen Gesten der Liebe, mit denen er mich überschüttete.

Dieses sanfte Bild der Liebe gibt mir den Rest. Ich rolle mich im Bett zu einer Kugel zusammen, in völliger Verzweiflung, während ich diesen unvergleichlichen Freund und Beschützer schmerzlich vermisse.

Das erste Weihnachten

Die Tage werden kälter, und ich ziehe mich in mich selbst zurück, verzweifelt bemüht, dem Winter meiner Unzufriedenheit zu entkommen. Das erste Weihnachten ohne Alastair steht vor der Tür. Die Vorstellung, den Kindern allein Geschenke zu kaufen und ein einsamer Weihnachtsmann für sie zu sein, erfüllt mich mit Leere. Mir graut vor der gezwungenen Fröhlichkeit eines Weihnachtsessens, bei dem ich die Einzige ohne einen Partner an meiner Seite sein werde. Ich kann es nicht ertragen, mir einen Papierhut aufzusetzen, die Weihnachtsknallbonbons aufzuziehen und über die lahmen Witze der Leute zu lachen, während ich so tue, als wäre mir nach Feiern zu Mute. Weihnachten führt mir Alastairs Abwesenheit besonders deutlich vor Augen. Überall verspottet mich das Weihnachtslied *Fairytale of New York*: »*Can't make it all alone, I built my dreams around you.*«

Das Datum rückt gnadenlos näher. Ich will es auslassen, mich vielleicht als freiwillige Helferin bei einer Suppenküche melden oder zusammen mit anderen das öffentliche Bewusstsein für die Obdachlosigkeit stärken, indem ich an einem vierundzwanzigstündigen Fasten teilnehme und an Heiligabend auf der Straße schlafe. Ich suche nach Möglichkeiten, wie ich mich vor dem Tag drücken kann.

Doch aus heiterem Himmel beginnt diese Furcht ihren Griff um mich zu lockern. Ein friedlicher Wind weht in mir und löst den Knoten in meinem Magen. Ein stilles Glück durchströmt mich, und in den Tiefen meiner Seele weiß ich: Alastair hat Frieden gefunden. Dieses Wissen setzt sich in mir fest, und ich werde von Dankbarkeit und Liebe erfüllt. In den ersten fünf Monaten nach seinem Tod hatte ich das Gefühl, dass Alastair rastlos war, seine Seele schockiert und verwirrt von dem, was passiert war. Nach fünf Monaten, an unserem Hochzeitstag, verstand ich, dass er jetzt friedlicher war, dass er die Schönheit des Ortes, an dem er war, zu begreifen begann, während er noch immer mit uns allen im Leben verbunden war. Ich weiß nicht, ob es eine Projektion meiner eigenen Emotionen ist, aber es beruhigt mich, zu glauben, dass er es ist.

Es ist der 23. Dezember, und ich mache eine Collage mit Fotos von Alastair und den Jungen, um sie neben dem Weihnachtsbaum aufzuhängen. In die Mitte der Collage klebe ich in großen Buchstaben die Worte: »Alles ist gut; Al geht es gut.« Am selben Tag bekomme ich eine E-Mail von Alastairs Freund J. Er hat zum ersten Mal seit Alastairs Tod von ihm geträumt, und Alastair scherzte und strahlte vor Glück. Als J. aufwachte, verspürte er ein starkes Gefühl von Frieden.

Das Gefühl, dass es Alastair gut geht, befreit mich so weit, dass ich an Weihnachten teilnehmen kann, mit aufrichtigem Glück darüber, dass ich mit meiner Familie zusammen bin. Mir wird bewusst, dass dieses Weihnachtsfest mein letztes mit irgendeinem meiner anderen Angehörigen sein könnte, einschließlich meiner Kinder. Ich erinnere mich, dass der Verlust nicht in fairen und gleichmäßigen Portionen ausgeteilt wird. Jemanden verloren zu haben schützt mich nicht davor, noch andere Menschen in meinem Leben zu verlieren. Was, wenn mein Dad nächstes Jahr stirbt und ich sein letztes Weihnachten nicht mit ihm verbracht habe?

Alastairs Tod hält mir vor Augen, dass ich jeden jederzeit verlieren kann. Sein Tod zeigt mir, dass es keine Garantie dafür gibt, noch mehr Zeit mit den Leuten zu haben, die ich liebe. Ich muss die Gelegenheiten beim Schopf packen, die sich mir bieten. Zur großen Freude der Jungen fliege ich mit ihnen nach Irland, um Weihnachten in der Geborgenheit des Hauses meiner Eltern zu verbringen. Die Kakofonie von Cousins und Cousinen füllt jeden Winkel des Tages aus, der vorbeifliegt wie jeder andere.

Der Tod lehrt mich, das Leben zu schätzen. Die Toten lehren mich, die Lebenden zu schätzen.

Zeit zum Trauern finden

Die Jungen bleiben für eine Woche bei meiner Familie in Irland, während ich nach Oxford zurückkehre, um die Forschung für meine Doktorarbeit aufzuholen. Anfang des neuen Jahres sitze ich in dem eiskalten Haus in Oxford und sehe auf den zugefrorenen Hof hinaus. Der Jahreswechsel war eine Erleichterung für mich. Ich sage mir: »Mein Mann ist *letztes* Jahr gestorben.« Ich sage neuen Leuten, denen ich begegne: »Mein Mann ist *letztes* Jahr gestorben.« Als wäre die Tragödie vorbei. Als wäre sie nicht mehr so schockierend. Als wäre sein Tod jetzt weiter entfernt von mir.

Ich bin mit meiner Forschung oder Lektüre nicht weit vorangekommen, und meine Mutter kommt morgen mit den Jungen. Der Gedanke an die Ankunft der Jungen erfüllt mich mit Erleichterung und Besorgnis zugleich. Ich habe sie in dieser Woche so vermisst. Aber wie soll ich meine ganze Lektüre bewältigen, wenn die Jungen so viel von meiner Zeit und emotionalen Energie verschlingen?

Ich bin jetzt seit über vier Monaten in Oxford, aber es geht mir nicht so gut, wie ich gehofft hatte. Ich habe über ein halbes Jahr gebraucht, um zu begreifen, dass es mit dem nächsten Umzug nicht besser werden wird; es wird mir nächste Woche oder nach dem ersten Jahr nicht gut gehen. Alastairs Tod hat mein Leben auf den Kopf gestellt, äußerlich und innerlich, und ich werde mich selbst entsprechend verändern müssen. Ich kann nicht einen Schatten meines früheren Lebens leben und so tun, als würde ich bald wieder so weiterleben wie bisher.

Ich gehe auf einem schmalen, gefährlichen Grat zwischen Zurechtkommen und Zusammenbrechen. »Irgendetwas muss passieren«, flüstere ich mir zu. »Irgendetwas muss einfach passieren.«

Inzwischen ist mir klar, dass ich mich Alastairs Tod stellen muss. Es ist unumgänglich. Ich habe versucht, mein Leben weiterzuleben, aber »die Zähne zusammenzubeißen« ist nicht der richtige Weg für mich. Ich muss innehalten und mich für das öffnen, was passiert ist, und meine Zeit und Energie der Aufgabe widmen, es zu verarbeiten. Das ist die einzige Möglichkeit, wie ich wieder ganz werden kann. Mir graut bei der Vorstellung, noch länger von den Jungen getrennt zu sein. Es ist schwer mit ihnen, aber ohne sie ist es unerträglich.

Damit ist die Doktorarbeit vom Tisch. Meine Doktorarbeit kann warten, sage ich mir. Vielleicht werde ich sie in einem Jahr wieder in Angriff nehmen, oder irgendwann später, wenn ich mehr Frieden gefunden habe. Jetzt brauchen mich die beiden, und ich brauche sie. Eine Doktorarbeit kann warten, sie hingegen können es nicht. Ich rufe meine Studienberaterin an, und sie akzeptiert meine Entscheidung mit großer Güte.

Als die Jungen am nächsten Tag aus Irland wiederkommen, bin ich voll und ganz da, um sie zu empfangen.

Die Tage dehnen sich lang vor mir aus, jetzt, wo ich weder arbeite noch studiere. »Was soll ich jetzt tun?«, frage ich Alastairs Freund J. verzweifelt. »Was soll ich jetzt tun?«

»Finde heraus, was dich glücklich macht«, schlägt er vor, »und tu so viel wie möglich davon.«

Alastair nah zu sein macht mich glücklich. Ihn im Mittelpunkt meines Lebens behalten ist alles, was ich will. Ich beginne mit dem Karton mit Beileidskarten und -briefen, die ich nach seinem Tod erhalten habe. Ich lese sie mir alle noch einmal durch. Jeder Brief erscheint mir brandneu, als würde mein Gedächtnis jeden Bezug zu der Zeit um Alastairs Tod verzweifelt löschen. Ich suche nach religiösen Gedenk- oder Dankkarten, die ich jeder Person im Gegenzug schicken kann. Bei Google finde ich nur altmodische Karten mit biblischen Motiven. Anstelle einer Gedenkkarte entwerfe ich selbst eine schlichte Karte mit einem Foto von Alastair auf dem Gipfel eines Berges, das bei einem Skiurlaub entstanden ist und wo er mit breitem Grinsen ein volles Glas Bier in die Kamera hält. In Goldbuchstaben drucke ich unter das Foto die Worte: »Alastair Ramsay im siebten Himmel.« Ich lasse mir für jede Dankkarte, die ich schreibe, viel Zeit, erinnere mich an jede freundliche Geste, jedes gute Wort. Ich erlebe die Unterstützung unseres weiten Kreises von Verwandten, Freunden und Arbeitskollegen noch einmal nach, und wieder durchfluten mich ihre Gesten der Liebe und Besorgnis mit einem Gefühl von Ruhe.

Als sich ein Kollege von Alastair mit dem Vorschlag an mich wendet, einen kurzen Film über Alastairs Leben zu erstellen, packe ich die Gelegenheit beim Schopf. Nachdem die Jungen zu Bett gegangen sind, öffne ich eine zweite Flasche Wein, lege brasilianischen Bossa nova auf und singe unsere Lieder, während ich die Videoaufnahmen der Familie zusammensuche und die endlosen Fotos sichte, die wir von Alastair haben, von seiner Geburt bis zu seinen letzten Tagen. Ich rede laut mit ihm darüber, wie wir den Film strukturieren werden und wen wir einbeziehen werden, um über ihn zu sprechen.

Das bietet mir die ideale Ausrede, um Alastairs enge Freunde und Angehörige zusammenzubringen und sie dabei zu filmen, wie sie Geschichten aus seinem Leben erzählen. Ich brauche seine Freunde und Angehörigen, um mir zu helfen, ihn wieder zum Leben zu erwecken. Alastair ist am gegenwärtigsten, wenn ich andere bei mir habe, mit denen ich in Erinnerungen schwelgen kann.

Ich sage mir, dass ich den Film für die Jungen mache. Das stimmt zum Teil. Alastair hat als Junge seinen Vater verloren, und ich habe sein unstillbares Verlangen, den Vater zu kennen, selbst miterlebt. Sein Vater war die fehlende Figur im Theater seines Lebens und wurde ein Magnet für vage Projektionen und unbeantwortete Fragen. Wenn wir mit den Jungen spielten oder auf Reisen waren, hielt Alastair oft in melancholischem Staunen inne. »Es ist unglaublich, dass sie sich an nichts von alledem erinnern werden«, sagte er dann. In diesen Momenten wurde ihm bewusst, wie oft sein eigener Vater mit ihm gespielt haben musste, und er war enttäuscht, dass er keine konkreten Erinnerungen an diese Zeiten hatte.

»Nein«, griff ich auf mein begrenztes Wissen über frühkindliche Entwicklung zurück, »sie werden sich nicht an das erinnern, was tatsächlich passiert ist, aber sie werden sich erinnern, dass sie geliebt wurden. Und das wird sie begleiten, wenn sie größer werden.«

Unbewusste Erinnerungen an Alastair existieren tatsächlich in Tom und Liam, aber sie haben fast keine bewussten Erinnerungen, die sie in stillen Momenten betrachten können wie alte Fotografien. Es schmerzt mich, wenn ich daran denke, dass die Jungen Alastair nicht kennen werden: seinen schrulligen Humor, sein liebevolles Wesen, die Art, wie er immer etwas Sonnencreme in seinen Ohren ließ und sich die Ärmel über die Hände zog.

Aber hauptsächlich ist der Film für mich. Ihn zu machen ist eine Verlängerung unseres gemeinsamen Lebens, ein Aufschub des quälenden Gefühls von Trennung. Ich will Alastairs Wesen einfangen, bevor die Zeit die Lebendigkeit unserer Erinnerungen untergräbt. Ich will den Jungen und Alastair eine Brücke zueinander bauen. Ich will unsere Familie zusammenhalten. Vielleicht werde ich sogar eine lebensgroße Pappfigur von Alastair machen und in der Küche aufstellen. Das Leben könnte ungefähr so weitergehen wie bisher, versichere ich mir, nur dass Alastair schweigsamer ist als bisher.

»Daddys Video« wird ein Juwel. Es fängt sein Lachen ein, die Art, wie er einen Pfannkuchen wendet, seinen konzentrierten Blick, während er ein Eis isst, und die liebevollen Blicke, mit denen er mich und die Jungen verwöhnt. Monatelang ist es meine Belohnung, wenn ich wieder einen Tag als eine der gehfähigen Verwundeten in einer ahnungslosen Welt überlebt habe. Und es ist ein Spalt, durch den die Jungen einen Blick auf ihren Vater erhaschen können. Die Jungen sitzen zu beiden Seiten von mir, während ich ihnen den Film immer wieder vorspiele. Die Eröffnungsszene zeigt Alastair, der an Höhenangst litt, bei einem Bungee-Jump. Sein Gesicht ist kreidebleich, und seine Beine zittern. »Aber er ist trotzdem gesprungen«, flüstere ich den Kindern zu, während ich sie fest an mich drücke. »Er hatte Angst, und er ist trotzdem gesprungen.«

Wenn wir neue Freunde kennenlernen, wird der Film zu einer Möglichkeit, ihnen Alastair vorzustellen, ein klein wenig von diesem entzückenden Mann mit ihnen zu teilen, der für immer ein Mitglied unserer Familie ist.

Alastair nah bei mir behalten II

Alastairs Freunde in San Francisco, darunter all diejenigen, die zum Zeitpunkt seines Todes bei mir waren, laden uns zu einer Gedenkwanderung zu Alastairs Ehren in der Ehrfurcht gebietenden Oase des Yosemite Park ein. Einem Teil von mir graut bei dem Gedanken, nach San Francisco zurückzukehren, aber ein anderer, stärkerer Teil ist begeistert. Die Reise ist ein Versuch, Alastair für mich und für seine Freunde lebendig zu halten.

Im April treten die Jungen und ich tapfer wieder einen langen Flug von London nach San Francisco an, wo wir im Jetlag ankommen. Ich schleppe die erschöpften Jungen zum Schalter der Autovermietung, wo ich gefragt werde, was für einen Wagen ich gern hätte. Alastair ist mit einem alten Mustang Cabrio durch die Gegend gekurvt, als er in San Francisco lebte, und ich frage, ob sie einen verfügbar haben. Eine halbe Stunde später fahren die Jungen und ich in einem blauen Mustang Cabrio in die Hügel von San Francisco, noch benommen vom Jetlag. Auf der Rückbank des Wagens kreischen die Jungen vor Entzücken, während der Wind durch ihre Haare fegt und wir auf der falschen Straßenseite hinuntersausen. Mein Herz schlägt höher; San Francisco wird uns nicht besiegen.

Wir fahren nach Yosemite, wo wir eine große Gruppe von Freunden treffen. Die schneebedeckten Berge erheben sich hoch über uns, und die Natur um uns herum strotzt geradezu hörbar vor Fruchtbarkeit. Am ersten Abend bemalt jeder von uns einen kleinen Stein mit einer Botschaft der Liebe für Alastair, den wir am nächsten Morgen auf unseren acht Meilen langen Marsch zum Kibbie Lake mitnehmen. Auf unserer Wanderung durch atemberaubende Schluchten tragen Alastairs Freunde Tom und Liam tapfer auf ihren Schultern. Die Jungen sehen ihre erste Klapperschlange und zeigen auf das Wild, während wir über Felsen klettern, uns durch verkohlte Wälder einen Weg bahnen und durch Flüsse waten. Wir treffen keine anderen Wanderer auf dem Weg. Die Jungen sind die Könige des Parks. Die ganze Zeit tauschen wir Geschichten über Alastair aus.

Als ich um eine Biegung komme, stockt mir der Atem beim Anblick des Kibbie Lake. Er ist eine vollkommen stille Weite, eine gemalte Leinwand, die ausgebreitet vor mir liegt. Alle greifen in ihre Rucksäcke und zücken die Steine mit den Botschaften für Alastair, und wir legen sie zu einem Kreis zusammen. Das ist ein indianischer Brauch, den wir uns für die Zeremonie dieses Tages geborgt haben. Der Kreis ist ein Raum der Liebe für Alastairs Seele. Wir schließen den Kreis nicht ganz, sondern lassen eine Lücke frei, damit seine Seele in diesen Kreis der Liebe hinein- und wieder hinauskann.

Alastairs Freunde und ich schwimmen in die Mitte des Sees hinaus, jeder mit einem kleinen Rest seiner Asche. Während wir ihm Frieden und Wohlergehen wünschen, verstreut jeder von uns einen Teil seiner Asche auf dem See, sodass Alastairs Glanzzeit in Stanford im silbrigen Glitzern des Wassers verewigt wird. Die winzigen Fische in dem See beginnen zu beißen, und wir stemmen uns aus dem Wasser, unter Gelächter und Tränen, während wir noch einmal Abschied von Alastair nehmen.

Nach der Wanderung lädt Alastairs Freundin L. mich ein, ein Medium im benachbarten County Marin zu besuchen, eine hochangesehene spirituelle Heilerin. Ich packe die Gelegenheit beim Schopf, verzweifelt auf der Suche nach irgendeiner Kommunikation mit Alastair.

Am nächsten Tag liege ich auf dem harten Massagebett in dem Raum der Heilerin, die ihre Hände über mich gleiten lässt.

»Alastair akzeptiert jetzt besser«, versichert sie mir mit geschlossenen Augen. »Er wusste, dass er vor Ihnen sterben würde, aber er ist enttäuscht, dass es so früh passieren musste.« Ich atme tief durch, während ich versuche, ihren Worten zu folgen. »Alastair befreit Sie von Ihrer Verpflichtung ihm gegenüber«, fährt sie fort. »Sie sind frei, mit einem anderen Mann zusammen zu sein. Aber er befreit Sie nicht von Ihrer Verpflichtung, seine Kinder großzuziehen.«

Ich spüre einen Anfall von Wut aus meiner Magengrube aufsteigen, und auf einmal koche ich vor Wut auf Alastair.

»Wer bist du, mich von unserer Verpflichtung freizusprechen?« Ich funkele die Heilerin zornig an, als würde sich Alastair durch ihren Körper zeigen. Ich setze mich auf dem Massagebett auf und beginne sie anzubrüllen. »Du hast mich verlassen, erinnerst du dich, du warst derjenige, der mich verlassen hat. Du hast nicht das Recht, mich freizusprechen. Bis dass der Tod uns scheidet, hieß es, und der Tod hat uns geschieden, Alastair. Ich entscheide, wann ich einen Schritt nach vorn tue, nicht du.«

Die Heftigkeit meiner Wut verblüfft mich. Es ist, als würde ein Blitz die Heilerin treffen, die sich nicht aus der Ruhe bringen lässt. Und dann beginne ich zu weinen. Ein Knoten der Erleichterung liegt in meinem Weinen. Wütend auf Alastair zu sein haucht unserer Beziehung, die mir gnadenlos durch die Finger entgleitet, wieder Leben ein.

Für einen kurzen Moment sind wir im Kampf der Egos wieder vereint.

Alastair nah bei mir behalten III

Wir kehren von San Francisco nach Oxford zurück und sind bald wieder unterwegs. In Bewegung zu sein, stelle ich fest, ist leichter, als an einem Ort zu verharren. Es ist eine ständige, verzweifelte Bewegung hin zu Alastair, als könnte ich ihn an irgendeinem anderen Ort wiederfinden. Um den ersten Jahrestag seines Todes zu begehen, fahren seine Mutter, die Jungen und ich nach Kirdcudbright in Südschottland, wo Alastairs Vater geboren und aufgewachsen ist. Wegen des frühen Todes seines Vaters lernte Alastair seine schottischen Wurzeln nie kennen, und wir hatten in der Zeit, bevor er starb, davon gesprochen, dorthin zu fahren, um diese Wurzeln zu entdecken.

Es ist Ende Mai, und die Jahreszeiten kämpfen um die Vorherrschaft über das Wetter. Auf strahlende, sonnige Tage voller Kälte folgen windgepeitschte nasse Tage. Wir schlendern durch die Künstlerstadt Kirdcudbright. Wir essen mit Alastairs achtzigjähriger Tante und ein paar befreundeten Cousins zu Mittag. Wir besuchen die Schule, an der Alastairs Großvater Schulleiter war. Wir kommen an der Künstlergilde vorbei, die Alastairs Großvater unterstützt hat. Wir werfen Kieselsteine in die Flussmündung des River Dee, wo Alastairs Vater segeln gelernt hat. Alastair ist mit einem Gemälde genau dieser Mündung über dem Kamin aufgewachsen, aber er hat sie nie mit eigenen Augen gesehen. Er hat sie nie gegen Ende des Tages gesehen, wenn das Rostrot des Himmels die Segelboote auf dem Meer umrahmt. Aber im Geist spüre ich, dass Alastair dort bei uns ist. Er ist bei den endlosen Gesprächen dabei, die seine Mutter und ich bei Pub-Essen und flaschenweise Rotwein führen. Während ich beobachte, wie sich die Jungen ausgelassen über die Burgruine von Kirdcudbright jagen, sehe ich, wie sich ein Teil von Alastair mit seinen Vorfahren vereint.

Als wir an dem Haus vorbeikommen, in dem Alastairs Großvater gelebt hat, stellen wir fest, dass es in ein B & B umgewandelt wurde. »Hier müssen wir übernachten, das *muss* einfach sein«, beharre ich.

Die Augen seiner Mutter glänzen, als sie an ihren letzten Besuch in dem Haus über vierzig Jahre zuvor zurückdenkt. Sie war damals in meinem Alter, und ihr Mann trug die Koffer, während sie ihre kleine Tochter in ihren Armen hielt. Das Leben war ein ruhiges Meer, und ihr Lächeln wusste nichts von den Verlusten, die sie eines Tages erleiden würde. Wir klingeln bei dem Haus und fragen nach einem Zimmer für die Nacht. Der Besitzer des B & B heißt treffenderweise Alastair, und er hat noch ein Zimmer frei. Ich steige die breite, geschwungene Treppe hoch, geblendet von dem Maillicht, das durch ein riesiges Fenster vor mir hereinflutet. Jede Stufe, jeder Atemzug scheint die Vergangenheit mit der Gegenwart zu verbinden, und ein Gefühl von Frieden durchströmt mich.

Beschützt durch den Zauber von Alastairs Vorfahren wachen wir, seine Mutter, seine beiden kleinen Söhne und ich, am Morgen des ersten Jahrestags seines Todes auf, warm und gemütlich ins Bett gekuschelt im ehemaligen Zuhause seines Großvaters.

Alastair hätte nicht sterben sollen

Ein Monat ist verstrichen seit dem ersten Jahrestag von Alastairs Tod. Wenn die Zeit seit seinem Tod ein Baby wäre, dann würde es jetzt laufen. Die Schärfe des Schmerzes hat sich zu einem ständigen dumpfen Pochen abgeschwächt. Trotz meiner vielen Versuche, Alastair nah bei mir zu behalten, akzeptiere ich inzwischen, dass das Alltagsleben unserer Familie unwiderruflich verändert ist und nie wieder so sein wird, wie es einmal war. Den Jungen und mir geht es gut, und das Leben lässt sich im Großen und Ganzen bewältigen. Ich bin eine Überlebende seines Todes.

Aber wenn ich zu viele Gläser Wein getrunken habe, weine ich noch immer um Alastair, und um mich und die Jungen. Das schmerzliche Mantra, das ein Loch in meine Magengrube brennt, lautet noch immer: *Alastair hätte nicht sterben sollen; Alastair hätte nicht sterben sollen.* Meine Welt hat sich beruhigt, aber sie ist noch immer ein Ort des stillen Chaos, eine Grube willkürlicher Gleichgültigkeit. Ich habe mich von Gott entliebt, und ich spüre, dass Er es nie wiedergutmachen kann.

Ich melde mich zu einem neuntägigen spirituellen Retreat in Deutschland an. Ich fühle mich jetzt viel stärker als damals, als ich zu dem buddhistischen Retreat fuhr. Ich bin eher bereit, mich mir selbst zu stellen. Es ist ein Retreat mit Byron Katie, bei der ich etwa zehn Jahre zuvor schon einmal einen eintägigen Workshop besucht hatte. Als sie dreiundvierzig war, erwachte Byron Katie aus einer lähmenden Depression zu einer völlig neuen Sicht auf das Leben um sie herum. Sie erkannte, dass die Ursache ihres Leidens nicht das war, was ihr im Leben passiert war, sondern was sie darüber dachte. Sie stellte fest, dass sie sich, indem sie ihre eigenen schmerzlichen Gedanken hinterfragte, von ihnen befreite, und sie hörte auf zu leiden. Um anderen zu helfen, ihre eigenen schmerzlichen Gedanken zu hinterfragen, entwarf sie ein einfaches Arbeitsblatt mit dem Titel »The Work«, auf das ich jetzt seit zehn Jahren immer wieder einmal zurückgreife. Es besteht aus vier Fragen und Kehrtwenden.

Ich war schon immer begeistert von *The Work*, von seiner Schlichtheit, seiner einfachen Logik und der Erleichterung, die es verschafft. Was ich am meisten benutzt habe, das sind die Kehrtwenden. Wenn ich einen Gedanken wie zum Beispiel *Alastair ist nicht fair zu mir* hatte, dann kehrte ich ihn um zu *Ich bin nicht fair zu mir* oder *Ich bin nicht fair zu Alastair.* Die Kehrtwenden bringen mich in den Mittelpunkt des Universums zurück, wo ich sein möchte, und sie geben mir Dinge, an denen ich in mir selbst arbeiten kann, anstatt darauf zu warten, dass andere sich ändern. Es hat mir geholfen, Spannungen zu lösen, die ich gegenüber anderen Leuten verspürt habe, und hat es mir ermöglicht, zu meiner gewohnten freundlich optimistischen Grundhaltung zurückzukehren. »The Work« war für mich ein leichter, unterhaltsamer Selbsthilfe-Ansatz.

Erst später sollte ich begreifen, wie sehr ich Katies Arbeit unterschätzt hatte.

Ich fliege allein nach Deutschland, um an dem Retreat teilzunehmen, wo ich mir ein Zimmer mit einer Deutschen teile. Wir tauschen ein paar Höflichkeiten aus und verständigen uns dann darauf, dass wir für die Dauer des Retreats schweigend miteinander umgehen werden. Über zweihundert Leute strömen in einen großen Konferenzraum, um Katie zu treffen. Während sich viele Leute um einen Platz in einer der vorderen Reihen drängeln, setze ich mich in den hinteren Teil, wo ich mit Wellen von Hoffnung und Skepsis kämpfe, dass Katie mir helfen wird, mich wieder in das Leben zu verlieben.

Zur Einführung fordert Katie uns alle auf, die Gedanken aufzuschreiben, die uns Leid verursachen. Ich schreibe gehorsam in Großbuchstaben:

»ALASTAIR HÄTTE NICHT
STERBEN SOLLEN.«

»Ihre schmerzlichen Gedanken sind Ihre Geschichte«, erklärt sie uns sanft. »Sie hängen vermutlich sehr an Ihrer Geschichte und glauben sogar, dass sie wahr ist. Ich bitte Sie nicht, sie aufzugeben.« Sie fährt fort: »Bei diesem Seminar lade ich Sie ein, sich lediglich zu fragen, wer Sie ohne Ihre Geschichte wären, wer Sie wären, wenn Sie diesen Gedanken nicht glauben würden.«

Ich seufze entmutigt auf und gehe zu Bett, überlasse der Skepsis die Oberhand.

Am nächsten Morgen bilde ich eine Zweiergruppe mit einer Frau in mittleren Jahren, und wir werden aufgefordert, unsere schlimmsten Erfahrungen zu schildern. Ich erzähle noch einmal die abgedroschene Geschichte von Alastairs Tod, in knappen, abgehackten Sätzen. Sie hört schweigend zu, während sie mit ihren Augen und ihrer Mimik Empathie bekundet. Dann ist sie an der Reihe. Sie vertraut mir stockend an, dass sie Angst vor spontaner Verbrennung hat; sie befürchtet, sie könnte auf einmal in Flammen aufgehen. Ich muss fast lachen. Noch während sie von den Qualen spricht, die ihr dieser Gedanke bereitet, tue ich ihre Angst prompt als irrational und lächerlich ab. »*Ihre* Situation ist wirklich eine Geschichte in ihrem Kopf«, lautet meine Schlussfolgerung.

Ist es wahr?

Wir sind in einer Gruppensitzung mit Katie, und Leute stehen der Reihe nach auf, um über ihre schwierige Situation zu sprechen und zu weinen. Die Spanne reicht von einer jungen, gemischtrassigen Frau, die das Gefühl hat, dass die Leute sie aufgrund ihrer Hautfarbe verurteilen, bis hin zu einem Mann, der verzehrt wird von seiner Unfähigkeit zu lieben. Während einer nach dem anderen aufsteht, schätze ich jeden Einzelnen und seine Situation ab. Sie hängen sehr an ihren Geschichten, die gar nicht so schlimm sind. Nichts Unumkehrbares wie ein Todesfall hat sie getroffen. Eine fünfte Person steht auf und weint wegen ihres Diabetes ins Mikrofon. Als Katie den Wahrheitsgehalt ihrer Geschichte infrage stellt, verteidigt sie wütend, wie schlimm ihr Leben ist.

Ich seufze hörbar auf. Alastair würde alles tun, um die Option zu bekommen, mithilfe täglicher Insulinspritzen am Leben zu bleiben. Ich beuge mich auf meinem Stuhl in der letzten Reihe vor. Es ist aufregend – ich verstehe es wirklich. Ich kann sehen, wovon Katie spricht. Jeder dieser Leute ist so blind. Es ist so offensichtlich, dass sie sich an irgendwelche Gedanken in ihrem Kopf klammern, ohne sie zu hinterfragen. Es scheint fast, als ob sie leiden *wollen*. Wie sie unnötig jammern! Wie sie sich an ihren Geschichten festhalten! Zufrieden lehne ich mich wieder auf meinem Stuhl zurück. Also ist es wahr; ich bin feinfühliger als die Leute um mich herum. Endlich lerne ich etwas in diesem Retreat. Während ich mich auf dem Stuhl entspanne, schleicht sich ein Gedanke beiläufig in meinen Verstand, aus einem toten Winkel hinter der Bühne. Es ist eher ein Nachgedanke als ein Gedanke. Ich übersehe ihn fast: *Keiner dieser Leute hat ein echtes Problem, so wie ich.*

Ich setze mich mit einem Ruck auf. O mein Gott! Wo ist dieser Gedanke denn hergekommen?

Ich sehe nach vorn, wo die junge Frau noch immer von ihrem Diabetes redet. Ich sehe mich selbst in ihr. Ich *bin* sie. Ich bin genau wie alle anderen. Ich klammere mich an einen beschränkten Gedanken, ohne ihn zu hinterfragen. Meine Geschichte erscheint mir nur echter als die der anderen, weil es *meine* Geschichte ist. Ich bin diejenige, die blind ist. Ich bin diejenige, die jammert. Ich bin diejenige, die leiden will. Ich bin so überzeugt, dass Alastair nicht hätte sterben sollen, dass ich nicht einmal einen winzigen Spalt offen gelassen habe, um diese Überzeugung zu hinterfragen. Wer bin ich denn? Die Allwissende? Die, die weiß, wann jeder leben und sterben sollte? Ich erhasche einen Blick auf meine Arroganz, und dieser Blick ist der winzige Spalt, den ich brauche, um den Wahrheitsgehalt dieses beklemmenden Gedankens anzuzweifeln. Ist es wahr, dass Alastair nicht hätte sterben sollen? Ja. Kann ich *absolut* wissen, dass es wahr ist? Nein.

In dieser Nische des Zweifels sitze ich tagelang. Ich versuche nicht, mich zu überzeugen, dass er hätte sterben sollen oder dass es falsch von mir ist, zu denken, dass er nicht hätte sterben sollen. Ich sitze einfach in einem Zustand des Nichtwissens.

Frieden. Seliger, seliger Frieden nach vierzehn Monaten in einer dunklen, unheilvollen Welt.

Ungeahnte, welterschütternde Einsichten kommen mir in diesem Raum des Nichtwissens. Es ist nicht die Tatsache, dass Alastair gestorben ist, die mich traurig stimmt. Wenn ich Alastair nicht lieben würde, dann würde sein Tod mich nicht traurig stimmen. Hey, ich könnte sogar erleichtert sein, dass ich ohne ihn leben darf. Das heißt, wenn es nicht sein Tod selbst ist, dann stimmt mich das traurig, was ich über seinen Tod glaube. Gedanken wie: *Der Tod ist schlimm, Alastair verpasst alles, wenn er tot ist. Alastair wäre lebendig besser dran als tot. Die Jungen und ich sind schlimmer dran ohne ihn, es gibt keine Gerechtigkeit, keinen Sinn und keine Logik im Leben.* Sie alle werden in dem einen Gedanken zusammengefasst: *Alastair hätte nicht sterben sollen.* Aber ich kann nichts von alledem absolut wissen. Es sind keine Fakten, es sind flüchtige Überzeugungen oder Gedanken. Alastairs Körper ist gestorben, und das kann ich nicht ändern. Es ist eine Tatsache. Tatsachen kann ich nicht ändern, aber ich kann Gedanken ändern. Ich habe meine Meinung und meine Überzeugungen schon oft geändert. Verdammt, früher glaubte ich felsenfest, ein bärtiger Mann in einem roten Anzug würde durch den Kamin rutschen, um an Weihnachten Geschenke zu bringen! Ich kann den Griff, mit dem mich die Gedanken umklammern, lockern, indem ich einfach zugebe, dass ich nicht absolut weiß, ob sie wahr sind.

Der Gedanke steigt immer wieder in mir auf: *Alastair hätte nicht sterben sollen, Alastair hätte nicht sterben sollen.* Aber jetzt weiß ich, was ich tun muss. Anstatt diesem Gedanken dorthin zu folgen, wohin er mich führen will, und »armer Alastair«, »ich Arme«, »schreckliche Welt« zu denken und zu fühlen, halte ich ihn einfach in meinem Verstand fest und frage ganz offen: »Ist es wahr?«

Loslassen

Es ist früh am Morgen, und ich finde keinen Schlaf. Ich schleiche mich aus meinem Hotelzimmer und gehe in den Gärten spazieren, durch die ein schnell fließender Fluss verläuft. Ich setze mich auf eine Holzbrücke, die über den Fluss führt, und lasse die Beine baumeln, sodass ich mit den Füßen fast das Wasser berühre. Schweigend drehe ich Alastairs Ehering um meinen Finger. Seit seinem Tod trage ich seinen Ehering am Mittelfinger meiner rechten Hand, als ständige Erinnerung an seine Liebe zu mir. Früher glitt Alastair mit den Lippen über seinen Rand, mit einem halben Lächeln, wenn er in Gedanken vertieft war oder im Stau stand. Jetzt gleite ich selbst mit den Lippen über den Ring und spüre Alastairs Lippen auf meinen.

Ich ziehe meinen eigenen Ehering von meiner linken Hand und betrachte ihn. Er hat eine andere Wirkung auf mich. Er erinnert mich an all unsere zerbrochenen Träume. Bei unserer Hochzeit trug meine Schwester Yeats' Gedicht »Aedh wünscht sich die Kleider des Himmels« vor. Die letzte Strophe lautet:

Ich aber, der ich arm bin, habe nur meine Träume;
Ich legte meine Träume dir zu Füßen;
Tritt sachte, denn du trittst auf meine Träume.

Jedes Mal, wenn ich meinen Ehering betrachte, muss ich an dieses Gedicht denken, und ich zucke zusammen angesichts der Grausamkeit, mit der meine Unschuld, meine jugendliche Naivität und meine Hoffnungen zerschlagen wurden. Das Leben ist nicht sachte auf meine Träume getreten, es ist auf ihnen herumgetrampelt und hat sie und mein Herz völlig zerbrochen. Mein Ring symbolisiert meine Opferrolle.

In der frühmorgendlichen Stille lasse ich meinen Ring lautlos aus meiner Hand gleiten und in das Wasser unter mir fallen. Mit einem sanften Plätschern verschluckt der Fluss seine Beute und stürzt rasch weiter.

Am letzten Tag des Retreats werden wir aufgefordert, wieder Zweiergruppen zu bilden und ein Arbeitsblatt durchzugehen, das wir zu unserem schmerzlichen Gedanken angefertigt haben. Ich klopfe einer älteren Frau vor mir auf die Schulter und bitte sie, meine Partnerin zu sein. »Kein Problem«, sagt sie lächelnd, in einem gedehnten amerikanischen Tonfall.

Wir beschließen, draußen in der Sonne zu arbeiten. Als wir den Raum verlassen, erzählt sie mir, dass sie eigentlich Irin ist, aber seit über fünfzig Jahren in den USA lebt und sich den dortigen Akzent angewöhnt hat. Die Art, wie sie spricht, hat etwas Vertrautes, und ihre sanfte Unbeschwertheit sorgt dafür, dass ich mich für sie erwärme. Zuerst hilft sie mir bei meinem Arbeitsblatt, bei dem es um Alastairs letzte Augenblicke und den Gedanken *Ich hätte mehr anwesend sein sollen, als Alastair im Sterben lag* geht. Als wir fertig sind, bitte ich sie, mir ihren schmerzlichen Gedanken vorzulesen, damit wir daran arbeiten können.

Sie sieht auf ihr Arbeitsblatt und dann zu mir hoch. »Angesichts deiner Situation«, sagt sie, »müssen wir das nicht machen, wenn es dir unangenehm ist, okay?«

»Warum? Was ist das denn für ein Gedanke?«, frage ich.

Sie sieht auf ihr Arbeitsblatt und liest laut vor: »Ich habe mein Leben nie wirklich gelebt, nachdem mein Mann gestorben ist.«

»Bitte«, sage ich lächelnd, »ich würde *The Work* sehr gern mit dir dazu machen.« Wie sich herausstellt, wurde sie ebenfalls in jungen Jahren Witwe. Ihr Mann wurde in New York zufällig ermordet. Ich bin verblüfft von der Ähnlichkeit unserer Erfahrung, den eigenen Ehemann so plötzlich zu verlieren, und von den vielen Emotionen von Einsamkeit, Schuld und Vertrauensverlust, die uns gemeinsam sind. Während ich ihr bei ihrem Arbeitsblatt helfe, schildert sie mir, wie sie nach dem Tod ihres Mannes mit ihrer jüngsten Tochter ins Ausland ging und verschiedene interessante Projekte übernahm. »Aber ich habe mir nach seinem Tod nie gestattet, wirklich zu leben. Ich habe vieles getan, aber das waren immer Dinge, die mich vom Leben in Wirklichkeit eher abgebracht als zu ihm hingeführt haben«, sagt sie. »Im Grunde meines Herzens habe ich nach seinem Tod nie wieder einen Schritt nach vorn getan; ich bin in unserer gemeinsamen Geschichte stecken geblieben.«

»Wenn wirklich zu leben nicht heißt, in verschiedenen Ländern zu leben und interessante Projekte zu machen, was denn dann?«, frage ich sie.

»Ich weiß nicht. Ich hätte ein Buch schreiben oder mich wieder verlieben können«, stammelt sie. »Ich weiß nicht recht, wie ich es ausdrücken soll, aber ich weiß, wie es sich anfühlt, wenn ich wirklich am Leben bin und wenn ich es nicht bin.«

Ich starre sie mit offenem Mund an. Sie ist ein Bild meiner potenziellen Zukunft, durch die Zeit zurückgekommen, um mich wachzurütteln. Etwas später an diesem Tag fliege ich nach Hause, mit einer Saat von Frieden, die in meinem Unterbewusstsein gesät ist.

Familienessen

Ein paar Tage nach meiner Rückkehr von dem Retreat nach Irland kommt meine alte College-Freundin L. zum Abendessen zu uns. Wie üblich wohne ich bei meinen Eltern. Meine Mutter besitzt einen magischen Kochtopf; sie hat immer genug für eine Person mehr. Noch als Erwachsene saß ich oft zwischen meinen Eltern und meinen Freunden am Tisch. Das ergab sich ganz natürlich so, da ich in Dublin kein eigenes Haus habe, und es ist für meine Eltern eine Möglichkeit, mich noch besser kennenzulernen. Bei diesen Abendessen sind meine Eltern Zuschauer, während ich meinen Freunden das Neueste über mein Leben erzähle und auf das eingehe, was in ihrer Welt los ist. Das geht über die übliche zensierte, elternfreundliche Version der Ereignisse hinaus, die ich ihnen berichte, wenn wir allein sind. »Na, bei diesem Abendessen habe ich mehr über deine Eskapaden erfahren als bei meinen Gesprächen mit dir im letzten Monat«, sagt mein Vater nach einem solchen Essen gern zu mir.

L. fragt mich, was mir das Retreat gebracht hat, während meine Mutter Eintopf auftischt und mein Vater allen ein Glas Wein einschenkt. Ich atme tief durch, während eine Antwort an die Oberfläche kommt. Die Antwort ist ebenso sehr für mich wie für sie. »Weißt du was? Es hat mir geholfen zu erkennen, dass ich selbst die Ursache meines Leidens seit Alastairs Tod war«, antworte ich ungewohnt klar.

Meine Mutter bricht aus ihrer gewohnten Zuschauerrolle aus und lässt den Servierlöffel fallen, der scheppernd auf den Tisch fällt. »Aber du hast seinen Tod nicht verursacht, Bébhinn«, sagt sie entgeistert.

Ich nehme den Servierlöffel und lege ihn in die Schüssel mit dem Eintopf. »Nein, Mum, das nicht«, antworte ich ruhig, »aber jede Sekunde des Leidens war wegen etwas, was ich über seinen Tod geglaubt habe.«

»Was meinst du damit?«, fragt L. und trinkt einen Schluck Wein.

»Na ja, zum Beispiel zu denken, dass der Tod etwas Schlimmes ist. Können wir denn wissen, dass der Tod etwas Schlimmes und nicht etwas Schönes ist?« Ich suche nach weiteren Beispielen. »Oder ich habe unter dem Gedanken gelitten, dass die Jungen und ich jetzt allein sind und dass wir nie wieder rundum glücklich sein können. Es gibt so viele Gedanken, die dazu geführt haben, dass ich leide.«

Ich muss den Blick von der skeptischen Miene meiner Mutter abwenden, daher nehme ich die Schüssel mit Eintopf und teile allen aus. Der ganze Tisch schweigt, bis ich mich wieder neben L. setze.

»Ich will nicht sagen, dass es schlecht war, zu leiden«, fahre ich in einem versöhnlichen Ton fort. »Ich will nicht einmal sagen, dass ich nicht hätte leiden sollen oder dass ich nicht weiterhin leiden sollte. Ich meine nicht, dass ich bereue, wie ich reagiert habe, aber jetzt sehe ich einfach, dass ich es selbst in der Hand habe.«

Alle am Tisch beginnen zu essen, und die Stille dehnt sich um uns aus, bis auf das leise Klappern von Besteck. Ich frage mich, ob die Idee zu schwer vorstellbar ist für andere Leute, die nicht mein Leben im vergangenen Jahr gelebt haben oder zu dem Retreat gefahren sind. Während ich zu essen beginne, durchströmt mich eine Welle von Dankbarkeit, dass diese Idee in meinem Innersten trotzdem noch wahr klingt.

»Mum«, seufze ich erleichtert und nehme ihre Hand in meine, »verstehst du, das ist eine sehr gute Neuigkeit für mich, wirklich. Wenn ich den Weg ins Leiden kenne, dann kenne ich auch den Weg hinaus.«

Ein Hauch von Frieden

Ich besuche meine enge Freundin C. in Irland. Bei ihr zu Hause treffe ich ihre Großmutter, die mich seit Alastairs Tod nicht mehr gesehen hat und die selbst seit über zwanzig Jahren verwitwet ist. Sie begrüßt mich mit erstickten Tränen und umarmt mich untröstlich. »Armes Ding«, wimmert sie. »Ich weiß, wie es ist. Ich weiß, wie du leidest.«

Ich erwidere ihre Umarmung, dankbar für die Liebe, die sie bekundet, und gerührt von ihrer Verzweiflung. Aber mit abgrundtiefer Erleichterung stelle ich auch fest, dass meine eigene

Verzweiflung nicht an ihre heranreicht. C.s Großmutter schickt mir den Gedanken, dass ich zu bemitleiden bin und in einem bodenlosen Fass des Leidens ertrinke, aber diese Gedanken bleiben nicht mehr an mir haften. Die Macht der Gedanken, dass Alastair nicht hätte sterben sollen, dass ich ein Opfer seines Todes bin, ist wie durch ein Wunder zerfallen.

Die Gedanken schweben in der Luft wie Schallwellen, aber ich empfange ihre Frequenz nicht mehr.

DRITTER TEIL

Perlen

»Wozu sie sich verpflichteten,
das brachten sie zu Stande;
alles hängt wie ein Tropfen Tau
an einem Grashalm.«

William Butler Yeats
»Dankbarkeit für die unbekannten Lehrer«

Eine Richtung finden

Jeder Augenblick, in dem ich Alastair nah bei mir behalte, ist ein kostbarer Aufschub meines Leidens, aber jeder einzelne ist auch so unerbittlich und unaufhaltsam vergänglich. Was ich brauche, ist ein längerfristiger Plan, um Alastair nah bei mir zu behalten, längerfristige Aktivitäten, die mir eine Ablenkung von der Härte eines Lebens ohne ihn bieten.

Rasch huschen meine Gedanken hin zu Alastairs Vermächtnis – zu der Spende, die er in seinem Testament für wohltätige Zwecke bestimmt hat. Die Bemühungen internationaler Hilfsorganisationen zu unterstützen ist eine Leidenschaft, die uns beiden gemeinsam war, und es ist die eine Sache, für die ich auch jetzt noch ein gewisses Interesse aufbringen kann. Alastair hat im Laufe der Jahre viele verschiedene Hilfsorganisationen aktiv unterstützt; er hat sich als Student an Spendenaktionen beteiligt, in Peru achtzehn Monate eine medizinische Hilfsorganisation geleitet und sich für das gemeinnützige Engagement der Firma eingesetzt, für die er gearbeitet hat. In den letzten fünf Jahren seines Lebens war er Mitglied des Kuratoriums der Hilfsorganisation Child Health in Rio de Janeiro.

Ich hatte von Kindheit an genau dieselbe Leidenschaft. Als ich acht war, hatte ich einen Traum: Nachdem ich gehört hatte, dass eine kleine Anzahl vermögender Leute den ganzen Reichtum in Lateinamerika besaß, während der Rest der Menschen arm war, stand ich in meinem Traum in Lateinamerika auf einem Podium und forderte die Reichen auf, den Armen etwas abzugeben. Alle klatschten Beifall, und dann übergaben die Reichen ihr Vermögen den Armen. Welt gerettet. Ich als Retterin. Traum erfüllt.

Als Jugendliche war ich tief bewegt und motiviert von Berichten über die weltweite Ungerechtigkeit und Not leidende Kinder. Ich habe mich an Spendenaktionen für Trócaire beteiligt, eine internationale Entwicklungshilfeorganisation in Irland, und habe andere Mädchen auf meiner Schule zusammengetrommelt, um auf den geschäftigen Straßen Dublins stundenlang Kleingeld von Passanten zu sammeln.

Diese Leidenschaft hatte auch eine spirituelle Dimension. Bis ins frühe Erwachsenenalter sagte ich in meinen Gebeten und in gelegentlichen Momenten der Unentschlossenheit und Unsicherheit gern die folgenden Worte: »Herr, mach mich zu einem Handlanger deiner Arbeit.« Diese Worte trösteten mich, und ich wiederholte sie oft, um in Momenten der Verzweiflung ein Gefühl von Sinn zu finden.

Gleich nach dem Studium arbeitete ich als Freiwillige an einer orthopädischen Klinik in Peru. Danach war ich in der Firma, in der ich Alastair kennenlernte, mit gemeinnützigen Projekten für internationale Hilfsorganisationen beschäftigt, machte meinen Master-Abschluss in Sozialpolitik und arbeitete für Hilfsorganisationen, die sich hauptsächlich um Kinder kümmerten. Diese praktischen Erfahrungen halfen mir, meine etwas egozentrische Besessenheit davon, die Welt retten zu wollen, zu dämpfen, und schraubten meine Ambitionen deutlich zurück, aber meine Leidenschaft blieb unvermindert. Alastair und ich lernten uns kennen, während wir bei einem gemeinnützigen Projekt für eine internationale Hilfsorganisation zusammenarbeiteten. Indem wir unserer gemeinsamen Leidenschaft folgten, fanden wir einander.

Unser erstes romantisches Wochenende verbrachten wir in Buenos Aires. Eines Abends saßen wir unter den Sternen bei einem Glas Wein auf einem Platz in der Nähe des Friedhofs La Recoleta, wo Eva Peróns Leichnam beigesetzt ist.

»Was ist dein größter Traum?«, fragte Alastair mich nach der ersten Flasche.

Ich genoss die Sterne und das Kopfsteinpflaster. Ich genoss das Gefühl, mich mit Alastair vollständig zu fühlen. Meine Antwort kam klar und natürlich: »Ich würde gern Kindern helfen, die wirklich Hilfe brauchen.«

Er sah mich seufzend an, tauchte mein Gesicht in Liebe. »Weißt du«, begann er, während er meine Hand in seine nahm, »ich wollte schon immer eine Hilfsorganisation für Kinder gründen. Ich hatte immer das Gefühl, dass ich im Leben so vieles bekommen habe, und ich würde das gern mit anderen teilen.«

Dieser gemeinsame Traum war ein stärkeres Aphrodisiakum als der argentinische Rotwein, die Tangomusik oder die eng umschlungenen Tänzer, die sich über den Platz bewegten.

Alastairs Spende für wohltätige Zwecke in seinem Testament ist der Ansporn, den ich brauche, um diesen Traum zu verwirklichen. Anstatt sie einer bestehenden Hilfsorganisation zu geben, beschließe ich, mithilfe dieser Spende selbst eine Stiftung zu gründen und noch mehr Geld aufzubringen, um eine Hilfsorganisation für Kinder zu gründen. Mir wird bewusst, dass mir diese Idee eine würdevolle Möglichkeit bietet, Alastair in kommenden Jahren nah bei mir zu behalten und meine ganze Energie fort von der Verzweiflung und hin zu dem Plan zu lenken, unseren gemeinsamen Traum zu verwirklichen.

Zwei Monate nach dem ersten Jahrestag von Alastairs Tod lade ich sechs unserer Familienangehörigen und Freunde in eine schicke Bar in der Londoner South-Bank-Gegend ein. Ich bestelle eine Runde Bier bei einem aufmerksamen Kellner und lehne ein Bild von Alastair an die Wand. Alastairs Schwester ist da, ebenso meine Schwester, zwei von Alastairs engsten Freunden und zwei meiner engen Freundinnen. Jetzt, wo Alastair, das Herzstück unserer Beziehungen, fehlt, will ich den Kontakt zu seinem Netz aus Verwandten und Freunden (die im Begriff waren, auch meine zu werden) nicht verlieren. Ich bin fest entschlossen, dafür zu sorgen, dass diese Gruppe in regelmäßigem

Kontakt bleibt, und ein gemeinsames Projekt könnte dabei helfen.

Es ist früh am Abend, und die Bar ist fast leer. Leichte Hintergrundmusik läuft in der Bar und übertönt die Geräusche des Londoner Verkehrs und der Touristenboote, die über die Themse tuckern. Wir sitzen alle in bequemen Sesseln, das Licht fällt durch die bodentiefen Fenster hinter uns herein. Meine Stimme bricht vor Emotion und Nervosität, als ich das Wort ergreife und alle zur Gründungssitzung des Vorstands des Alastair Ramsay Charitable Trust – ARCH – begrüße. Wir stoßen an, um den Moment zu begehen.

»Ich möchte gern vorschlagen, eine Hilfsorganisation für Kinder in Lateinamerika zu gründen«, beginne ich.

S., die Kinderhilfsprojekte für eine große Stiftung beaufsichtigt, leitet die Flut von Fragen ein. »Was genau wird sie tun?«, fragt sie.

»Sie wird Familien mit kranken Kindern helfen, ihre Wohnsituation, ihr Einkommen, ihre psychische Gesundheit und ihre Ernährung zu verbessern, damit die Kinder eine bessere Chance haben, zu überleben und sich gut zu entwickeln«, rassele ich herunter, während ich jedem ein fünfseitiges Dokument aushändige. »Ich schlage vor, ein Social-Franchise-Unternehmen der Hilfsorganisation Child Health zu gründen, in deren Kuratorium Alastair in Rio de Janeiro Mitglied war.«

»Wie viel wird das kosten?«, fragt meine Schwester, die neben mir sitzt.

»Nach einer ersten Schätzung, die ich vorgenommen habe, benötigen wir rund 200.000 Pfund, um die Hilfsorganisation zu gründen und in den ersten drei Jahre zu kofinanzieren. Nach meiner Schätzung werden wir in dieser Zeit rund fünfzig Familien oder zweihundert Menschen helfen und eine Organisation aufbauen können, um in künftigen Jahren hunderten weiteren zu helfen.«

»Woher wird der andere Teil der Kofinanzierung kommen?«, fragt L.

»Er wird vor Ort aufgebracht«, sage ich zu ihr. »Der vor Ort aufgebrachte Prozentsatz wird von Jahr zu Jahr steigen, damit die Organisation eine größere Chance hat, sich nach dem dritten Jahr selbst zu tragen. Das heißt, im ersten Jahr werden 15 Prozent vor Ort aufgebracht werden, und ARCH wird 85 Prozent des Budgets übernehmen. Im zweiten Jahr werden 35 Prozent vor Ort aufgebracht werden, und im dritten Jahr 50 Prozent.«

»Ha«, lacht Alastairs Freundin P. »Deine Geschäftstüchtigkeit ist dir jedenfalls noch nicht abhandengekommen.«

Ich lache mit ihr und fahre mit Nachdruck fort. »Ich will, dass wir unsere Sache hier gut machen«, beginne ich. »Ich werde mich verpflichten, diese Arbeit in den nächsten drei Jahren ehrenamtlich zu beaufsichtigen, um sicherzustellen, dass sie geschieht.«

Alle atmen hörbar ein.

»Einen Augenblick«, entgegnet meine Schwester. »Wie willst du dich und die Jungen denn über die Runden bringen?«

»Ich habe alles genau durchdacht«, erkläre ich ihr nüchtern. »Ich kann von den Mieteinkünften aus unserem Londoner Haus leben. Sie dürften ausreichen, um in Brasilien komfortabel zu leben und ein- oder zweimal im Jahr zurückzukommen.«

»Und was ist mit den Jungen?«, fährt meine Schwester fort, während sie nach dem richtigen Argument sucht. »Wie willst du dich um sie kümmern und gleichzeitig diese Arbeit machen, in einem Land, in dem du niemanden kennst? Wer wird dir dabei helfen?«

»Ich habe schließlich auch ein Jahr in Oxford überlebt«, antworte ich trotzig. »Ich werde Freunde und eine Schule für die Jungen finden. Und verstehst du, ich habe kaum eine andere Wahl. Ich *muss* dorthin. Das ist das Einzige, was mich an der

Zukunft in irgendeiner Weise begeistert. Es ist die einzige Möglichkeit, wie ich ohne Alastair überleben kann. Dadurch kann ich ihn nah bei mir behalten und gleichzeitig ein neues Leben beginnen. Wenn ich weiterhin einen Schatten unseres alten Lebens lebe, werden mich die ständigen Vergleiche ganz verschlucken.«

Meine Schwester lehnt sich in ihrem Sessel zurück.

»Hör zu«, sage ich zu ihr, etwas sanfter jetzt, »es sind nur drei Jahre, und die Kinder sind in einem anpassungsfähigen Alter. Nach den drei Jahren dürfte ich klarer und ruhiger sein, und dann werde ich vielleicht wissen, was ich mit dem Rest meines Lebens anfangen will.«

Die Gruppe verfällt in Schweigen.

Nach ein paar Minuten bricht Alastairs Schwester das Schweigen. Sie lächelt mich an und fragt: »Wie viel Geld müssen wir denn nun aufbringen?«

Ich erwidere ihr Lächeln und schalte wieder um in meinen Effizienzmodus. »Alastairs Spende ist die Ausgangsbasis, ebenso die Spenden von Angehörigen und Freunden, die nach seinem Tod eingegangen sind«, sage ich zu ihr. »Aber wir müssen immer noch rund 140.000 Pfund aufbringen.«

»Na ja, wenn dein Entschluss feststeht …«, beginnt meine Schwester, ebenfalls lächelnd. »Ich habe ein paar Ideen für Spendenaktionen in Irland. Wir könnten Veranstaltungen wie Tanzbälle oder Spaßtage für Kinder ausrichten. Auf diese Weise könnten wir nicht nur Spenden sammeln, sondern auch Angehörige und Freunde zusammenbringen, um Alastairs Leben zu feiern.«

»Das ist perfekt«, stimme ich ihr zu. »Die Idee hinter ARCH ist, all unseren Angehörigen und Freunden eine Gelegenheit zu geben, Alastairs Andenken zu ehren und zugleich einer Gruppe von Kindern in Lateinamerika zu helfen.«

Unsere Angehörigen und Freunde hatten mich seit Alastairs Tod mit ihrer Unterstützung und ihren guten Wünschen überschüttet, und ich war von stiller Zuversicht erfüllt, dass sie mit derselben Hingabe Gelder für die Hilfsorganisation sammeln würden. Es schien, als wären wir alle mitten im Gespräch von Alastair abgeschnitten worden. Eben hatten wir noch unbeschwert miteinander gescherzt, und im nächsten Augenblick war er verschwunden. Ich konnte spüren, dass viele andere dieselbe tiefe Enttäuschung verspürten, die in mir schwelte, weil ich ihm nicht sagen konnte, wie sehr er geliebt wurde, was für ein Geschenk seine Gegenwart in unserem Leben war. Diese Stiftung würde uns allen eine Gelegenheit geben, das Gespräch fortzusetzen, eine konkrete Möglichkeit, unsere Liebe und unseren Respekt für ihn zum Ausdruck zu bringen.

G. meldet sich zu Wort. »Das klingt alles schön und gut, aber da du dieses Projekt vorgeschlagen hast, musst du uns zuerst darüber diskutieren lassen, ohne dass du dabei bist, okay?« G. war Alastairs Trauzeuge bei unserer Hochzeit, und er ist Firmenanwalt. Ich lächele über ihn und die Korrektheit seines Ansatzes, während ich mich von meinem Sessel erhebe.

Während die Gruppe über den Vorschlag diskutiert, setze ich mich an die Bar und bestelle mir noch ein Bier. Ich erhebe mein Glas auf Alastair. »Also dann, Al, unser Traum wird wahr. Wir gründen zusammen unsere Hilfsorganisation.« Während ich einen Schluck nehme, beginne ich zu weinen. Meine Tränen fallen wie dicke Regentropfen auf den Tresen, und einige werden von dem Bierdeckel aufgesaugt. Unser Traum wird wahr, aber überhaupt nicht auf die Art, die ich mir vorgestellt hatte. Mein Herz hämmert vor Erfüllung und Verzweiflung zu gleichen Teilen.

Als ich zu der Gruppe zurückkehre, sagen sie mir, dass der

Vorschlag angenommen ist. »Wir planen, Spendenkomitees zu gründen, bestehend aus Familienangehörigen und Freunden in England, Irland und den USA«, erläutert mir meine Schwester. »Aber eine Frage ist noch offen. Wo in Südamerika wird die Organisation ansässig sein?«

Während sie die Frage stellt, blitzt ein lebhafter Traum aus der vergangenen Nacht vor meinem geistigen Auge auf. Ein Traum von Alastair. Er war wie früher, ausgesprochen fröhlich, und drehte sich auf einem schwarzen Bürosessel herum. »Komm nach Brasilien«, sagte er zu mir. »Das ist der Ort, an dem ich bin.«

»Aber merken die Leute in Brasilien denn nicht, dass du tot bist?«, fragte ich.

»Na ja«, begann er, »manchmal lehne ich mich im Sessel zurück und verschwinde in der Lehne, aber das scheint niemanden besonders zu stören.«

Kaum hatte er das gesagt, zeigte er mir, wie sein Körper einfach in dem Sessel verschwand, und wir lachten beide. Ich wachte mit einem Gefühl absoluter Klarheit auf.

Ich lächele meine Schwester an. »Brasilien«, sage ich. »Die Jungen und ich werden zurück nach Brasilien gehen.«

Die Zauberinsel

Eine Woche später sitze ich zusammengerollt mit den beiden Jungen auf unserem roten Sofa in Oxford, wo wir Alastairs schwere, ledergebundene Fotoalben von unserer Zeit in Brasilien durchblättern. Ich versuche eine Vorstellung dafür zu bekommen, wo wir die Hilfsorganisation aufbauen könnten.

»Sieh mal, das bist du«, sage ich zu Tom. Ich zeige auf ein Bild von Alastair mit Tom im Tragetuch, in den Kopfsteinstraßen von Paraty, südlich von Rio de Janeiro.

»Baby«, stellt Liam fest, als er auf ein Bild von Tom in einem orange-gelben Strampelanzug unter der Christusstatue in Rio de Janeiro zeigt.

»Ja«, sage ich und drücke ihn an mich. »Kluger Junge. Das ist Tom als Baby.«

Alastair und ich haben drei Jahre in Rio de Janeiro gelebt, sind aber von dort weggegangen, da wir unsere Kinder nicht in einer Stadt großziehen wollten, in der so viel Gewalt und Ungerechtigkeit herrscht. Wir wollten nicht, dass unsere Kinder sich ständig in Acht nehmen mussten.

»Rio de Janeiro kommt nicht infrage«, sage ich mir entschieden, während ich rasch das restliche Album durchblättere. Als ich ein anderes Album in die Hand nehme, sehe ich einen lächelnden Alastair, der bei einer spirituellen Candomblé-Zeremonie in der Stadt Salvador im Nordosten des Landes den weißen Rauch mit einer Hand wegwedelt. Auf dem nächsten Bild winkt er mir im Bundesstaat Minas Gerais von einem Hang aus zu, mit einer wunderschönen Kolonialkirche aus dem 16. Jahrhundert im Hintergrund.

»Spinne«, ruft Liam erschrocken und zeigt auf eine Tarantel neben einem Zeltpflock.

»Das ist nur ein Foto, Dummerchen«, sage ich lachend und kitzele ihn. Aber während ich das Foto betrachte, muss ich an den Schrei denken, den ich selbst ausstieß, als ich diese Tarantel neben unserem Zelt entdeckte, als wir auf der Insel Florianópolis im Süden Brasiliens zelteten.

»Ah«, sage ich zu den Jungen, während ich mich erinnere, »die Zauberinsel.«

»Zauber-Eiscreme«, sagt Tom und zeigt auf ein Foto von Alastair, auf dem er frech grinsend zwei riesige Eistüten in den Händen hält. Hinter ihm wogen und krachen die Wellen wie wilde Pferde.

»Hier ist es wunderschön«, rief ich Alastair zu, als ich zu dem dichten Atlantischen Wald hochsah, der bis zum Meer hinunter abfiel. »Es ist genau wie Rio de Janeiro.«

»Ja«, erwiderte Alastair, während er an meinem Eis leckte, »genau wie Rio, nur ohne die Gewalt.«

Synchronizität

Als ich am nächsten Tag losfahre, um Liam von der Kinderkrippe abzuholen, gehen mir die Erinnerungen an Florianópolis wieder durch den Kopf. Z., eine junge Engländerin, die Liams Hauptbetreuerin in der Krippe ist, kommt mir an der Tür entgegen und fragt, ob sie mich kurz sprechen kann. Wir reden über Liams tägliche Wutanfälle und die Auswirkungen von Alastairs Tod auf diesen kleinen Jungen.

»Wir werden Oxford sehr bald verlassen«, vertraue ich ihr an. »Wir werden Anfang September zurück nach Brasilien gehen.« Ihre Miene hellt sich auf.

»Na, so ein Zufall«, sagt sie. »Ich gehe auch nach Brasilien. Mein Freund ist von dort, und ich werde mit ihm zusammenleben.«

»Welcher Teil von Brasilien?«, frage ich.

»Es ist im Süden«, beginnt sie. Ich höre, wie die Lebenszeichen um uns herum laut werden. »Eine Insel namens Florianópolis.«

Ich grinse über die offensichtlichen Verschwörungen des Lebens.

Ein paar Tage später rufe ich Dr. V., die Gründerin von Child Health in Brasilien, an und frage sie, ob es ein Social-Franchise-Unternehmen in Florianópolis gibt und wenn nicht, ob sie es für eine gute Idee halten würde, dort eines zu gründen. Ich kenne sie gut von meiner Zeit in Rio de Janeiro und ihren Besuchen in England.

Sie geht mit der üblichen Begeisterung auf meinen Anruf ein. »Bébhinn«, sagt sie halb stöhnend, »glaubst du an Synchronizität?« Ich lächele durchs Telefon. »Vor drei Tagen hat mich Dr. M. angerufen, eine Kinderärztin aus Florianópolis, die ich kenne. Sie hat gesagt, sie würde in den Ruhestand gehen und hätte jetzt Zeit, um zu helfen, dort eine Child-Health-Einrichtung aufzubauen. Sie wäre deine perfekte Partnerin.«

Ich lache laut auf. Die Synchronizität zeigt uns den Weg, so scheint es.

Brasilien oder Untergang

Und dann kommt der Tag, an dem wir nach Brasilien fliegen. Wir haben das Ende des Sommers in Irland verbracht, umgeben von Familienangehörigen und Freunden, und meine Eltern haben angeboten, uns zum Flughafen von Dublin zu fahren, was bedeutet, dass wir uns alle mitsamt unserem Gepäck in einen einzigen Wagen quetschen müssen. Meine Eltern haben mir immer extrem viel Freiheit gelassen, um zu reisen und zu leben, wo immer ich wollte. Als ich in den Zwanzigern war und in London lebte und an einen Umzug dachte, diskutierte ich mit meinen Eltern darüber. Sie legten mir nicht ein einziges Mal nahe, nach Irland zurückzukehren, wie es typische irische Eltern vielleicht tun würden. Stattdessen strahlte das Gesicht meiner Mutter vor Aufregung. »China«, schlug sie eifrig vor, »warum gehst du nicht nach China? Dein Vater und ich waren noch nie dort, und dann könnten wir dich besuchen kommen!«

Ich danke ihrer Abenteuerlust ebenso wie der Größe unserer endlosen Familie für dieses Gefühl von Freiheit, das mir die Flügel des Abenteuers bietet, ohne die ewigen Wurzeln des Zuhauses aufgeben zu müssen. Aber diesmal ist es anders. Jetzt bin ich eine Witwe mit einem Dreijährigen und einem Fünfjährigen im Schlepptau. Manchmal, wenn der Schmerz in meinem Herzen allzu groß wird, kann ich meiner Mutter nicht in die Augen sehen. Es ist, als ob sie in die Tiefen meiner Verzweiflung blicken und die Endlosigkeit ihres Echos spüren kann. Sie weiß, wie leer ich bin, als ich ans andere Ende der Welt aufbreche, in eine Stadt, in der ich weder Freunde noch Angehörige habe. Als zwei meiner Brüder kommen, um mich zu verabschieden, stehen meine Mutter und ich zusammen da und sehen zu, wie sie Tom und Liam über ihren Köpfen in die Luft schwingen, während die beiden Jungen kreischend lachen.

»Diese Jungen sollten in der Nähe ihrer Onkel sein«, sagt meine Mutter zu mir. Ihre Stimme bricht, während sie mit den Tränen kämpft.

Ich umarme sie sanft und flüstere ihr ins Haar: »Mum, wir müssen gehen. Ich weiß, dass es der richtige Schritt ist.«

Sie erwidert meine Umarmung und räuspert sich. »Na ja, wie ich immer sage, sei dir selber treu«, sagt sie und drückt mich fest an sich. »Und wir werden dich nächsten Monat besuchen kommen, um uns zu vergewissern, dass es euch allen gut geht.«

Ihr Mangel an Beharrlichkeit verrät mir, dass sie die Verzweiflung versteht, die mich weitertreibt. Vielleicht denkt sie, ich werde verschrumpeln, wenn ich nur noch einen Schatten meines früheren Lebens lebe.

Meine Freundin L. trifft uns am Flughafen, und die Jungen laufen in ihre Arme, als sie sie sehen. Sie hat angeboten, uns nach Brasilien zu begleiten und eine Woche mit uns in Rio de Janeiro zu verbringen. Auf dem vierzehnstündigen Flug sitzen die beiden Jungen zu beiden Seiten von mir, die Köpfe in meinen Schoß gelegt. L. schläft in einer anderen Reihe, erschöpft, nachdem sie stundenlang mit Tom Snap gespielt hat. L. hat eine Trennung hinter sich. Ihre Ehe ist ungefähr zu der Zeit zerbrochen, als Alastair starb. Als sie mir nach Alastairs Tod von der Trennung erzählte, war ich sprachlos. Wie konnte sie sich entscheiden, etwas aufzugeben, was mir so schmerzlich entrissen worden war?

»Zu sehen, wie du um Alastair trauerst«, erklärte sie mir, »hat mir nur noch deutlicher aufgezeigt, dass ich die richtige Entscheidung traf. Ich habe dich und Alastair zusammen gesehen. Ich konnte die Gewissheit fast spüren, mit der ihr beide zusammen wart. Und das will ich auch. Ich will diese Art unstillbarer Liebe spüren.«

Tod und Scheidung sind zwei verschiedene Arten von Verlust, aber im Gegensatz zu einer Scheidung versetzt der Tod der Liebe keinen Dämpfer. Das ist sowohl ihr Trost als auch ihr Stachel.

Im Flugzeug bin ich etwas ängstlich wegen dieser vorbereitenden Reise nach Brasilien. Die drei Jahre, die Alastair und ich in Rio de Janeiro verbrachten, waren eine so wunderbare Zeit für uns. Hier hatten wir unser erstes gemeinsames Zuhause und lernten die Freunde und Verwandten des anderen kennen, die auf unser nicht enden wollendes Fließband von Besuchern sprangen. Hier wurden wir eine Familie füreinander und Eltern für Tom. Ich weiß, dass ich Alastairs Abwesenheit hier noch schmerzlicher spüren werde.

Wir landen vor Tagesanbruch auf dem hektischen Flughafen von Rio, wo wir von beiden Seiten von Leuten bedrängt werden, die uns Taxis anbieten oder uns Schilder mit den gekritzelten Namen ausländischer Kunden entgegenstrecken. Wir finden ein Café und trinken einen starken brasilianischen Kaffee, um uns wach zu halten, bevor wir weiter zu unserem kleinen Hotel fahren. Das portugiesische Geplapper und der Anblick brasilianischer Souvenirs überall am Flughafen erfüllen mich mit einem Gefühl von Freude und einer perfekten Mischung aus Vertrautheit und Neuheit.

Am nächsten Tag wachen wir ausgeruht auf und nehmen einen Bus vom Zentrum nach Leblon im Süden der Stadt. Wir zuckeln langsam vorbei am Hintergrund von Alastairs und meinem alten Leben. Wir kommen an Alastairs Büro vorbei, das auf die von Booten gesprenkelte Botafogo-Bucht hinausgeht, und folgen der geschwungenen Küstenstraße, die mich jeden Tag von der Arbeit nach Hause brachte. Wir fahren an dem Hippie-Markt in Ipanema vorbei, wo Alastair so viel Spaß dabei hatte, den Preis von Gemälden herunterzuhandeln, die ein Meer von Farbe in unsere grauen Londoner Nachmittage brachten. Jetzt sind wir an der Ampel, an der wir einmal von einem Jugendlichen mit einer Pistole bedroht wurden, während Alastair ihn seelenruhig ignorierte. Und links von uns ist das indische Restaurant, wo sich Alastair über meinen beharrlichen Wunsch nach Gewürzen (»Weißt du, Al, die Brasilianer würzen orientalisches Essen einfach nicht«) lustig machte, bevor ich mir den Mund völlig verbrannte und gar nichts mehr essen konnte. Hier rechts ist die Kinderarztpraxis, zu der wir Tom für seine erste Kontrolluntersuchung nach dem Krankenhaus brachten – Alastair bestand darauf, seinen kleinen Sohn selbst zu tragen, mit einem Blick voller Stolz und Zärtlichkeit.

Als wir schließlich mühsam aus dem Bus steigen, wobei wir den Kinderwagen über das Drehkreuz zerren müssen, fühle ich mich erschöpft und flau, und wieder bin ich überwältigt von der Erkenntnis, dass mein Körper und mein Geist einfach zu klein sind, um die Größe dieses Verlusts zu verkraften. Während der Himmel sich verdüstert und in einem plötzlichen sintflutartigen Regenschauer aufschluchzt, bin ich selbst der Himmel, und ich kann nicht erkennen, wo der Regen aufhört und wo meine Tränen beginnen.

Bemvinda heißt willkommen

Wir fliehen vor den düsteren Erinnerungen und einer Denguefieber-Epidemie in Rio de Janeiro und wagen uns weiter nach Süden vor, zur Insel Florianópolis. L. kehrt zurück nach Irland, und die Jungen und ich erreichen Florianópolis, jeder mit einem Koffer voller Habseligkeiten. Auf dem Weg durch den Flughafen hält jeder Junge den Griff seines Rollkoffers umklammert und in der anderen Hand seinen Lieblingsteddy.

Florianópolis, die Insel der Heiligen Katharina, schwebt vor der südbrasilianischen Küste auf dem Atlantischen Ozean. Es gibt einen alten, 4.000 Kilometer langen Weg, den Peabiru-Weg, der viele Leute auf einer mythischen oder religiösen Reise vom Westen Südamerikas zu der Gegend um Florianópolis führt. Manche glauben, dass er von den eingeborenen Tupi-Guarani-Indianern angelegt wurde. Der Legende nach gingen die Inkas auf diesem uralten Weg von Peru nach Osten, auf der Suche nach dem Gott Inti, dem Gott der aufgehenden Sonne. Die Tupi-Guarani selbst legten einen Teil dieses Wegs an, als sie von Paraguay zur brasilianischen Küste zogen, auf der Suche nach der mythischen »Terra Sem Mal«, dem »Land ohne Böses«, das irgendwo im Osten, im Atlantik, liegen sollte. Es gibt sogar Leute, die glauben, dass der Apostel Thomas, einer der Jünger Jesu, von Europa zur Südküste Brasiliens kam. Die Tupi-Guarani-Indianer berichteten den ersten Kolonisten von Somé (interpretiert als São Tomé oder St. Thomas), einem weißhäutigen, bärtigen, barfüßigen Mann in einem langen weißen Gewand, der an der Südküste Brasiliens angekommen und auf dem Wasser gegangen sei. Florianópolis ist ein besonderer Ort, und viele, die auf der Suche nach spirituellem Frieden sind, haben vor uns den Weg hierher gefunden.

Die Insel hat im Winter vierhunderttausend Einwohner; im Sommer verdoppelt sich die Zahl. Sie besitzt über hundert

Strände und ein Handelszentrum, das sich über den mittleren Westen der Insel und einen Teil des Festlandes erstreckt. Die Insel und das Festland sind über zwei Brücken miteinander verbunden. Eine davon ist die Hercilio-Luz-Brücke, die den Blick aufs Meer jeden Abend wunderschön erhellt. Es ist das Postkartenbild von Florianópolis, doch obwohl sie schön aussieht, ist sie von wenig praktischem Nutzen, da sie seit über zwanzig Jahren wegen ihrer unsicheren Konstruktion gesperrt ist. Die Brücke spiegelt viel von Florianópolis wider: schön anzusehen, aber in vielerlei Hinsicht schlecht organisiert und unsicher.

In Florianópolis ergibt sich irgendwie alles wie von selbst, wie ein erleichtertes Aufatmen. Ich miete einen Wagen, und mit erwartungsvoll aufgerissenen Augen fahre ich uns nach Norden zu dem verschlafenen Dorf Santo Antônio de Lisboa. Wir fahren die Küstenstraße hoch, mit dem Festland und seinen Bergen zu unserer Linken, hinter dem Meer, das in der Mittagssonne einladend funkelt. Zu unserer Rechten sehen wir die Altstadt von Florianópolis mit ihren bunten, verfallenden alten Gebäuden und dem Geruch des öffentlichen Fisch- und Gewürzmarkts. Ich folge der Ausschilderung in den Norden der Insel, und nach einer dreißigminütigen Fahrt in lebhaftem Verkehr erreichen wir unser am Meer gelegenes B & B.

Das B & B geht auf die ruhige Bucht hinaus und ist zu Fuß zehn Minuten vom Dorf entfernt. Die Gehwege ins Dorf sind gefährlich und mit zwei kleinen Kindern anstrengend, da ich immer wieder auf die Straße ausweichen muss. In Florianópolis sind die einzelnen Hauseigentümer für den Bau des Gehsteigs vor ihrem Haus zuständig. Daher lässt jeder unterschiedlich viel Platz, pflastert ihn oder auch nicht, verwendet unterschiedliche Materialien und baut sein Haus oft bis zum Straßenrand, sodass kein Platz für Fußgänger bleibt. Entspannt spazieren gehen oder Fahrrad fahren kann man nur an ein paar Uferpromenaden, die die Stadtverwaltung notgedrungen anlegen musste.

Das Dorf hat ein deutlich kolonialistisches Flair, mit einem Wochenmarkt auf einem kopfsteingepflasterten Platz vor einem ruhigen, mit Booten gesprenkelten Meer. Der rot-goldene Sonnenuntergang hinter einem mit Booten übersäten Meer erfüllt mein Herz und meinen Kopf mit einem Gefühl von Ewigkeit.

Ich finde einen kleinen Drei-Zimmer-Bungalow zur Miete in einer Gruppe portugiesischer Häuser im Kolonialstil mit Blick über die Bucht. Am Strand vor dem Haus steht eine riesige Akazie mit ausladenden Zweigen, die idealen Schatten vor der Sonne bieten. Sonntagnachmittags hängen die Männer aus dem Dorf Vogelkäfige an ihren Zweigen auf. In jedem Käfig sitzt ein einziger Curió-Vogel und singt sein melancholisches Lied. Unter den singenden Vögeln setzen sich die Männer an einen niedrigen Betontisch, um Karten zu spielen. Der Vogelgesang klingt für mich nach Tod und Verzweiflung, und ich frage mich, wie die Männer wohl reagieren würden, wenn ich die Straße überqueren und einen der Vögel befreien würde. Vielleicht würde der Vogel binnen einer Stunde sterben, so verkümmert wie seine Flügel und Instinkte sind. Aber ist es nicht besser, sich eine Stunde lang frei in den Himmel zu schwingen, als ein Leben lang in einem Käfig zu leben?

Draußen über dem Meer wird die Hercilio-Luz-Brücke jeden Abend für uns angestrahlt. Das Haus ist terrakottafarben gestrichen und mit Waltran lasiert, wie es bei den Kolonisten üblich war. Es leidet unter der vom Meer aufsteigenden Feuchtigkeit und ständigem Holzwurm – zwei Schattenseiten des paradiesischen Lebens auf der Insel Florianópolis. Trotzdem miete ich es sofort. Ich sehne mich danach, mit den Jungen ein festes Zuhause zu haben. Es kommt mir vor, als wären wir eineinhalb Jahre lang auf Reisen gewesen oder immer wieder umgezogen. Obwohl wir in vielen Häusern gewohnt haben, waren wir seit Alastairs Tod heimatlos. Jedes Mal, wenn wir an einem neuen Ort ankommen, sieht Liam mich mit weit aufgerissenen blauen Augen an und fragt flehend: »Ist das unser neues Zuhause, Mummy?«

Die gemeinsame Erleichterung darüber, in ein dauerhafteres Zuhause zu ziehen, ist bei uns dreien spürbar. Ich fühle, wie alle Reiselust von meinen Schultern abfällt wie ein abgetragener Mantel. Ich schwöre mir, dieses Haus so schlicht wie möglich zu halten. Nachdem ich alle Möbel und Habseligkeiten meines Lebens mit Alastair weggegeben oder verliehen habe, bin ich entschlossen, mich nie wieder mit zu vielen Besitztümern zu belasten. Ich kaufe drei Gläser, drei Becher, drei Stühle, drei Betten, drei Schälchen; es ist ein ideales Zuhause für die drei Bären aus dem Märchen.

Den ersten Monat verbringen wir damit, unser Leben zu organisieren. Es ist ein erhebendes Gefühl, an einem neuen Ort neu anzufangen, ohne Freunde, mit wenigen Kontakten, ohne Ahnung, wie die Dinge hier laufen. Und es ist kompliziert. Für alles – ob ich ein Auto kaufe oder mich bei der örtlichen Videothek anmelde – brauche ich eine Ausweisnummer, eine CPF. Es dauert eine Weile, eine CPF zu bekommen, daher muss ich Leute, die ich eben erst kennengelernt habe, bitten, mir ihre Ausweisnummer zu leihen. Ich frage nie dieselbe Person zweimal, um nicht mein Glück auf die Probe zu stellen oder den Eindruck zu erwecken, dass ich versuche, irgendjemandes Identität zu stehlen.

Und ich bin damit beschäftigt, unsere Aufenthaltsgenehmigungen zu regeln. Tom ist in Brasilien geboren und hat einen brasilianischen Pass. Liam und ich haben als Teil von Toms Familie das Aufenthaltsrecht in Brasilien. Die Bundespolizei gibt mir eine Liste, so lang wie mein Arm, mit Dokumenten, die ich brauche, bevor ich die Genehmigungen beantragen kann.

»Wie lange wird das dauern?«, frage ich bei meinem ersten Besuch.

»Sobald Sie alle Dokumente in Ordnung haben, wird Ihnen

die Polizei im Verlauf der nächsten sechzehn Monate zu Hause einen Besuch abstatten«, wird mir erklärt. »Wie lange es dauert, bis das Verfahren abgeschlossen ist, kann ich Ihnen nicht sagen. Sie können jedoch im Land leben und aus- und wieder einreisen, während Ihr Antrag bearbeitet wird. Sie dürfen in dieser Zeit allerdings nicht arbeiten.«

Ich seufze und lächele angespannt, als ich gehe. Wieder einmal eine Lektion in den langsamen Mühlen der brasilianischen Bürokratie …

Ich habe Dr. M., die Kinderärztin, die daran interessiert ist, die Hilfsorganisation mitzugründen, zum Kaffee zu uns eingeladen. Sie ist eine kleine, stämmige Frau, mit einem rot gefärbten Bob, einer dunkel umrandeten Brille und einem breiten Lächeln. Sie ist in den Fünfzigern und geht mit schnellen, energischen Schritten. Ich strecke ihr die Hand entgegen, um sie zu begrüßen, als ich die Tür öffne.

»Bébhinn?«, fragt sie, während sie auf mich zutritt.

Bevor ich antworten kann, umarmt sie mich fest und heißt mich mit einem schrillen portugiesischen Wortschwall in Florianópolis willkommen. Ich lache über ihren Überschwang.

»Ich freue mich so, Sie kennenzulernen«, schwärmt sie mit funkelnden Augen. »Dr. V. hat mir alles über Sie erzählt. Das mit Ihrem Mann tut mir so leid. Was für ein Zufall, dass wir beide zur selben Zeit bereit sind, die Hilfsorganisation aufzubauen.«

Ich nicke ihr begeistert zu und bitte sie ins Wohnzimmer, damit wir uns setzen können.

»Ich will Ihnen von mir erzählen«, sagt sie, während sie Platz nimmt. Und noch bevor ich mich neben sie setze, ist sie schon mitten in ihrer Lebensgeschichte. Sie hat die letzten dreißig Jahre als Kinderärztin in einem staatlichen Krankenhaus gearbeitet, und sie ist außerdem eine homöopathische Ärztin. Sie ist italienischer Abstammung (was der Grund ist, weshalb sie so schnell und so viel redet, sagt sie mir), und sie ist leidenschaftlich interessiert an der Arbeit von Child Health.

Binnen weniger Minuten wird mir klar, dass ich sie mag. Wir können zusammenarbeiten, denke ich im Stillen, während sie auf ihre überschwängliche Art weiter von sich erzählt, von ihren drei Kindern, ihrem Enkelkind, ihrem Diplom von der internationalen Friedensuniversität, und ach ja, sie hat mit der Arbeit an ihrem MBA begonnen.

Die große Leichtigkeit, mit der sich alles wie von selbst ergibt, seit wir in Florianópolis angekommen sind, vermittelt mir das starke und friedliche Gefühl, dass es der richtige Schritt war, hierherzukommen. Mein Name ist für Brasilianer schwer auszusprechen, aber es klingt wie »Bemvinda«, das portugiesische Wort für »willkommen«. Die Leute, die ich in Florianópolis kennenlerne, fangen an, mich Bemvinda zu nennen. Wohin ich auch gehe, werde ich jetzt mit einem lächelnden »Willkommen« begrüßt.

Es passt perfekt dazu, wie ich mich fühle.

Eine Schule für uns alle

Mein nächstes dringendes Anliegen ist es, die Jungen unterzubringen. Tom ist schon fünf, und Liam ist drei, daher muss ich eine Schule und eine Vorschule für die beiden finden, obwohl ich in dieser neuen Stadt noch keinerlei Bezugspunkte habe. Ich gehe online und suche eine Stunde lang wie wild. Ich grenze die Auswahl auf drei Schulen ein und vereinbare für den nächsten Tag Besuchstermine. Die erste Schule ist die einzige englischsprachige Schule, die ich in Florianópolis finden konnte. Liam sitzt im Kinderwagen, und Tom hält sich am Griff fest, als wir am nächsten Morgen um zehn Uhr ein kleines Kolonialgebäude im Stadtzentrum erreichen. Ich drücke auf die Klingel und lächele Tom aufmunternd zu. Eine junge Lehrerin öffnet und begrüßt uns in gebrochenem Englisch. Sie führt uns durch das Gebäude, während sie eine Mischung aus Englisch und Portugiesisch mit den anderen Kindern spricht, an denen wir vorbeikommen. Ihr Englisch wirkt beruhigend auf Tom und Liam, und sie spielen fröhlich mit dem Plastikspielzeug in dem winzigen Spielbereich im Freien, während die Lehrerin mich herumführt. Der Raum ist klein, hell und bunt. Die junge Frau zeigt mir die Computer, mit denen die Kinder im Alter von zwei Jahren anfangen. Sie zeigt auf die Zahlen und Buchstaben, die fett gedruckt an den Wänden hängen.

»Wenn die Kinder sind alt drei Jahre, die meisten von ihnen kennen Buchstaben«, versichert sie mir in verständlichem, aber nicht gerade fließendem Englisch.

»Haben Sie hier noch andere Kinder, die Englisch als Muttersprache sprechen?«, frage ich.

»Nein, wir haben nicht«, sagt sie, »aber wir sehr gern hätten hier Englisch sprechende Kinder, um uns helfen, besser sprechen.«

Ich runzele innerlich die Stirn. Will ich wirklich, dass die Jungen das Englisch ihrer Lehrer verbessern müssen?

Ich rufe den Jungen zu, dass wir gehen, bedanke mich bei der Lehrerin für den Besuch und verlasse das helle Gebäude mit der klaren Überzeugung, dass das nicht die richtige Schule für uns ist.

Als Nächstes besuchen wir eine andere Schule im Stadtzentrum. Es ist eine portugiesischsprachige Schule, die nach der Montessori-Methode arbeitet, die Tom und Liam bisher viel Spaß gemacht hat. Auch wenn ich die Methode im Detail nicht kenne, gefällt mir der freie, kindgeleitete Lernansatz, den ich dort gesehen habe. Wir erreichen das große, weitläufige Gebäude um elf Uhr und treten durch eine Automatiktür ein. Ein uniformierter Wachmann kommt prompt auf uns zu. Ich erkläre in stockendem Portugiesisch, dass wir einen Termin haben, um die Schule zu besichtigen.

»Sie müssen zur Anmeldung im nächsten Gebäude«, sagt er knapp und zeigt uns den Weg zurück durch die Automatiktür. Wir erreichen den Empfang, der eher wie ein Firmeneingang aussieht. Die Jungen und ich sitzen auf weißen Metallstühlen, bis wir zum Tresen gerufen werden. Ich erkläre noch einmal, dass wir hier sind, um die Schule zu besichtigen, und werde gebeten zu warten. Es gibt kein Spielzeug für die Kinder, und sie werden allmählich unruhig. Wir warten eine Viertelstunde, bis eine Lehrerin kommt, um uns zu begrüßen. Ich lasse den Kinderwagen am Empfang stehen und trage den ängstlichen Liam auf dem Arm, während sie uns vom Empfang wieder zurück durch die Automatiktür und einen langen Korridor hinunter führt. Der Lärm von Kindern, die auf dem gepflasterten Spielplatz spielen, wird immer ohrenbetäubender, je weiter wir den Korridor hinuntergehen. Liams Griff um meinen Nacken verstärkt sich.

»Es gibt eintausend Schüler hier« erklärt mir die Lehrerin, als wir eines der Klassenzimmer erreichen. »Manche kommen für den Morgenunterricht, manche für den Nachmittagsunterricht, und wir bieten auch eine ganztägige Betreuung von halb acht Uhr morgens bis sechs Uhr abends an.« Das Klassenzimmer ist leer, und eine breite Auswahl an pädagogischen Spielzeugen liegt in Schalen auf den niedrigen, offenen Regalen. Tom läuft hinein und beginnt mit einem Puzzle des menschlichen Körpers zu spielen. Ich versuche Liam auf dem Boden abzusetzen, um ihn spielen zu lassen, aber er schlingt ängstlich die Arme um meinen Hals und klammert sich fest.

Am Ende des Besuchs rufe ich mir auf der belebten Straße vor der Schule ein Taxi, klappe den Kinderwagen zusammen, um ihn im Kofferraum zu verstauen, und setze mich mit den beiden Jungen auf die Rückbank. Inzwischen ist es nach Mittag, und die Sonne brennt gnadenlos durch das Taxifenster auf uns herunter. Eine nutzlose Klimaanlage surrt geräuschvoll im vorderen Teil des Wagens. Während Liam auf meinem Schoß einschläft und Tom aus dem Fenster sieht, beschließe ich, dass die Montessorischule ebenfalls ausfällt. Wie könnte ich Liam in diesem riesigen Dschungel von einer Schule lassen? Erinnerungen an seine täglichen Wutanfälle in seinem Kindergarten in Oxford erfüllen mich mit einem Gefühl von Verzweiflung.

Jetzt bleibt nur noch eine Schule, eine Waldorf- oder Steinerschule, und ich bin nicht allzu überzeugt davon. Ich hatte entschieden, dieser Schule einen Besuch abzustatten, da sie einen Lernansatz vertritt, den Alastairs Schwester mir gegenüber einmal erwähnte. Sie hat ihre Kinder in Namibia ein paar Jahre auf eine Waldorfschule geschickt und gelegentlich von ihrem spielorientierten Unterricht gesprochen. Ich weiß fast nichts über diesen Lernansatz, aber ich hatte ihn fast abgetan, da ich fälschlicherweise glaubte, er sei eher geeignet für Kinder mit Lernschwierigkeiten und nicht die richtige Schule für meine beiden angehenden Akademiker. Ich besuche die Schule eher aus Neugier als aus echtem Interesse.

Bis wir die Schule erreichen, sind Tom und ich erhitzt und entnervt, und Liam schläft und schwitzt in meinen Armen. Ich steige mühsam aus dem Wagen und klappe den Kinderwagen auseinander, den mir der Taxifahrer hinhält, keuchend vor Anstrengung, Liam noch immer im Arm. Erleichtert setze ich Liam in den Kinderwagen. Ich drücke auf eine kleine Klingel und werde durch ein rotes Holztor in den Schulhof geführt. Der Hof ist eingefasst von drei niedrigen Gebäuden, die eher wie kleine Häuser als wie Klassenzimmer aussehen. Er besteht aus einem unbefestigten Bereich mit mehreren niedrigen Bäumen, die ihre Zweige über uns ausbreiten wie kopfüber stehende Kraken, und einem Holzspielplatz, der um die Bäume herum angelegt ist. Es ist eine Zeitreise in die Zwanzigerjahre. Ich werde zu einem Klassenzimmer geführt, wo ich S., eine der Vorschullehrerinnen, treffe. Ich lasse Liam auf der schattigen Veranda und betrete das Klassenzimmer, das ebenfalls aus einer anderen Zeit zu stammen scheint, einer einfacheren Zeit. Der Boden, der Tisch und die Stühle sind alle aus schlichtem braunem Holz. An den Wänden gibt es keine bunten Farben, keine Buchstaben oder Zahlen und kein Plastikspielzeug. Es gibt mehrere Holzkisten, auf einer Seite des Raums übereinandergestapelt, und einen großen Weidenkorb mit Softbällen aus Wolle. Auf der anderen Seite des Raums ist ein pflaumenfarbenes Tuch über einen Draht gespannt und an den Rändern an Kisten befestigt, sodass es wie ein kleines Haus aussieht. Darin steht ein Tisch, der aus einem Baumstumpf gemacht ist. Tom setzt sich auf den Boden, um mit einem hölzernen Murmellabyrinth zu spielen, und hat sich bald darin vertieft. S., eine Frau deutscher Abstammung in den Vierzigern, bittet mich, neben ihr auf einem der winzigen Kinderstühle Platz zu nehmen, die in einem Kreis in der Mitte des Raums stehen. Ich setze mich vor einen niedrigen Tisch, der mit Federn, Blättern und Muscheln bedeckt ist. Hinter dem Tisch hängt ein wirbelndes Aquarellgemälde der Jungfrau Maria mit dem Jesuskind im Arm.

Was für ein Unterschied zu den grellen Farben und der überwältigenden visuellen Stimulation in den beiden anderen Schulen, die ich besichtigt habe! Wie gemütlich ist es hier verglichen mit der geschäftsmäßigen, akademischen Ausrichtung der meisten Vorschulen, die ich kennengelernt habe.

Während ich auf dem Kinderstuhl sitze, habe ich das tief greifende Gefühl, nach Hause gekommen zu sein.

Als S. und ich uns unterhalten, sprudelt die Geschichte von Alastairs Tod und dem Child-Health-Projekt aus mir hervor. Ich bin verschwitzt und erschöpft, nachdem ich die Jungen den ganzen Vormittag herumgeschleppt habe, und auf einmal breche ich vor ihr in Tränen aus. Sie hört mir geduldig zu und umarmt mich dann sanft. Während ich mich beruhige, erzählt sie mir kurz, dass die Waldorfschulen von den pädadogischen Lehren von Rudolf Steiner inspiriert wurden, einem Österreicher, der in der zweiten Hälfte des 19. Jahrhunderts geboren wurde und ein bemerkenswerter Philosoph, spiritueller Wissenschaftler und produktiver Autor war.

Als ich sie frage, was der Lernansatz ist, lächelt sie mich an und tätschelt meine Hand. »Das hier ist ein Ort, an dem Ihre Kinder alle Aspekte von sich selbst, einschließlich der spirituellen, entwickeln können«, sagt sie. »Aber seien Sie gewarnt«, ergänzt sie lachend, »diese Schule ist für die ganze Familie, nicht nur für die Kinder.«

Die Schule scheint das ideale Nest für meine beiden *Gringo*-Jungen zu sein, während sie eine neue Sprache und Kultur erlernen. Ich mache fast einen Freudensprung, als die Lehrerin mir sagt, dass meine beiden Jungen in ihrer Klasse zusammen sein werden, die für Kinder von drei bis sechs Jahren vorgesehen ist. »Ach, und machen Sie sich keine Sorgen wegen der Sprachbarriere«, fügt sie lächelnd hinzu. »Ich habe früher in England gelebt und spreche fließend Englisch.«

Ich melde beide Jungen in der Schule an, und sie können sofort anfangen. Am ersten Tag springt Tom sofort hinein, unbeirrt von der fremden Umgebung und der neuen Sprache, und klatscht sich mit einem Jungen in seiner Klasse ab. Liam kauert hinter meinen Beinen und äugt hin und wieder dahinter hervor, um seinen Bruder genau zu beobachten. Was für ein Geschenk für Liam und für mich, dass Tom ganz in seiner Nähe sein wird, um ihm den Weg in dieses neue Leben zu ebnen.

Nachmittags organisiere ich die ersten Schwimmkurse und Fußballtrainings für die Jungen. Binnen weniger Wochen ähnelt unser Tagesablauf dem einer beliebigen Familie mit kleinen Kindern in Oxford oder Dublin. Eine Mittelschichtskindheit, begreife ich, ist ein globales Phänomen.

Das Wetter ist nicht so, wie wir erwartet hatten. Ich hatte mich auf das Wetter von Rio de Janeiro und seine sengende, ganzjährige Hitze gefreut. Ich hatte alle warmen Kleider in Irland zurückgelassen, da ich selbstgefällig gedacht hatte, ich würde sie eine ganze Weile nicht brauchen. Jetzt stelle ich rasch fest, dass Brasilien aus vielen verschiedenen Ländern besteht, jedes mit seinem eigenen Klima und seiner eigenen kulturellen Mischung. Im Süden Brasiliens kündigt der September nasse und kalte Tage an, und die Häuser sind schlecht ausgestattet für dieses Klima. Es ist eine nasse Kälte, in der die Kleider schwer trocknen und die Häuser kaum warm werden, da eine Zentralheizung hier nicht üblich ist. Ich spüre, wie ich jedes Mal die Schultern anspanne, wenn ich das Haus betrete, und im Bett wird mir kaum warm, trotz meiner dicken Wolldecken. Nach unserer Ankunft regnet es einen ganzen Monat lang so stark, dass Schlammlawinen die Straßen überfluten und endlose Staus verursachen.

Meine Eltern kommen uns Ende September besuchen. »Herzlichen Glückwunsch, dass ihr den einzigen Ort auf der Welt gefunden habt, an dem es mehr regnet als in Irland«, sagt mein Vater, der mir lachend auf den Rücken klopft.

In der Schule tragen die anderen Kinder Gummistiefel und Schals, während ich für meine Jungen nur Sandalen und Shorts habe. Ihre Lehrerin fordert mich kopfschüttelnd auf, ihnen wieder eine irische Garderobe zu kaufen. Die anderen Kinder, die in ihren wollenen, handgestrickten Pullovern herumlaufen, sehen im Großen und Ganzen aus wie eine beliebige Gruppe irischer oder englischer Kinder. Ganz im Gegensatz zu Rio de Janeiro und den typischen ausländischen Vorstellungen von der dunklen Hautfarbe der Brasilianer sind die meisten Kinder in Florianópolis hellhäutig und blond, und es gibt sogar ein paar blauäugige Kinder, die lachend seilhüpfen oder auf exotische Obstbäume klettern. Der Süden Brasiliens war lange Zeit von einer Mischung aus Deutschen, Italienern und Portugiesen kolonisiert, und ihre Abstammung ist an jeder Straßenecke deutlich zu sehen. In manchen Städten im Inselinneren von Florianópolis kann man noch immer Reste von Deutsch und Italienisch hören, die Architektur spiegelt jahrhundertealte europäische Stile wider, und Polenta, Pasta, deutsche Kuchen und verzierte Kekse füllen die Regale in den Geschäften. Das deutsche Oktoberfest ist hier ein bedeutendes alljährliches Ereignis, das mit reichlich Bier, Lederhosen und Volkstänzen gefeiert wird. Die Tatsache, dass meine beiden blonden, hellhäutigen Söhne in einer Menschenmenge oder auf dem Klassenfoto nicht hervorstechen, ist eine Erleichterung für mich. In Rio de Janeiro wären sie eindeutig die beiden *Gringos*, aber hier können sie sich, während sich ihr Portugiesisch verbessert und ihr Akzent den Klang des einheimischen *Manézinho* annimmt, leicht unter all die anderen europäischen Auswanderer mischen. Sie sind nur ein oder zwei Jahrhunderte verspätet angekommen.

Keine zerbrochene Familie

Zu meiner großen Erleichterung stelle ich fest, dass niemand etwas Seltsames dabei findet, dass eine alleinstehende Frau in Brasilien mit zwei kleinen Jungen ein neues Leben anfängt. Ich bin wie viele andere Frauen in meinem Alter hier, wo die Familienstrukturen weitaus fließender sind als in England und mit Sicherheit mehr als in Irland. Zusammenleben, gemeinsam leben und getrennt wohnen, Trennung, Scheidung, Wiederheirat und Patchworkfamilien, all das ist in Florianópolis, wie ich feststelle, weitaus häufiger und akzeptierter. Bald finde ich Freundinnen, die alleinstehend mit kleinen Kindern sind, die geschieden sind und sich das Sorgerecht für ihre Kinder teilen, kinderlos und in den Vierzigern (und glücklich damit) sind oder Kinder von zwei oder drei verschiedenen Vätern haben. Die fließenden Familienstrukturen sind eine große Erleichterung für mich. Meine beiden vaterlosen Jungen und ich werden nicht stigmatisiert. In der Kontaktliste der Klasse der Jungen, die bei jedem Elternabend herumgereicht wird, fällt mir auf, dass bei mehreren Kindern keine Kontaktdaten für den Vater stehen. Alastairs Name, ohne eine E-Mail-Adresse oder Handynummer darunter, tut nicht lautstark kund, dass unsere Familie zerbrochen wäre. Nach brasilianischem Verständnis ist unsere Familie nicht zerbrochen. Es ist nur eine der unzähligen familiären Konstellationen, die in Brasilien zu Hause sind.

Die Jungen und ich adoptieren einen verlassenen Welpen und nennen ihn Scruffy Al, um wieder einen Al im Haus zu haben. Scruffy Al ist hauptsächlich ein schwarzer Labrador, genau der Hund, den Alastair immer haben wollte. Noch einer von Alastairs Träumen ist abgehakt, denke ich im Stillen, während ich das schelmische Hündchen streichele. Und ich kann es nicht über mich bringen, nur diesen einen Hund zu adoptieren. Was, wenn er sich einsam fühlt? Ich ertrage es nicht, meine eigenen Gefühle in irgendeinem anderen Lebewesen gespiegelt zu sehen, daher adoptiere ich auch noch Scruffy Als Schwester. Wir nennen sie Samba, denn diesen Namen hatten Alastair und ich für den Hund ausgewählt, den wir adoptieren wollten, wenn die Jungen ein bisschen älter wären. Die Hunde werden rasch zu einem Teil unseres Alltags, und ihre Anwesenheit hilft mir, mich sicherer zu fühlen und nachts besser zu schlafen. Und sie geben mir mehr Arbeit, mehr Energie, die ich anderen widmen kann: genau das, was ich im Augenblick brauche.

Ich stelle fest, dass Florianópolis ein wundervoller, einladender Ort ist, um Kinder allein großzuziehen. Es gibt nicht die strengen englischen Sieben-Uhr-Bettzeiten. Abends in den Restaurants spielen die Leute mit den Jungen, geben ihnen ein Daumen-hoch-Zeichen oder klatschen sie ab und begrüßen sie mit freundlichen Stimmen als *Alemães* (Deutsche/Ausländer). Wir sind weit weg von den missbilligenden Blicken in England und Irland, wo Restaurants am Abend nicht der richtige Ort für kleine Kinder sind. Ich denke zurück an Oxford, wo ich es irgendwann einmal gewagt hatte, mit den Jungen in ein Restaurant am Flussufer zu gehen, um einen langen, einsamen Abend aufzulockern. Während wir entzückt dem Pfau und den Enten auf dem Fluss zusahen und die beiden Jungen aufgeregt auf alles zeigten, was sie entdecken konnten, kam ein älterer Mann auf mich zu und bat mich in missbilligendem Ton, meine Kinder still zu halten. Ich weiß noch, wie schockiert ich war und wie mir die Tränen in die Augen traten, als ich mich zu den Jungen umwandte, auf einmal verlegen und unbehaglich an unserem ersten Ausgehabend.

Wenn sich manche dieser ersten Abende in Florianópolis in endloser Einsamkeit vor mir ausdehnen, kann ich mit den Jungen in ein Restaurant in der Nähe gehen und den Trost und lauten Trubel entspannter, freundlicher Gesellschaft genießen.

Die Wunderlampe

Ende September sind die Jungen in der Schule, und ich mache mich auf, um das Zentrum von Florianópolis zu erkunden. Als ich eine kopfsteingepflasterte Straße hinuntergehe, komme ich an einer Buchhandlung vorbei. Ich bleibe davor stehen, eine Hand auf der Türklinke. »Das Buch, das ich hier finde«, sage ich mir im Stillen, »wird mich leiten.«

Das habe ich schon einmal getan, als ich Anfang zwanzig

war, in Peru. In einer winzigen Buchhandlung mitten im peruanischen Amazonasgebiet fand ich eine spanische Übersetzung von Erich Fromms *Die Kunst des Liebens*. Es führte mich zu einem ersten Verständnis von reifer Liebe. Das Buch war das erste Geschenk, das ich Alastair machte. Auf die erste Seite schrieb ich:

Lieber Alastair,
wenn Liebe eine Kunst ist, mögest du sie beherrschen.
Wenn sie ein Geschenk ist, mögest du damit gesegnet sein.
Wenn du sie leben wirst, lass sie mich mit dir teilen.

Ich drücke die Türklinke der Buchhandlung herunter und höre die Glocke bimmeln, als ich eintrete. Ich gehe langsam durch den leeren Laden, warte darauf, dass das Buch mir entgegenspringt. Reihen über Reihen mit Büchern stehen vor mir. Es gibt nicht den geringsten Zweifel. Ich weiß, dass ich finden werde, was ich finden muss. Auf einmal ist es vor mir. Ich bleibe stehen und lächele aus tiefster Seele. Ein leuchtend buntes Buch ist dort für mich ausgestellt. »Dann bist du es«, lache ich im Stillen, als ich das Buch in die Hand nehme. Es ist, wie wenn man jemanden aus seiner fernen Kindheit wiedertrifft und begreift, dass man in ihn verliebt ist. Es ist sowohl eine sanfte Verblüffung als auch ein Wiedererkennen von etwas, was man bereits kannte.

Das Buch ist ein aufgepeppter Nachdruck von *Meditation als Chance: Die Kunst, sich von der Last unnötiger Gedanken zu lösen* von dem indischen Mystiker Osho. Ich kaufe es und gehe in ein Café in der Nähe, wo ich mich sofort in das Buch vertiefe. Ich lese von Oshos dynamischen Meditationen, die zu mir und meinem rastlosen Geist zu passen scheinen. Die Erinnerung an die flüchtigen Momente von Frieden, die mir die Meditation in dem buddhistischen Retreat gebracht hat, kehrt immer und immer wieder. Das Flüstern von tief greifender Veränderung, die die Therapie mir aufgezeigt hat, führt mich weiter. Die Reise zu mir selbst sitzt in den Kulissen und ruft leise und geduldig meinen Namen.

Ich bezahle meinen Kaffee und eile zu meiner ersten homöopathischen Sitzung mit Dr. M. Ihre Praxis befindet sich in einem hohen Büroturm, einen Block von der Promenade entfernt. Vor ihrem Fenster versperren uns mehrere hoch aufragende Wohnblocks mit verdunkelten Fenstern die Aussicht, aber wenn man den Hals reckt, kann man dennoch einen Blick aufs Meer erhaschen.

»Erzählen Sie mir alles«, fordert sie mich mit einer Handbewegung auf.

Ich lade meine Geschichte bei ihr ab. Sie kritzelt wie wild in einer unleserlichen Handschrift auf ein DIN-A4-Blatt, während sie zwischendurch immer wieder nachhakt, um irgendetwas zu klären. Ich stolpere gelegentlich über mein Portugiesisch, aber nachdem ich wochenlang niemanden zum Reden hatte, und unter der Anspannung des Neuanfangs, sprudelt die Geschichte von Alastairs Tod und den darauf folgenden fünfzehn Monaten sintflutartig aus mir hervor. Ich lehne mich erschöpft auf meinem Stuhl zurück, während sie ihre letzten Notizen auf die Seite kritzelt. Mehrere Minuten verstreichen, und ich entspanne mich auf dem Stuhl.

Sie schreibt zu Ende und wendet ihre Aufmerksamkeit wieder mir zu. Dann nimmt sie eine kleine Wunderlampe von ihrem Schreibtisch. »Und jetzt«, sagt sie, während sie mir die Lampe reicht, »wünschen Sie sich etwas.«

Mein Herz hämmert noch immer schnell vom Adrenalin meines Wortschwalls. Die Erschöpfung, die sich seit Alastairs Tod und in den letzten fünfzehn Monaten angestaut hat, steigt in mir hoch, und mein Verstand leert sich zu stiller Klarheit. Mein Wunsch steht in Großbuchstaben vor meinem geistigen

Auge geschrieben, und auf einmal sehe ich wieder körnige Bilder von Familienleben. Ich seufze, während ich ihn laut ausspreche: »ICH WILL MEINEN MANN WIEDERHABEN.«

Yogische Gelegenheiten

Anfang Oktober, einen Monat nach meiner Ankunft in Brasilien, melde ich mich zu einem Yogakurs im Gemeindesaal der örtlichen Kirche an. An einem Donnerstagabend begrüße ich die Babysitterin, bevor ich allein in den Wagen springe, um zu meiner ersten Kursstunde zu fahren. Ich mache Yoga-Asanas unter den kahlen, hölzernen Dachsparren des Gemeindesaals, der von dem magischen, rostroten Sonnenuntergang über der Bucht Santo Antônio de Lisboa erhellt wird. Ich seufze zufrieden auf. Der Lehrer, W., ist ein attraktiver Mann italienischer Abstammung in den Vierzigern, und sein Englisch, als er mich begrüßt, hat einen entzückenden Akzent. Als ich mich danach fest für den Kurs anmelde, bestürmt er mich mit Fragen.

»Sind Sie allein hier? Ehemann, Freund?«

Ich lache über seine unverblümte Art und sage ihm, dass ich mit zwei jungen Männern im Alter von drei und fünf Jahren hier bin.

W. bietet preiswerte Yogakurse für die Gemeinde an. Er unterrichtet seit Jahren nachmittags eine große Anhängerschaft von Frauen über siebzig und abends eine jüngere Gruppe. Die meisten Leute entrichten die geringe monatliche Gebühr, die er verlangt. Diejenigen, die mehr bezahlen können, tun es, und die, die ihn nicht bezahlen können, bringen ihm Obst aus ihren Gärten oder backen ihm Kuchen.

Draußen ist es dunkel, als ich den Yogakurs verlasse. Ich gehe kurz in den Laden in der Nähe, um Milch für das Frühstück der Jungen zu kaufen, und springe dann in den Wagen, um nach

Hause zu fahren. Unterwegs sehe ich W. auf der Straße und biete ihm an, ihn mitzunehmen.

»Sie wissen schon, dass Sie ohne Licht fahren«, sagt W. lachend, als er neben mir in den Wagen steigt.

»O Gott!«, rufe ich aus und schalte das Licht ein, das prompt vor uns auf die Straße flutet. »Ich glaube, Sie haben mir eben das Leben gerettet«, sage ich lachend zu ihm. Ich verspüre ein unbeschwertes, kribbelndes Gefühl von Anziehung, und ich lächele im Dunkel des Wagens vor mich hin.

Brasilianischer Charme

Zwei Tage später klingelt mein Handy, während ich eine viel befahrene Straße hinuntergehe. Es ist W., und ich lächele, als ich seine Stimme erkenne. Es ist schwer, ihn über dem Verkehr zu verstehen. Ich halte eine Hand über ein Ohr, verziehe das Gesicht und presse das Telefon fest ans andere Ohr, um ihn zu hören.

»Jetzt, wo ich Ihnen im Auto das Leben gerettet habe, habe ich mich gefragt, ob Sie vielleicht meines retten könnten«, beginnt er. »Ich habe diese Woche Geburtstag, und meine Freunde sind alle verreist. Möchten Sie vielleicht mit mir zu Abend essen?« Bevor ich antworten kann, ergänzt er: »Und bringen Sie Ihre Kinder mit. Ich würde sie sehr gern kennenlernen.«

Ich lache fast durchs Telefon. »Brasilianer sind guuuut«, gestehe ich mir im Stillen ein, während ich seinen Annäherungsversuch bewundere. »Sehr gern«, rufe ich über den dröhnenden Verkehrslärm durchs Telefon. Als ich auflege, mache ich drei Sprünge die Straße hinunter. Ein breites Grinsen zieht sich über mein Gesicht. Zum ersten Mal seit Langem fühle ich mich wieder jung und attraktiv.

Am Abend unserer Verabredung mit W. setze ich die Jungen auf den Holzboden unseres kleinen Wohnzimmers, mit dem Rücken zum Meer draußen, damit sie sich eine Zeichentrick-DVD ansehen können, solange ich mich ankleide.

»Was soll ich bloß anziehen?«, frage ich mich kopfschüttelnd, als ich meine kleine Auswahl an Kleidern durchsehe. Ich komme mir wieder vor wie ein Teenager und schelte mich dafür, dass ich so nervös bin. »Mein Gott, Bébhinn, du bist zweiunddreißig, es ist doch nicht so, dass du noch nie ein Date hattest.« Ich gehe die wenigen Kleider durch, die ich habe, und entscheide mich für ein buntes Wickelkleid. Ich probiere es an und halte mir ein Paar große Ohrringe an die Ohren. *Sehr brasilianisch*, denke ich, während ich vor dem Spiegel posiere, *und sogar ein bisschen witzig*.

Während ich in den Spiegel blicke, forsche ich in meinen Augen und meinem Herzen nach Schuldgefühlen, weil ich mit einem anderen Mann als Alastair ausgehe. Zu meiner Erleichterung kann ich nicht einen Hauch von Schuldgefühlen entdecken. Alastair und W. haben nichts miteinander zu tun. Das hier ist eine völlig andere Geschichte. »Ich nehme an, ich bin bereit«, sage ich seufzend und lächele aufmunternd mein Spiegelbild an. Um die Schmetterlinge in meinem Bauch zu beruhigen, scheuche ich die Jungen auf und packe sie in den Wagen, um zu unserem ersten Familiendate zu fahren. Wir fahren zu einem entzückenden Restaurant in der Nähe, in einem Innenhof gelegen, wo es einen Baum gibt, auf den die Jungen klettern können, und Papier und Stifte, damit sie malen können. Irgendwie schaffen W. und ich es, uns locker und witzig zu unterhalten, wobei wir immer wieder von den endlosen Forderungen und Fragen der Jungen unterbrochen werden. Ich lächele, als er mir erzählt, dass er seit über zwanzig Jahren ein begeisterter Anhänger von Osho ist, meinem neu bestätigten mystischen Lehrer.

Die Jungen akzeptieren W. ohne großes Aufheben [illegible] ein neuer Freund, der sie auf seine Schultern hebt. Am Ende des Abends verspüre ich ein starkes Bedürfnis, mit der Hand über seinen Nacken zu streichen, als ich an seinem Stuhl vorbeikomme. Stattdessen raffe ich Liam hoch in meine Arme und setze mich mit ihm hin, um zu malen, während ich mit einem leisen Lächeln an die Möglichkeit denke, die sich vor mir auftut.

Die Arbeit beginnt

Sobald wir uns eingelebt haben, mache ich mich daran, etwas über die Armut in Florianópolis und die Anforderungen an die Hilfsorganisation zu lernen, die wir hier aufbauen wollen. Während die Jungen in der Schule sind, stelle ich ein paar Recherchen an. Ich finde heraus, dass auf der Insel geschätzte sechzigtausend Menschen in ärmlichen Verhältnissen leben, dreimal so viele wie vor zwanzig Jahren. Geschätzte 15 Prozent der Bevölkerung der Insel leben in slumähnlichen Gegenden, in baufälligen Holzhütten mit begrenzten sanitären Anlagen und anderen öffentlichen Einrichtungen. Ich muss diesen Bericht zweimal lesen, bevor er zu mir durchdringt. Es ist schwer vorstellbar, dass so viele Menschen in Armut leben, wenn man selbst an einem der vielen idyllischen Strände der Insel sitzt oder zum Abendessen in der belebten Lagoa-Gegend ausgeht. Die Armut wird hier versteckt, den Blicken der Touristen entzogen.

Mitte Oktober treffen Dr. M. und ich uns auf einen starken Espresso in dem Neon-Plastik-Foodcourt eines kleinen Einkaufszentrums in der Nähe des Krankenhauses. »Wir müssen dem Kinderkrankenhaus die Idee nahebringen«, erklärt Dr. M.

»Dann werden wir eine bessere Vorstellung davon bekommen, ob es dort wirklich Bedarf für das Child-Health-Programm gibt.«

»Kennen Sie irgendjemanden im Kinderkrankenhaus?«, frage ich, während ich zögernd einen Schluck von dem extrem starken Kaffee nehme.

»O ja«, lacht Dr. M. »Ich kenne den Direktor sehr gut, wir waren zusammen Assistenzärzte. Ich rufe ihn gleich mal an.«

Ich mache es mir auf meinem Stuhl bequem, während Dr. M. ihr Handy zückt und den Direktor anruft. Ich lerne, dass das die Art ist, wie sie arbeitet. Sie ist unglaublich gut vernetzt und tatkräftig.

»Nächsten Donnerstag um zehn«, sagt sie lächelnd, als sie das Telefon weglegt.

Die Welt entfaltet sich so, wie sie sollte

Dr. M. und ich treffen uns am nächsten Donnerstag um kurz vor zehn vor dem Krankenhaus, einem großen, weitläufigen grauen Gebäude, das nicht viel anders aussieht als ein Krankenhaus in Dublin. Es verströmt einen Geruch von Leiden und Desinfektionsmittel. Es ist das einzige Kinderkrankenhaus in diesem Bundesstaat, und auf seiner Webseite habe ich gelesen, dass es einhundertachtunddreißig aktive Betten hat und über achttausend Kinder im Jahr behandelt. Die meisten Kinder kommen aus Florianópolis oder den umliegenden Gemeinden, etwa ein Drittel aus dem entfernt gelegenen Inneren des Bundesstaates.

Wir bekommen unsere Besucherplaketten und gehen zusammen zum Büro des Direktors. Dr. M. winkt mehreren Leuten zu, während wir die keimfreien Korridore hinuntergehen. Der Direktor des Krankenhauses begrüßt uns mit einem breiten Lächeln. Wie Dr. M. ist auch er Mitte fünfzig. Er trägt eine dunkel umrandete Brille und einen Anzug, nicht den weißen Kittel, den ich erwartet hatte. Mit einer verblüffenden Mischung aus Gutmütigkeit und Effizienz bittet er uns, auf einer Couch in seinem Büro Platz zu nehmen und ihm die Idee von Child Health vorzustellen. Er hört aufmerksam zu und reagiert mit sachlichen, knappen Feststellungen. »Hier ist zwar nicht Rio de Janeiro mit seinen endlosen *Favelas*, aber wir haben durchaus Bedarf an diesem Programm in Florianópolis«, erklärt er uns. »Hier gibt es Familien, die ein breites Maß an Unterstützung benötigen, um ihren Kindern ein gesundes Umfeld zu bieten. In den Randstädten von Florianópolis wie zum Beispiel in São José, wo das Touristen- und Handelszentrum von Florianópolis viele Familien anzieht, nimmt die Armut zu. Viele finden sich dort in erbärmlichen Lebenssituationen wieder und sind anfällig für Krankheiten, Überschwemmungen, Gewalt und Drogenhandel. Viele Kinder aus diesen Familien landen hier.«

Er lädt mich ein, Vertreter anderer Abteilungen des Kinderkrankenhauses zu treffen, wie zum Beispiel der HIV/Aids-Klinik und der Sozialstation, und bittet seine Sekretärin, uns Namen und Telefonnummern aufzuschreiben. Dann lächelt er uns an, steht auf, gibt uns die Hand und bringt uns zur Tür. Im Laufe des nächsten Monats treffe ich die verschiedenen Vertreter, die er vorgeschlagen hat. In der HIV/Aids-Klinik schildert mir die Schwester, wie eine Familie mit einem HIV-positiven Kind, das ARVs – antiretrovirale Medikamente – bekommt, schlichtweg keinen Kühlschrank besitzt, um die Medikamente aufzubewahren. Die Sozialarbeiter schildern komplexere Probleme wie zum Beispiel das der alleinerziehenden, psychisch kranken Mutter dreier Kinder, von denen eines eine chronische Krankheit hat. Dieses Kind wird regelmäßig ins Krankenhaus eingeliefert, da die Mutter verzweifelt versucht, seine Krankheit in den Griff zu bekommen, während sie sich gleichzeitig um sich selbst, ihre anderen beiden Kinder und die täglichen Herausforderungen kümmern muss, die das Leben in einer der ärmsten und abgelegensten Ecken der Insel Florianópolis an sie stellt.

Während meine Recherchen und Treffen die Notwendigkeit der Hilfsorganisation bestätigen, versuche ich mir noch immer klarzumachen, ob das, was ich tue, wirklich angebracht ist. Warum leite ich, eine Irin, die einen Engländer und unsere größtenteils auf der Nordhalbkugel lebenden Freunde, Verwandten und Kollegen vertritt, diese Bemühungen, eine Hilfsorganisation im Süden Brasiliens aufzubauen? Was für verschlungene psychologische Probleme treiben mich dazu, mich überhaupt in das Leben anderer Leute einmischen zu wollen?

Mein Verstand findet rasch eine Rechtfertigung. Alastair und ich haben beide auf unseren Reisen hoffnungslose Armut gesehen und tiefe Dankbarkeit für unser eigenes Leben im Wohlstand empfunden. Das hat Alastair bewegt, und es bewegt mich noch immer.

Mein Verstand arbeitet weiter. Hätte ich nicht stattdessen zu Hause bleiben und mich um die sozialen Belange in Irland oder sogar England kümmern können, wenn ich unbedingt einen Beitrag leisten will? Wieder findet mein Verstand rasch eine Rechtfertigung. Diese Arbeit ist echt brasilianisch, da sie eine in Brasilien entstandene Hilfseinrichtung zum Vorbild hat, die ihre Wirksamkeit unter Beweis gestellt hat. Die Welt ist global, und wir sind globale Bürger mit globaler Verantwortung, warum also nicht in Brasilien einen Beitrag leisten? Fakten und Zahlen zeigen, dass Brasilien mehr Bedarf und relativ betrachtet weniger effektive Maßnahmen oder Programme zur Armutsbekämpfung zur Verfügung hat als Irland oder England, daher können wir hier mehr bewirken. Alastair und ich waren beide immer fasziniert von dem Abenteuer, in exotische Länder zu reisen, um humanitäre Arbeit zu leisten – ein tragisch-romantisches Bild, das uns auf eine Weise berührte, wie es eine trostlose Wohnsiedlung in London oder Dublin einfach nicht vermochte. Ich erkenne außerdem, dass dieser Schritt es mir im Kern ermöglicht, eine alltägliche Beziehung zu Alastair aufrechtzuerhalten und mich gleichzeitig aus dem Schatten meines ehemaligen Lebens in England oder Irland zu treten.

Während ich über dieses Durcheinander von Gründen und Rechtfertigungen nachdenke, erfahre ich ein Gefühl von Ruhe. In der Stille, die seit Alastairs plötzlichem Tod auf einmal ausgebrochen ist, entsteht ein Bedürfnis, Alastair in Ehren zu halten, ihn nah bei mir zu behalten und etwas von mir zu geben. Ich habe das Gefühl, dass dieser Impuls größer ist, als mein suchender Geist begreifen kann. Mir ist klar, dass ich genau dort bin, wo ich sein wollte, und dass die Welt sich tatsächlich so entfaltet, wie sie sollte.

Child Health Florianópolis: Alastairs Tochter

Es ist ein atemberaubend schöner Tag, und der Platz vor unserem kleinen Haus ist erfüllt von Sonnenschein und den Geräuschen des Meeres und den ersten Touristen der Saison. Es ist Anfang Dezember 2008, über eineinhalb Jahre nach Alastairs Tod und ein paar Tage nach dem Datum, das sein einundvierzigster Geburtstag gewesen wäre. Wir sind seit gut drei Monaten in Florianópolis. Nach und nach findet sich eine Gruppe von fünfzehn neuen Freunden bei uns ein und setzt sich, um zusammen ein kaltes Bier zu trinken. Sie sind hier, um die Geburt, die Taufe und die Feier unserer Organisation, Child Health Florianópolis, zu bezeugen.

Der Kern der Gruppe ist der Gründungsvorstand von Child Health Florianópolis. Als ich in Florianópolis ankam, hatte ich keine Ahnung, wie ich eine Gruppe Einheimischer zusammenbringen sollte, denen ich vertrauen könnte und die ihrerseits mir vertrauen würden, um die Organisation aufzubauen. Mit der ARCH-Stiftung konnte ich Freunde und Angehörige für den Vorstand rekrutieren, aber hier hatte ich kaum Verbindungen. Bei meiner Ankunft hatte ich nur zwei Kontakte: Dr. M. und Z., Liams Betreuerin in seiner Krippe in Oxford, die inzwischen mit ihrem Freund hierhergezogen ist. Diese beiden Kontakte erwiesen sich jedoch als ausreichend, um den perfekten Gründungsvorstand für Child Health Florianópolis zusammenzustellen.

Der Vorstand, bestehend aus einer stellvertretenden Vorsitzenden und einer Vorsitzenden, hat die oberste Verantwortung, und Dr. M. und ich nehmen jeweils diese beiden Positionen ein. »Sie sind die Mutter, und ich bin die Patentante der Organisation«, betont Dr. M., als sie mich ermuntert, die erste Vorsitzende der Organisation zu werden.

Neben dem Vorstand benötigen wir drei Personen, die den Finanzvorstand bilden, um Child Health Florianópolis legal zu gründen. Dr. M. hat mich mit T. bekannt gemacht, der künftigen Präsidentin eines örtlichen Rotary Clubs und einer erfolgreichen Geschäftsfrau und Unternehmerin. Sie hat Child Health in Rio de Janeiro besucht, bevor sie sich bereit erklärt hat, zu uns zu stoßen.

Ich habe mich mit Z. und ihrem Freund zum Abendessen in einem Restaurant am Meer getroffen und zu meiner Freude erfahren, dass er der Direktor des ersten Gemeinde-Instituts in Florianópolis ist, einer Brücke zwischen internationalen und nationalen Fördermitteln und Hilfsorganisationen vor Ort. Er ist der ideale Kandidat für den Vorstand, und auf meine Einladung hin hat er den Posten angenommen. Er wiederum hat mir M. empfohlen, die erste Angestellte von Child Health Florianópolis, die ihre Arbeit einen Monat zuvor aufgenommen hat und mitgeholfen hat, einen Social-Business-Plan zu entwickeln.

Sie ist eine junge, kompetente, dynamische Frau, die ihre sichtbare deutsche Abstammung perfekt mit einer Leidenschaft für Samba verbindet. M. wiederum hat mich mit A. bekannt gemacht. Ich begrüße A., als er bei uns eintrifft. Er ist ein hochgewachsener, schmaler Mann mit einer Brille und einem freundlichen Lächeln. Er ist Buchhalter und Unternehmer, was in jedem Land eine ungewöhnliche Mischung wäre. Er begeistert sich auf eine stille Weise für das Hilfsprojekt und hat die kostenlose Unterstützung seiner Organisation für unsere Buchhaltung zugesagt. Irgendetwas an seiner Anwesenheit wirkt beruhigend auf mich. Als ich ihn zur Begrüßung auf die Wange küsse, wird mir bewusst, dass er mich in verschiedener Hinsicht an Alastair erinnert, und das hilft mir, meine Nerven zu beruhigen.

Der Rest der Gruppe besteht aus neuen Freunden, die die Jungen und mich großzügig und gern in Brasilien willkommen geheißen haben. Wir sind eine bunte Mischung aus Brasilianern, Engländern und Iren, die entspannt plaudern und ihren Spaß mit den Jungen haben. Auch W. ist da, der seit unserem ersten Rendezvous ein fester Bestandteil unseres Lebens geworden ist.

»Willkommen zur Geburt von Child Health Florianópolis«, begrüße ich alle. »Danke, dass ihr alle gekommen seid und diese Initiative unterstützt. Es ist ein Traum, den ich mit meinem Mann, Alastair, geteilt habe und jetzt mit jedem Einzelnen von euch teilen kann.«

Alle klatschen und erheben die Gläser.

»Ich möchte gern W. danken, der mir geholfen hat, das Haus heute vorzubereiten, um euch alle zu empfangen«, sage ich mit einem Lächeln für W., der am Türrahmen lehnt. »Ich habe, was sich jede Frau wünscht«, fahre ich fröhlich fort, »einen liebevollen Ehemann *und* einen hilfsbereiten Freund und Liebhaber.« Alle lachen mit mir. »Und jetzt wird M., die erste Angestellte von Child Health Florianópolis, die Gründungsurkunde und Satzung der Organisation mit uns durchgehen, und danach werden wir eine Abstimmung durchführen, um sie anzunehmen.« Ich überlasse meinen Platz M. und stelle mich neben W. in den Türrahmen. Er legt mir einen Arm um die Schulter und drückt mich an sich.

Das Votum ist einstimmig, und ich trete wieder vor die Gruppe. »Jetzt, nachdem Child Health Florianópolis geboren ist, werden wir dazu übergehen, es zu taufen. Ich möchte jeden bitten, ein Gänseblümchen aus dem großen Blumentopf vor dem Haus zu nehmen und mir über die Straße zum Strand zu folgen.«

Eine magische Energie von Freude und Feierlichkeit liegt in der Luft, als die Gruppe die Straße überquert und im Sand die Schuhe abstreift. Ich öffne ein paar Flaschen Sekt und fülle unsere Plastik-Sektgläser. Der Sand saugt begierig auf, was ich verschütte. »Auf Child Health Florianópolis«, sage ich, und wir erheben alle unsere Gläser.

Als wir den Sekt geleert haben, watet jeder von uns ins Wasser und wirft seine Blume Iemanjá zu, der Göttin des Meeres, und spricht seine Wünsche für die Organisation aus.

»Gesunde Kinder«, ruft eine Freundin, die ihr Gänseblümchen so weit wie möglich hinauswirft.

»Würde«, ruft eine andere.

Wünsche für »Arbeit der Liebe«, »Glück«, »Erfolg« werden laut über das endlose Auf und Ab der kleinen Wellen gesungen. Ich stehe lachend in der Gruppe, während eine Erinnerung an die Oberfläche kommt. Vor sechs Jahren standen Alastair und ich an einem anderen brasilianischen Strand, umgeben von unseren Freunden in Rio de Janeiro, warfen Blumen ins Meer und sprachen unsere Wünsche für die Zukunft aus, bevor wir zurück nach Irland flogen, um zu heiraten. Irgendwie scheinen in der Freude dieses Santo-Antônio-Moments eine Fortsetzung und ein Neuanfang zugleich zu liegen, während jede Welle, die meine Füße umspült, neu und das Meer doch ewig unveränderlich ist.

Als wir über die Straße zurückgehen, um mit einer typischen Mahlzeit aus gebratenem Fisch, Reis, Pommes frites und Bohnen in dem benachbarten Restaurant zu feiern, werde ich von einem tiefen Gefühl von Dankbarkeit und Vollkommenheit erfüllt. Ich denke an Alastair und seinen brennenden Wunsch, eine Tochter zu haben, und ich lächele bei dem Gedanken, dass das Wort »Organisation« im Portugiesischen weiblich ist.

Mit einem letzten Blick auf das mit Gänseblümchen gesprenkelte Meer bringe ich diesen Gedanken Alastair dar. »Das, mein Liebster, ist die Tochter, die du dir gewünscht hast, von uns beiden geschaffen, unterstützt von all unseren Freunden und Familienangehörigen.«

Teenager-Ideale

Zwei Monate später, Anfang Februar 2009, kommen wir für den offiziellen Startschuss von Child Health Florianópolis zusammen. Ich bin mit fünfzig anderen Leuten in einem großen, offenen Raum mit hohen Fenstern, die aufs Meer hinausgehen. Die Sonne spiegelt sich auf dem Wasser und wirft ein Glitzern in den Saal, als die Veranstaltung beginnt. Wir sitzen alle im Kreis: eine kleine Gruppe von Angestellten, ehrenamtlichen Mitarbeitern und Vorstandsmitgliedern in offiziellen T-Shirts und ein paar Journalisten mit Stift und Papier in den Händen. Der Raum befindet sich hinter der Bühne eines großen Konzertsaals. Nach unserem Startschuss wird dort ein Benefizkonzert für die Hilfsorganisation stattfinden. Der Musiker, D., ist in Irland sehr bekannt und ein Kindheitsfreund von mir. Er hat eine Minitournee in Lateinamerika auf die Beine gestellt, um für Child Health Florianópolis Benefizkonzerte zu geben. Außerdem hat er S. J., einen bekannten brasilianischen Musiker und Sozialaktivisten, eingeladen, mit ihm zu singen.

D.s Besuch löst einen Sturm von Gefühlen in mir aus. Als idealistische Teenager im Dublin der Neunzigerjahre engagierten wir beide uns dafür, Spenden für internationale Hilfsorganisationen zu sammeln. Von seinem siebzehnten Lebensjahr an spielten er und seine Band jedes Jahr zusammen mit anderen Bands in der O'Connell Street, um eine Woche lang Spenden zu sammeln. Ich war in der Nähe und sang leise zu ihrer Musik mit, in meiner flaschengrünen Uniform mit meinem schlecht gebügelten Schottenrock, mit der Schärpe einer Hilfsorganisation über der Brust und einer Spendenbüchse in den Händen. Und hier sind wir wieder, fünfzehn Jahre später, und tun genau dasselbe.

Im Mittelpunkt der Veranstaltung stehen die Geschichten, die zwei Mütter erzählen, C. und G., die wir aus Rio de Janeiro eingeladen haben. Sie haben dort das Child-Health-Programm durchlaufen. C. steht vor der Gruppe und beginnt zu weinen. Eine der Freiwilligen berührt sie sanft am Arm, und sie fängt sich wieder.

»Mein Sohn war schwer krank, als er geboren wurde«, beginnt sie. »Er war mein erstes Kind, und ich war schon vierzig Jahre alt. Wer sollte sich um eine vierzig Jahre alte Mutter kümmern, die mit einem kranken Kind allein ist? Als er krank wurde, brach mein ganzes Leben zusammen. Ich konnte nicht mehr arbeiten. Ich konnte die Rechnungen nicht mehr bezahlen. Ich wusste nicht, wohin ich mich wenden sollte.« Ihre Stimme wird jetzt fester, während alle um sie herum gebannt zuhören. »Ich wurde zum Child-Health-Programm eingeladen, aber ehrlich gesagt, war ich misstrauisch gegenüber diesen Fremden, die mir helfen wollten. Ich begann nur halbherzig, bereit, jederzeit wieder zu gehen.« C. durchlebt ihre Geschichte noch einmal, während sie spricht, und wir alle durchleben sie mit ihr. »Child Health hat mir Hilfe angeboten, alle mögliche Hilfe, darunter Medikamente, Instandsetzungen an meinem Haus und die Möglichkeit, ein paar Kurse zu besuchen. Vor allem hat man mir geholfen, mich von der Verzweiflung zu befreien, die ich empfand, und wirklich zu glauben, dass ich es schaffen konnte. Und heute«, fährt sie fort, während sie sich mit erhobenem Kopf im Saal umsieht, »ist die Gesundheit meines Sohns stabil, ich habe ein gutes Einkommen, und ich habe wieder Hoffnung in meinem Leben.«

Einen Augenblick lang herrscht Stille, nachdem sie geendet hat, und ich sehe auf die tränenfeuchten Gesichter im Saal, die mein eigenes widerspiegeln. Dann bricht der Saal in Applaus aus.

Während D.s Konzert lädt er C. und mich auf die Bühne ein, um vor einem Publikum von etwa tausend Leuten ein paar Worte über die Hilfsorganisation zu sagen. »Was für ein Auftakt für dieses Projekt«, sage ich zu der Menge. »Ich lade jeden von Ihnen ein, unsere Arbeit zu unterstützen, indem Sie eine Spende leisten oder ehrenamtlich mitarbeiten. Lassen Sie uns kreativ und witzig darangehen, anderen zu helfen.«

D. umarmt mich auf der Bühne, als wir fertig sind, und ich staune über die Schönheit zweier Jugendfreunde, die an ihren Idealen und ihrer Freundschaft festgehalten haben. Ich verspüre einen überwältigenden Schwall von Liebe für meinen Seelenfreund mit den Grübchen in den Wangen. »Was für eine verrückte, wundervolle Welt ist das nur?«, frage ich ihn, geblendet von den Scheinwerfern.

D. beginnt zu singen. »Und so ist es, genau wie du gesagt hast, das Leben übt Nachsicht mit mir, die meiste Zeit.«

Familienglück

Unsere erste Familie beginnt im März mit dem Programm – eine Mutter mit ihren beiden kleinen Söhnen, die mich an Tom und Liam erinnern, als sie jünger waren. P., der ältere der beiden, hat ausdrucksstarke, eigenwillige braune Augen, genau wie Tom. Er setzt sich ohne Zögern zwischen meine Knie und baut einen Turm aus grünen und blauen Röhren und dreht entzückt an dem Zahnrad, um zuzusehen, wie der Turm sich dreht. Sein Bruder E. ist zurückhaltender, aber im Laufe des Vormittags klettert auch er in meine Arme, einen Schnuller im Mund, und verlangt, dass ich mit ihm durch das einzige Zimmer des Freundschaftshauses gehe. In der hinteren Ecke des Raums sitzt die Mutter der Jungen, L., auf einem weißen Plastikstuhl. Sie sieht spindeldürr aus. Ihre Wangen sind eingefallen, und ihr Körper ist von Pockennarben übersät.

Stunden zuvor, morgens um Viertel vor sechs, hat sie ihre beiden kleinen Jungen geweckt, ihnen ihre besten Kleider angezogen und sie zur Bushaltestelle geschleift – einen verschlafenen und störrischen Zweijährigen und seinen einjährigen Bruder. Dort begann ihre zweistündige Fahrt über die Brücke von Florianópolis, um zum Kinderkrankenhaus zu kommen. Es ist eine Fahrt, die sie nur zu gut kennt, denn sie hat sie in den zwei kurzen Lebensjahren von P. und E. schon oft auf sich genommen.

Sie erzählt mir beiläufig, dass sie nur noch einen weiteren Termin für E. hat, dass P. aber von jetzt an alle drei Monate wiederkommen wird. Und dann wird sie still. E. hat Glück, P. weniger. P. lacht, als er mir noch ein Teil des Thomas-die-Lokomotive-Puzzles reicht, nicht ahnend, dass er HIV-positiv ist.

Im Gespräch mit der Sozialarbeiterin erzählt L. von ihren drei weiteren Kindern, von denen eines im Alter von vierzehn Jahren verschwunden ist. Sie will die Polizei nicht einschalten, damit der Sohn keinen Ärger bekommt. Die Familie lebt in einem feuchten Souterrain in einer armen Gegend am Rande von Florianópolis; Mutter und Vater sind beide HIV-positiv und haben Lungenentzündung. Der Vater arbeitet auf dem Bau, aber Arbeit gibt es nur sporadisch, und die Lungenentzündung hat ihn geschwächt. Es fällt ihm schwer zu akzeptieren, dass er HIV-positiv ist. L. macht einen verhärteten und misstrauischen Eindruck, aber sie bittet mit Nachdruck um Hilfe. Sie braucht ein neues Haus, eine Matratze, mehr Essen. Nach dem Ende der Sitzung stürzt sie hinaus, steckt sich eine Zigarette an und stößt einen Seufzer aus.

Sechs Monate später werde ich zufällig Zeugin der ersten zaghaften Verbesserung im Leben dieser Familie, und ich bin von Freude und Demut überwältigt. In einem der Handarbeitskurse, die wir für die Mütter anbieten, sitzen L. und ich einander gegenüber und besticken T-Shirts mit Patchwork-Umrissen des kleinen Mädchens auf dem Child-Health-Logo. Ich versuche meinen Faden in die Nadel einzufädeln, während L. ihren geschickt einfädelt und sich an die Arbeit macht. L. hält ihr T-Shirt hoch, um es der Handarbeitslehrerin zu zeigen, und sie strahlt, als ihre gute Arbeit gelobt wird. Obwohl sie erst siebenunddreißig ist, zeigt ihr Lächeln nur einen einzigen Zahn in der oberen Reihe, schwarz verrottet, vorn in ihrem Mund. Ich lächele mit ihr, während ich versuche, mit dem Tempo ihrer Stickarbeit mitzuhalten, und sie beginnt zu reden.

»Wissen Sie«, sagt sie, »jetzt habe ich keinen Grund mehr, unglücklich zu sein.«

Ihre Worte lassen mich abrupt innehalten, und ich lege meine Nadel hin, um ihr zuzuhören. Sie fädelt den nächsten Faden ein und fährt fort. »Wir sind letzte Woche umgezogen«, erzählt sie. »Wir sind in derselben Straße geblieben, aber es ist ein gutes Haus, mit einem kleinen Hof, in dem die Jungen spielen können, und es liegt gleich neben dem Geschäft. Ich habe eine Nachbarin, und wir haben schon angefangen, uns mit den Kindern gegenseitig zu helfen. Ich habe dafür gesorgt, dass mein Mann aus dem Souterrain ausgezogen ist, das seiner Schwester gehört hat, da meine Bronchitis wegen der Feuchtigkeit einfach nicht besser wurde. Den Umzugswagen habe ich mit dem Geld von den Handarbeiten bezahlt, die ich hier mache. Die Miete beträgt 250 R$ im Monat«, fährt sie fort, »aber mein Mann hat kürzlich einen neuen Job gefunden, er fährt jetzt Ziegelsteine für Baustellen aus. Er verdient 700 R$ im Monat, und er ist fest angestellt, das heißt, wenn er wieder krank werden sollte, wird er seinen Job nicht verlieren.«

»Das ist ja wunderbar«, sage ich lächelnd.

»Ja, und mit dem Geld, das ich mit den Handarbeiten verdiene, kann ich die Dinge bezahlen, die meine Söhne brauchen. Was ich jetzt brauche, das ist ein Krippenplatz für P., damit er mit anderen Kindern zusammen sein und ich mehr arbeiten kann.«

Ich möchte vor Freude am liebsten aufjauchzen, aber ich richte meine Aufmerksamkeit wieder auf meine Stickerei, um meine Arbeit aufzuholen. Bei einem heißen, schwarzen Kaffee erzählt mir L., dass sie mit P. beim Arzt war und dass seine Virenzahl besser ist als früher. Sie sagt, dass sie jetzt regelmäßig ihre Medikamente nimmt, auch wenn ihr Mann sich nicht behandeln lassen will. »Ich habe letzten Monat mit M. gesprochen«, sagt sie. M. ist eine andere Mutter, die Aids und zwei Töchter mit HIV hat. »M. hat gesagt, manchmal würde sie am liebsten aufgeben und sich das Leben nehmen, aber ich habe ihr gesagt, wir müssten auf uns selbst aufpassen, denn wer würde sich sonst um unsere Kinder kümmern?«

Wir wenden uns wieder unserer Stickarbeit zu, und eine neue Mutter gesellt sich zu uns. Sie leidet unter Schizophrenie und ist alleinerziehende Mutter dreier Kinder, von denen jedes gesundheitliche Probleme hat. Ihr ältester Sohn, dreizehn Jahre alt, erblindet allmählich. Sie redet nervös, impulsiv. Sie wendet sich an L. und fragt, was für eine Krankheit ihr Sohn hat. Mit einem leichten Zögern, aber einem trotzigen Ton in der Stimme erklärt L. ihr, dass B. HIV-positiv ist. Das lässt das nervöse Geplapper der Frau verstummen. »Ich schäme mich nicht, es zu sagen«, sagt L. mit einer Spur Verletzlichkeit. »Sehen Sie sich meinen Sohn an, er ist ein gesunder Junge, und ich schaffe es sehr gut, mich um ihn zu kümmern.«

»Sie haben recht, sich nicht zu schämen«, sage ich zu L. Ich bewundere ihren Mut. »In gewisser Weise haben wir alle HIV – keiner von uns weiß, wann er sterben wird.«

Wir besticken weiter die T-Shirts, und meine Bewunderung für L. wächst insgeheim. Es ist verblüffend, wie sehr sich ihre Lebensumstände in diesen sechs Monaten verändert haben. Und im Kern dieser unglaublichen Veränderung liegt ein wachsendes Selbstwertgefühl. Sie hat das Handarbeitsprogramm ernsthaft angenommen und sich rasch in allem versucht, was die Lehrerin ihr gezeigt hat. Wir haben ihr eine Nähmaschine zur Verfügung gestellt, und sie beginnt zu Hause Näharbeiten zu machen. Ihr Traum ist es, ein kleines Geschäft zu haben, und sie hat angefangen, ihre Kreationen auf dem wöchentlichen Marktstand des Programms zu verkaufen. Sie bittet nicht mehr um Almosen, sondern sucht nach Gelegenheiten.

Ich freue mich über diese Neuigkeiten, und mitten in meinem Gefühl von Freude drängt sich mir eine Frage auf: In welchem Maß ist diese Veränderung auf das Programm zurückzuführen? Das Programm hat die Familie mit Essen, Hygieneartikeln, Medikamenten, Windeln, Kleidern, einer Matratze und Decken versorgt. L. hat außerdem Nahrungsergänzung und Ratschläge für die Zahnpflege bekommen. Wir haben ihr die Möglichkeit gegeben, Handarbeitsprodukte herzustellen und zu verkaufen, und ihr geholfen, ihre Arbeitspapiere in Ordnung zu bringen. Wir haben dafür gesorgt, dass ihre Kinder geimpft wurden und zur Schule gehen und dass ihr Sohn seine

Arzttermine einhält. Wir haben sie ermuntert, auch sich selbst behandeln zu lassen, haben ihr Busfahrkarten für die Fahrten zum Krankenhaus gegeben, und wir haben ihr während dieser sechs Monate zusätzliche Unterstützung durch Gruppen- und Einzeltherapie angeboten.

Aber die Veränderung ist von ihr selbst gekommen.

»Meinen Sie, dass das Programm geholfen hat, Ihr Leben zu verbessern?«, frage ich sie.

Diesmal ist sie es, die ihre Nadel hinlegt. »Dieses Projekt ist wirklich wichtig für mich«, sagt sie. »Die Leute hier behandeln mich anders. Hier fühle ich mich wohler als mit meinen eigenen Schwiegereltern oder meiner eigenen Mutter. Die Kunsttherapie mache ich nicht so gern, aber die Handarbeiten liebe ich. Ich weiß, dass Sie alle mir helfen können, aber ich weiß auch, dass ich mir selbst helfen muss.«

Ihre Worte liebkosen mich auf eine Art, die ich noch nie erfahren habe, und wieder werde ich von einem Gefühl von Demut überwältigt. Als ich an diesem Mittag losfahre, um Tom und Liam von der Schule abzuholen, spüre ich, wie sich ein Gefühl von Bewunderung, Gnade und Dankbarkeit in mir ausbreitet.

Geben und Nehmen

Im Laufe dieser ersten sechs Monate wird Child Health Florianópolis zum Treffpunkt zweier unterschiedlicher Kulturen. Auf der einen Seite haben wir eine Gruppe ehrenamtlicher Mitarbeiter (Psychologen, Erzieher, einen Zahnarzt und einen Architekten) und einen kleinen, bescheiden bezahlten Mitarbeiterstab (Sozialarbeiter, Ernährungsberater, Handwerker). Absolut zuverlässig erscheinen sie alle zu ihrer bezahlten oder ehrenamtlichen Arbeit in der Hilfsorganisation. Die richtige

Person kommt zur richtigen Zeit, mit einer Mühelosigkeit, für die ich nicht die Ehre einstreichen kann. Dieses Projekt schafft einen breiten Kreis von Freunden und Kollegen um mich herum, dessen Aufbau eine Ewigkeit dauern würde, wenn ich in einem neuen Land als nicht berufstätige Mutter zu Hause bleiben würde.

Die Familien, die wir unterstützen, werden uns von den Sozialarbeitern des Kinderkrankenhauses zugewiesen, und die Ersteinschätzung ist langsam und schwierig. Die Anzahl der Familien in dem Programm steigt nur sehr schleppend und nur unter großen Anstrengungen an. Ich verfolge diese Zahlen besorgt, während ich unseren kompetenten Sozialarbeiter ständig unter Druck setze, noch mehr Initiative zu entwickeln.

Jeden Dienstagmorgen bauen das kleine Angestelltenteam und die große Gruppe freiwilliger Mitarbeiter in unserer kleinen Geschäftsstelle, die wir in der Nähe des Kinderkrankenhauses angemietet haben, ihre Stationen für Ernährungsberatung, Mundhygiene und soziale Unterstützung auf. Diese Gruppe besteht hauptsächlich aus Frauen, gelegentlich auch einem männlichen Freiwilligen. Sie sind alle zwischen zwanzig und vierzig Jahre alt. Nur die über Dreißigjährigen haben Kinder, und abgesehen von einem dieser Kinder, das eine seltene Herzkrankheit hat, ist der Gesundheitszustand all ihrer Kinder im Großen und Ganzen gut.

Und dann gibt es die Familien, die wir unterstützen. Auch diese Gruppe besteht hauptsächlich aus Frauen, gelegentlich auch einem Vater, der teilnimmt. Sie sind zwischen achtzehn und fünfunddreißig Jahre alt. Alle Mütter haben natürlich Kinder, von der Achtzehnjährigen, die mit siebzehn aus einem Kinderheim ausgezogen ist, bis zu der Fünfunddreißigjährigen, die ein Baby zu Hause und zwei kleine Kinder in Pflege hat. Und sie alle haben Kinder mit gesundheitlichen Problemen.

Die Freiwilligen haben alle Abitur oder einen Hochschulabschluss und stammen aus der Mittelschicht. Der Bildungsstand der Mütter hingegen ist sehr niedrig, viele sind entweder Analphabeten oder funktionale Analphabeten.

Die Freiwilligen kommen pünktlich, nehmen an den monatlichen Teamsitzungen teil und machen Vorarbeiten für die Familien – schneiden Handarbeitsmaterial zu und bereiten es vor, richten Spenden von Zahnbürsten und Hygieneartikeln her, kochen gesundes Essen aus biologischem Anbau oder stellen Recherchen zu Wohnprojekten an.

Das Verhalten der Mütter ist weniger homogen. Manche, die seit ein paar Monaten in dem Programm sind, kommen zuverlässig zu jedem Treffen, aber viele müssen zur Teilnahme überredet werden – müssen überredet werden, in den Bus zu steigen, den Child Health bezahlt – und ständig an Termine erinnert werden. Sie versäumen die Treffen oft mit allen möglichen Ausreden, von denen einige natürlich plausibel und erwartbar sind, wie zum Beispiel die Erkrankung eines Kindes; aber viele Ausreden sind fragwürdig und ausweichend.

Eines Tages war ein vollständiges Team von zehn Freiwilligen erschienen, alle bereit für die Mütter und die Kinder, und nur eine einzige Mutter ließ sich blicken. So viel gut gemeinte Energie wurde aufgebracht, ohne dass sie wirksam werden konnte.

Viele Faktoren tragen dazu bei, dass sich diese beiden Gruppen, obwohl sie sich dem Geschlecht und Alter nach durchaus ähnlich sind, in Sachen Selbstverpflichtung, Gesundheit und Wohlbefinden so stark unterscheiden. Neben den Unterschieden in ihrer Erziehung und Bildung gibt es viele andere Gründe, darunter Drogenmissbrauch, Einkommen und das Maß an Selbstwertgefühl. Bei diesen jungen Müttern besteht ein tief sitzendes Gefühl von Verlassenheit, das tagtäglich auf ihre Kinder übertragen wird – verlassen von ihnen selbst, von ihren Familien und von den Behörden.

Dieser kulturelle Unterschied ist eine Herausforderung. Das Engagement der Freiwilligen aufrechtzuerhalten, wenn die Teilnahme der Familien so unberechenbar ist, ist eine Herausforderung, mit der ich nicht gerechnet hatte. Freiwillige zu motivieren, ohne den Anreiz einer Vergütung oder umfassender Fortbildungsmöglichkeiten, ist ein Crashkurs in der menschlichen Natur.

Warum geben diese Freiwilligen etwas von sich, obwohl sie selbst nichts Materielles bekommen? Und warum sind einige der Mütter kaum bereit, etwas von ihrer Zeit und Mühe herzugeben, obwohl sie Unterstützung, Essen, Medikamente, Kleider und Möbel bekommen?

Das alles stellt die materialistische Einstellung, dass Nehmen verlockender ist als Geben, auf den Kopf.

Ein Teil dieses Rätsels kann vielleicht von Dr. V. beantwortet werden, der Gründerin von Child Health in Rio de Janeiro. Sie sagt, dass wir in einer Welt krasser Gegensätze wie zum Beispiel Brasilien für soziale Einbeziehung arbeiten: soziale Einbeziehung der Reichen ebenso wie der Armen. Was sie sagt, erscheint mir logisch. Wenn wir uns freiwillig engagieren, sind wir mehr in die Gesellschaft integriert; wir übernehmen einen Teil der Verantwortung in Krisensituationen wie zum Beispiel bei Krankheiten von Kindern.

Neben den Freiwilligen engagieren sich auch viele andere in Brasilien, von den Vorstandsmitgliedern bis hin zu Spendern vor Ort. Auch außerhalb Brasiliens engagieren sich so viele großzügige Leute über die ARCH-Stiftung und sammeln oder spenden selbst Geld in Irland, England und den USA. Es gibt ein globales Netzwerk aus Hunderten von Förderern und Unterstützern, die sich zusammentun, um diesen Familien und Kindern Hilfe zu bieten. Im Gegenzug bekommt jeder von uns ein Gefühl von Frieden, das Gefühl, dass wir unseren Beitrag leisten. Für einen kurzen Moment werden wir über unser eigenes Selbst erhoben, über unsere egozentrischen Verpflichtungen, Probleme und Vergnügungen. Wir sehen über den Tellerrand unseres eigenen Egos hinaus und bekommen eine Ahnung von der Erleichterung und dem Frieden, den das mit sich bringt.

Ist dieser Frieden nicht das schönste Geschenk, das man empfangen kann? Ist er nicht besser als jedes materielle oder psychologische Hilfsangebot? Anstatt Dankbarkeit von den Familien zu erwarten, die wir unterstützen, sollten wir stattdessen vielleicht *ihnen* gegenüber Dankbarkeit bekunden.

Am Ende eines Dienstagmorgens bei Child Health Florianópolis stehen wir alle Hand in Hand da, Mütter, Angestellte und Freiwillige, die rechte Hand flach nach unten ausgestreckt, um der Person neben uns Energie zu geben, und die linke Hand flach nach oben ausgestreckt, um Energie von der Person neben uns zu empfangen. Der Koordinator lässt uns einen Moment lang so im Kreis stehen und sagt sanft: »Wir halten uns bei den Händen und geben und empfangen Energie auf diese Weise, um uns zu erinnern, dass wir nie so reich oder eigenständig sind, dass wir nicht empfangen können, oder so arm oder verletzlich, dass wir nicht geben können.«

Auch wenn sich unsere Kulturen unterscheiden mögen, sind wir alle verbunden in diesem göttlichen Tanz. Dieses Bild von uns allen, Hand in Hand, zeigt den Kern des Potenzials von Child Health Florianópolis, ein winziges Stück dieser Welt zu verändern.

Gleichgewicht finden

Es ist Juni 2009, als Liams Wutanfälle an der Klassenzimmertür wieder anfangen. Beide Jungen hatten sich so gut eingelebt, sprechen fließend Portugiesisch und lieben ihre Schule, ihre Freunde und Freizeitaktivitäten.

Liams Wutanfall beginnt morgens, wenn ich ihn aus dem Bett zerre und an den Tisch setze, damit er sein Frühstück isst. Er ist wieder ein Meister der Sabotage geworden, und wir kommen jeden Tag später zur Schule, weil er langsam isst, sich weigert, sich anzuziehen oder die Zähne zu putzen, und auf dem Weg zum Wagen herumtrödelt. Wie damals in Oxford bin ich spätestens, wenn ich die Kinder an der Schule absetze, abgekämpft und erschöpft. Dann fahre ich weiter zu Child Health Florianópolis, und der Vormittag verfliegt mit einer Flut von Aufgaben. Die Schule der Jungen endet um Viertel nach zwölf, und ich hole sie ab und fahre mit ihnen zum Mittagessen nach Hause. Nachmittags versuche ich mir ein paar Augenblicke zu stehlen, um meine Arbeit zu Ende zu bringen, während ich sie zu ihren Freizeitaktivitäten fahre und wieder abhole. Beide Jungen verlangen Zeit und Aufmerksamkeit von mir. Tom will, dass ich ihm zusehe, wenn er Fußball spielt, und nicht im Wagen sitze und am Computer arbeite. Liam will, dass ich mit ihm ins Schwimmbecken gehe, und weigert sich, allein mit dem Lehrer hineinzugehen. Es gibt so viel zu tun: Die tägliche Arbeit für die Hilfsorganisation, die in dieser Anfangsphase so viel Energie benötigt, muss erledigt werden; die Blogs und Newsletter für die ARCH-Stiftung in Irland und England müssen geschrieben werden; mehr Vorstandssitzungen müssen organisiert werden. Und die ganze Zeit sind da zwei kleine Kinder, die ich beaufsichtigen, füttern, anziehen, erziehen und unterhalten soll, zwei Hunde, die ich füttern und hinter denen ich herputzen muss, das Haus und die Finanzen, um die ich mich kümmern muss, und die nicht enden wollende Bürokratie mit Pässen, Ausweisen und Visa. Mein Verstand ist eine ständige, endlose Erledigungsliste, und egal, wie viel ich davon abarbeite, sie wird nie kürzer.

Eines Mittags hole ich die Jungen von der Schule ab und bitte um ein Gespräch mit der Lehrerin, S. Ich überlege, ob ich die Jungen in die Nachmittagsbetreuung geben soll, um mir mehr Zeit zu verschaffen. Ich will ein offenes Ohr, das mir hilft, die Entscheidung zu treffen. Die Jungen spielen draußen, während S. und ich wieder auf den Kinderstühlen sitzen.

»Liams Verhalten ist immer schwieriger in den Griff zu bekommen«, vertraue ich S. an, »und ich schaffe einfach nicht alles, was ich erledigen muss.« S. hört mir zu, die Hände ordentlich im Schoß gefaltet. »Daher habe ich mir überlegt, die Jungen in die Nachmittagsbetreuung zu geben und sie um halb sechs oder sechs abzuholen, wenn ich meine ganze Arbeit erledigt habe und ihnen ein paar Stunden meine volle Aufmerksamkeit schenken kann, bevor ich sie ins Bett bringe. Was meinen Sie?«

S. schweigt, als ich fertig bin. Sie achtet genau auf ihre Wortwahl, als sie ernst fragt: »Was glauben Sie, was Liam Ihnen zu sagen versucht?«

Ich bin etwas verdutzt. »Was meinen Sie damit?«, frage ich.

»Unsere Kinder kommen, um uns etwas zu lehren«, sagt sie nüchtern. »Wenn Liam sich so benimmt, wie er es tut, was versucht er Sie zu lehren?«

Ich lehne mich verblüfft auf dem Kinderstuhl zurück. Ich habe wirklich keine Ahnung. Ich war zu beschäftigt mit dem, was ich brauche, was ich will, um ihm genau zuzuhören.

»Denken Sie darüber nach«, sagt S. zu mir, sanfter jetzt, als sie mich aus dem Klassenzimmer führt.

Ich grübele ein paar Tage über diese Frage nach und beobachte Liams Verhalten jetzt etwas objektiver. Er bittet mich, ihn wie ein Baby zu füttern. »Ich esse nur, wenn du mich fütterst«, sagt er trotzig, während er mit verschränkten Armen am Tisch sitzt. Als ich von meinem Computer aufsehe, fällt mir auf, wie klein er ist. Er ist erst vier Jahre alt. Sein Gesicht ist noch immer so rundlich wie das eines Babys. Er ist atemberaubend schön mit seinen klaren blauen Augen, seinem blonden Haarschopf und seiner Zahnlücke. Tom kommt herein und setzt sich auf mein Knie. Ich drücke ihn mit einem Arm an mich, während ich den Computer wortlos beiseiteschiebe und die Gabel in die Hand nehme, um Liam zu füttern. Meine beiden kleinen Jungen, und ich bin die Einzige, die sie noch haben.

Als wäre es das erste Mal, wird mir bewusst, dass ich sie, nachdem sie ihren Vater verloren hatten, aus allem herausgerissen habe, was sie kannten – nicht nur aus dem Kreis ihrer großen, erweiterten Familie und ihrer Freunde, sondern auch aus ihrem Zuhause, ihrem Klima, ihrer Sprache. Als sie verunsichert waren, habe ich sie entwurzelt. Ich war so beschäftigt mit meinem eigenen Überleben, dass ich nicht viel über ihre Bedürfnisse nachgedacht habe. »Wenn es mir gut geht, geht es ihnen gut«, war mein Mantra. Mit jedem Bissen, den ich Liam füttere, wird mir bewusst, dass mein Wohlbefinden zwar wichtig für sie ist, aber nur, wenn ich es mit ihnen teile. Nur wenn ich für sie anwesend bin – aufrichtig, ungeteilt anwesend. Das ist es, was Liam mich lehrt. Genau wie der Stein in dem buddhistischen Retreat nach Alastairs Tod versucht Liam mich verzweifelt an etwas zu erinnern: *Sei jetzt hier.*

An diesem Abend lege ich mich zu Liam ins Bett, bis er eingeschlafen ist.

Am nächsten Morgen fahre ich die Kinder zur Schule und berufe dann bei der Hilfsorganisation eine Sitzung ein. Ich erkläre dem kleinen Team, dass ich die Zeit und Energie, die ich unserer Organisation widme, zurückschrauben muss. »Ich weiß, dass wir in einer entscheidenden Phase sind, aber ich kann nur drei oder vier Vormittage pro Woche geben«, sage ich zu dem Team. »Es muss entweder so klappen, oder ich kann nicht weitermachen.«

Die Ernährungsberaterin, E., selbst Mutter zweier jugendlicher Töchter, berührt meinen Arm. »Offenbar hat Ihr Mann dafür gesorgt, dass Sie Gleichgewicht in Ihrem Leben haben«, sagt sie lächelnd zu mir, »indem er Ihnen zwei Vermächtnisse hinterlassen hat: das Hilfsprojekt und Ihre Kinder.«

Ich erwidere ihr Lächeln, dankbar für ihr Verständnis und wieder im Klaren über meine Prioritäten.

J.s Besuch

Während ich dabei bin, mein Leben in ein harmonischeres Gleichgewicht zu bringen, bekomme ich eine E-Mail von J., Alastairs Freund, mit dem ich mir bald nach Alastairs Tod eine mögliche Beziehung vorgestellt hatte. Er reist geschäftlich nach Rio de Janeiro und schlägt vor, einen Abstecher nach Florianópolis zu machen, um uns zu besuchen. Ich bin entzückt und nervös zugleich bei dieser Aussicht. Ich schreibe ihm eine E-Mail zurück, lese mir meine Antwort immer wieder durch, bevor ich schließlich auf Senden drücke.

Die Jungen und ich fahren zum Flughafen, um ihn abzuholen. »Wer ist J.?«, fragt Tom unterwegs. »Er ist ein Freund deines Daddys«, sage ich zu ihm. »Du wirst ihn erkennen, wenn du ihn siehst.« Ich suche in meinem Verstand nach irgendeiner Erinnerung, die eine Verbindung zwischen Tom und J. herstellen könnte. »Er hat uns einmal in London besucht, und er hat dir einen Kaugummi geschenkt, als ich gesagt habe, du könntest keinen haben.«

Tom beginnt zu lachen. »Jetzt weiß ich es wieder«, sagt er fröhlich. »Liam, du wirst J. mögen. Er ist witzig.«

Als J. ankommt und die Jungen umarmt, stelle ich mit überwältigender Erleichterung fest, dass ich ihn wieder als den sehen kann, der er ist. Er bringt ein Gefühl von Alastair mit, aber das Gefühl ist sanfter als früher. An diesem Abend, als die Kinder im Bett sind, sitzen wir wieder beisammen und spielen Backgammon. Er ist wieder der Freund, der Alastair und mir gemeinsam war. Ich kann ihn wieder klar sehen, so wie vor Alastairs Tod. Jetzt erkenne ich deutlich, wie wenig sinnvoll eine Beziehung zwischen uns wäre, und ich erschrecke über meine damalige Verzweiflung.

Bei einem Bier räuspere ich mich, um mit ihm zu sprechen. Ich lache nervös, verlegen und dankbar zugleich. Ich danke ihm dafür, dass er mit meinen Annäherungsversuchen nach Alastairs Tod so gut umgegangen ist. Ich danke ihm dafür, dass er mir etwas von meinem erdrückenden Kummer genommen hat. Ich danke ihm, dass er Alastair treu geblieben ist. Während ich mich an meine eigene Zerbrechlichkeit in jener Zeit erinnere, danke ich ihm dafür, dass er mich sanft abgewiesen hat.

»Es war nicht, weil ich dich nicht liebe«, sagt er zärtlich.

Ich lächele und schenke ihm nach. »Ehrlich gesagt«, erwidere ich, »glaube ich, du hast so gehandelt, *weil* du mich liebst.«

Wir stoßen auf unsere Freundschaft an und wenden uns wieder unserem Spiel zu.

Großzügige Mädchen

Im Juli 2009, fast ein Jahr nachdem wir nach Brasilien gezogen sind, fahren wir zum ersten Mal heim nach Europa. In Irland sitze ich mit meiner Schwester N. beisammen, die die Spendenbeschaffung für die ARCH-Stiftung leitet. Seit sie nach San Francisco geflogen ist, um nach Alastairs Tod bei mir zu sein, war sie immer an meiner Seite und hat mich bei jedem Schritt unterstützt und ermutigt. Sie hat mich bereits mit ihrer Familie in Brasilien besucht, auf eigene Kosten, um zu sehen, wie wir uns eingelebt haben und wie die Arbeit bei Child Health Florianópolis vorankommt. Am Siebenundzwanzigsten jedes Monats, dem Tag von Alastairs Tod, schickt sie mir eine SMS, um mich wissen zu lassen, dass sie an mich und Al denkt. Sie überbrückt die Kluft meiner Einsamkeit in den Augenblicken, in denen ich am wenigsten damit rechne. Alastairs Tod hat sie tief berührt. Sie erzählt mir, dass er der erste ihr nahestehende Mensch ist, den sie verloren hat, und dass sein Tod sie zutiefst erschüttert hat. Sie vertraut mir an, wie sehr es ihr geholfen hat, das Leben anders zu sehen, ihre Prioritäten klarer zu setzen. Früher waren diese Worte schwer zu verkraften, jetzt empfinde ich Dankbarkeit. Was sie unausgesprochen sagt, ist: »Dein Leiden ist nicht vergeblich. Alastairs Tod ist nicht vergeblich. Sieh, wie ich daraus lerne.«

N. ist nicht nur eine unglaubliche Schwester und Freundin, sondern auch eine wundervolle Spendenbeschafferin. Sie scheint jeden zu kennen und kann alle wachrütteln und dafür begeistern, die ARCH-Stiftung zu unterstützen. Sie leitet ein Komitee meiner Freunde in Irland mit eiserner Hand, versüßt ihre Treffen mit Wein und überredet sie mit jedem Glas, das sie einschenkt, zu einer Verpflichtung nach der anderen. Jetzt berichtet sie mir alles über den Erfolg des Kinder-Spaßtags, den meine andere Schwester organisiert hat, und den Benefizmarsch auf den Zuckerhut, den meine Eltern angeführt haben. Sie zeigt mir die Fotos meiner Angehörigen und Freunde, zusammengekauert gegen den kalten Wind auf dem Berggipfel, wo sie mit Sekt in Plastikgläsern auf Alastair anstoßen. Sie erzählt mir von der lauten und ausgelassenen Stimmung an dem Quizabend in einem Pub, mit kleinen Geldstrafen für jeden, der mit einem iPhone in der Hand gesehen wurde. Sie berichtet mir alles über den Samba-Abend in England, der an dem Ort abgehalten wurde, an dem Alastair seinen dreißigsten Geburtstag feierte, wo so viele seiner Freunde zusammenkamen. Sie erzählt mir in allen Einzelheiten von dem ARCH-Ball, den sie für zweihundert Leute in Dublin ausgerichtet haben.

»Wie hast du denn zweihundert Leute dazu gebracht, 150 Euro für ein Dinner mit Smokingzwang auszugeben, wenn das

Land in einer verdammten Rezession steckt?«, frage ich sie verblüfft.

»Wie deine Freundin L., meine Mitorganisatorin, sagen würde«, vertraut sie mir lächelnd an, »in einer Rezession braucht jeder einen Grund zum Feiern, um den Blues zu vertreiben.«

Ich lache laut auf.

»Aber es ist toll, Bébh«, sagt sie sanft zu mir. »Diese Veranstaltungen haben so viel Spaß gemacht, und sie waren nicht nur Spendenaktionen für die Familien in Brasilien, sondern ebenso sehr Feiern zu Alastairs Ehren.«

Ich beiße mir auf die Lippe und schlucke die Tränen hinunter.

Ihre Augen füllen sich ebenfalls mit Tränen. »Und es gab ein paar erstaunliche Fälle unerwarteter Großzügigkeit«, fährt sie fort. »Eine Dame von Mums und Dads Kirche bei uns zu Hause hat die Initiative ergriffen, einen Kuchenverkauf zu organisieren, und alle Erlöse gingen an ARCH. Ich meine, sie kennt dich oder Alastair nicht einmal. Und ein kleines Mädchen, vielleicht sieben oder acht Jahre alt, ist zum Kinder-Spaßtag gekommen und hat 50 Euro gespendet. Die Dame, mit der sie gekommen war, sagte, das kleine Mädchen hätte darauf bestanden, zum Spaßtag zu kommen, nachdem sie im Radio davon gehört hatte. Ihre Mutter war ein halbes Jahr zuvor gestorben, und sie wollte ihre Unterstützung für die kleinen Jungen zeigen, die ihren Daddy verloren hatten.«

Jetzt lassen wir beide unseren Tränen freien Lauf. Es gibt so viel Großzügigkeit auf der Welt, es ist überwältigend. Das alles macht mich sehr demütig.

Letzte Ruhestätte

Nachdem wir in Irland unsere Batterien aufgeladen haben, nehmen die Jungen und ich ein Flugzeug nach Cardiff und verbringen eine Woche im Ferienhaus meiner Schwiegermutter in dem Küstendorf Mumbles in Südwales. Es ist kurz nach dem zweiten Jahrestag von Alastairs Tod, und ich bin endlich bereit, Alastairs Asche eine letzte Ruhestätte zu geben. An einem wilden und windigen Tag in einem walisischen Sommer sitze ich mit meiner Schwiegermutter auf einer Gedenkbank, die aus einem Baumstamm geschnitzt ist. Die Jungen springen auf der Bank um uns herum und staunen abwechselnd über die Ruinen einer Burg hinter uns und das endlose Auf und Ab der Wellen vor uns. In die Bank habe ich die folgende Inschrift für Alastair geschnitzt:

> Du bist der Wind in unseren Haaren,
> das Gras zu unseren Füßen,
> das verschmitzte Grinsen in den Gesichtern,
> denen wir begegnen.
> Danke für all den Spaß und all die Liebe.
> Wir lieben dich so unendlich, wie das Meer ist.

Wir stehen von der Bank auf und ziehen unsere Regenjacken an, um eine der drei Klippen in der Nähe von Mumbles hochzusteigen. Meine Schwiegermutter und ich gehen Arm in Arm. Ich empfinde so viel Liebe für sie und, durch sie, für Alastair. Hoch über der endlosen Weite des Ozeans und der Biegung der Bucht öffnet sie eine Flasche Sekt, um Alastairs Andenken zu feiern, während die Jungen im Wind umherlaufen und mit den Armen rudern wie Vögel, die im Begriff sind loszufliegen. Ich bemerke auf einmal eine neue Gebrechlichkeit an ihr, die ich noch nie gesehen habe. Sie ist Mitte siebzig, und sie war schon immer sehr dünn, aber früher erschien sie mir immer so unerschütterlich stark und unabhängig. Doch ein paar Monate nach Alastairs Tod erlitt sie ihren ersten Schlaganfall. Sie hat sich gut davon erholt, offenbar fast vollständig, aber Alastairs Tod hat ihrer Lebenskraft doch einen schweren Schlag versetzt.

Ich nehme das dunkelbraune Holzkästchen mit Alastairs Asche aus meiner Handtasche. Ich gleite ein letztes Mal mit den Fingern über das glatte, goldbemalte Namensschild und folge den Kurven seines Namens und seines Sterbedatums. Ich setze mich mit dem Kästchen an den Rand der Klippe und rufe die Jungen. Sie laufen zu mir, vergraben die Gesichter in meinem Nacken, um sich vor dem Wind zu schützen. »Wir lieben dich, Daddy«, rufe ich, während ich das Kästchen mit der Asche öffne und sie über den Klippen verstreue. Der Wind weht die Asche fort, schickt mir einen Teil davon zurück ins Gesicht. Ich schütze die Jungen sowohl vor dem Wind als auch vor der grauen Asche, den sterblichen Überresten ihres Vaters.

Ich schüttele mir die Asche aus dem Gesicht, aber ein Teil davon bleibt an meinen feuchten Lippen haften. Ich lecke mir langsam die Lippen, nehme behutsam den letzten Rest von Alastairs Körper in mich auf. Dann sitze ich am Rand der Klippe, die Jungen an mich gedrückt. Von Kälte und heftigen Gefühlen gleichermaßen geschüttelt sehen wir zu, wie Alastairs Körper zum Wind in unseren Haaren wird.

Freundlicher Empfang

Nach einem Monat in Europa kehren die Jungen und ich zurück nach Brasilien. Am Flughafen werden wir von W. abgeholt, und mir fällt auf, wie sehr ich mich freue, ihn zu sehen. Die Jungen laufen in seine Arme und lachen, als er sie scherzhaft durch die Luft wirbelt. Wir hatten kaum Kontakt während meiner einmonatigen Abwesenheit. Diese Beziehung ist von einer Freiheit und einem Fehlen aller Verpflichtungen geprägt, die mir neu sind.

Am ersten Tag, an dem W. uns in unserem kleinen Haus in Santo Antônio de Lisboa besuchte, ging er in die Küche und stand ein paar Minuten schweigend und mit geschlossenen Augen da. Er schien zu beten. Als er die Augen wieder aufschlug, lächelte er mich an.

»Was hast du getan?«, fragte ich ihn neugierig.

»Ich habe euer Haus gesegnet«, erwiderte er, »und ich habe Alastair gesagt, dass ich euch, solange ich mit dir und den Jungen zusammen bin, nichts Böses antun werde.«

Ich strahlte ihn an und drückte ihn fest an mich. Das ist genau das, was ich brauche. Jemand, der sich um mich und die Jungen kümmert; jemand, der sich um Alastairs Familie kümmert.

W. und ich kommen uns näher. Im Moment ist er der ideale Freund und Liebhaber für mich. Er hat keine Erwartungen und stellt kaum Ansprüche. Er nimmt dankbar an, was ihm angeboten wird, wenn er es will. Er bietet mir nur an, was er gern gibt. Er ist weder ein Ehemann noch ein Vater, aber er wird für die Jungen und mich zu einem wundervollen Freund. Er ist mein neuer bester Freund mit gewissen Vorzügen, mein »farbenfroher Freund«, wie man hier in Brasilien sagt.

Ich beobachte mich dabei, wie ich ihn ständig und in jeder Hinsicht hartherzig mit Alastair vergleiche. Ich weiß, dass es eine unmögliche Aufgabe ist, meinem ungetrübten Bild von Alastair das Wasser zu reichen, und doch verweise ich W. gnadenlos auf den zweiten Platz. W. scheint es nicht zu stören. Er besitzt mehr Selbstwertgefühl als irgendjemand, dem ich je begegnet bin. Er mag sich selbst wirklich und leidet nicht unter der Art, wie andere ihn wahrnehmen. Er verbiegt sich nicht, um irgendjemandes Erwartungen zu entsprechen. Das ist ganz und gar neu für mich, und es führt dazu, dass ich meinen aufmerksamen, entgegenkommenden Ehemann umso mehr vermisse. Und es ist auch befreiend. Warum habe ich dann so viel Angst?

Ein Teil von mir würde sehr gern wieder in das Leben eines Mannes eintauchen. Ein Teil von mir würde sehr gern wieder glauben, dass ein Mann mir Geborgenheit und Sicherheit geben würde. Aber ich kann nicht die Augen vor dem verschließen, was ich inzwischen gelernt habe. Ich kann nicht an eine Sicherheit glauben, die es, wie ich tief in meinem Inneren weiß, nicht gibt, und W. wird sich bestimmt keine Illusionen machen.

Auf eine neue Art zusammen

Ende Oktober, an dem Tag, der Alastairs und mein achter Hochzeitstag gewesen wäre, sitzen Tom und ich im Auto und fahren zu seinem Fußballtraining. Ich halte kurz an, um eine Nachbarin zu begrüßen, und Tom lacht von seinem Kindersitz auf der Rückbank über mich. Als wir weiterfahren, kreischt er: »Mummy, du klingst so witzig.«

Als wir in Brasilien ankamen, sprachen die Jungen kein Wort Portugiesisch und ich war die, die es »fließend« konnte. Wie schnell sich das umgekehrt hat! Jetzt, über ein Jahr nach unserer Ankunft, wechseln die Jungen glatt und ganz natürlich vom Englischen ins Portugiesische. Ihr brasilianischer Akzent ist der einheimische, während meinem ein ewiges *Gringa*-Trällern anhaftet. Jetzt lachen sie oft über meinen Akzent oder eine seltsame Redewendung und machen mich gnadenlos auf all meine Fehler und falschen Aussprachen aufmerksam. Ich scherze mit ihnen und seufze zufrieden auf. Alastair und ich haben uns diese frühe Zweisprachigkeit für unsere Kinder immer gewünscht, und sie haben sie wunderbar angenommen.

Als ich die Jungen an diesem Tag von der Schule abholte, überreichte mir jeder von ihnen eine »Alles-Gute-zum-Hochzeitstag«-Karte. Ich freue mich, dass sie diese Karten machen und dass sie auch Karten zum Vatertag und zu Alastairs Geburtstag machen. Ich freue mich, dass sie mir die Karten, die sie machen, ohne eine Spur von Schmerz oder Verlustgefühl überreichen. Mummy kümmert sich um Daddys Karten. Schlicht, ohne Drama.

Als wir den Fußballplatz erreichen, springt Tom aus dem Wagen und läuft auf eine Gruppe von Jungen zu. Er trägt den Fußballdress seines Vereins, der ihm ein bisschen zu groß ist, und seine glänzenden neuen Fußballschuhe. Er dreht sich noch einmal um und winkt mir zu. Ich sehe durchs offene Fenster zu, wie er winkt, und ein Gedanke steigt rasch in mir auf und packt mich an der Kehle. *Wenn Alastair doch nur hier wäre, um das zu sehen.* Ich werde überwältigt von einem unerwarteten Gefühl von Schmerz darüber, wie sehr Alastair fehlt. Darüber, wie viele Dinge ich nicht mit ihm teilen kann und wie viele Dinge die Jungen verpassen, ohne es überhaupt zu wissen. Die Wucht dieser Gedanken bringt mich wieder einmal aus dem Gleichgewicht.

Meine Gedanken kehren automatisch zurück zu *The Work*, was immer natürlicher für mich geworden ist, wenn ein schmerzlicher Gedanke zuschlägt. »Augenblick«, höre ich den ruhigen Teil von mir zu meinem Seifenoper-Selbst sagen, »ohne den Gedanken, dass Alastair nicht hier ist, um diesen Moment mit dir zu teilen, wie wäre dieser Moment dann?« Ich schaue zurück zu Tom, und mir fällt auf, wie schön er ist, wie lebendig sein kleines Gesicht ist. Ich lasse mir diese Schönheit entgehen, wenn ich mich in schmerzlichen Gedanken verliere.

Mein innerer Monolog fährt fort: »Kannst du wissen, dass es wahr ist? Kannst du wissen, dass Alastair nicht bei dir ist?« Meine Gedanken kehren zurück zu meinen Träumen von Alastair, meinem gelegentlichen Gefühl seiner Anwesenheit. Ich sehe mein Gesicht im Rückspiegel, und für einen Sekundenbruchteil bin ich Alastair, der mich ansieht.

Was, wenn Alastair irgendwo hier ist? Was, wenn er diesen und jeden anderen Moment mit uns teilt? Ein Segensspruch von Alastairs Beisetzung, der in verborgenen Winkeln meines Verstandes geschlummert hat, geht mir durch den Kopf:

Alastair, möge der Segen von Bébhinn, Tom und Liam und deiner ganzen Familie auf eine neue Art bei dir sein, während sich deine ganze Familie in Gottes großer Umarmung in die Arme schließt.

Kann es sein, dass wir noch immer zusammen sind, nicht so wie früher, sondern auf eine andere, subtilere Weise? Wie frustrierend muss es für Alastair sein, seinen Sohn in dem neuen Fußballdress zu sehen und zu erleben, dass seine Freude darüber von meinem mangelnden Bewusstsein, meiner Unfähigkeit, ihn zu spüren, getrübt wird.

Man muss nur Tom ansehen. Er ist nicht verstört. Er zeigt mir wieder einmal, dass das Leben jetzt passiert, genau jetzt, und dass es vollkommen ist, so wie es ist, nicht so, wie es *sein sollte* oder *hätte sein können*.

Ich winke Tom zu, entspannter jetzt, platzend vor Liebe für ihn und für Alastair. Ich bin eine Brücke zwischen ihnen; Alastair sieht Tom durch mich.

Bedingungslose Liebe

Etwas später an diesem Abend sitze ich allein auf der Terrasse unseres Hauses in Florianópolis bei einem Glas Rotwein und stoße auf unseren Hochzeitstag an, während ich Alastairs und meine Beziehung noch einmal durchlebe. Als ich die Bilder in meinem Kopf chronologisch durchgehe, verspüre ich vor allem Ruhe bei dem Gedanken, wie wir unsere sieben Jahre verbracht haben. Wir haben unsere gemeinsame Zeit voll ausgenutzt, sind ins Ausland gegangen, waren füreinander ein Zuhause, sind in über zwanzig Länder gereist und haben in einer wunderbaren, romantischen Zeremonie geheiratet, umgeben von Familienangehörigen und Freunden. Wir haben uns die ersten Jahre der Elternschaft geteilt und immer noch zusammen gelacht und uns geliebt. Wir haben Reisen ohne die Kinder unternommen und uns Zeit für unsere eigene Beziehung genommen. Wenn er von der Arbeit nach Hause kam, gab er mir noch immer jedes Mal zuerst einen Kuss, bevor er sich für die Entdeckungen und Leistungen seiner kleinen Söhne an diesem Tag begeisterte.

Während ich meinen Wein schlürfe, empfinde ich nur einen einzigen Stich des Bedauerns: ich habe Alastair nicht voll und ganz so akzeptiert, wie er war. Ich habe versucht, ihn zu ändern, habe ihm insbesondere gesagt, er solle seinen Job aufgeben und etwas tun, was ihn wirklich ausfüllte. Ich wollte, dass er seiner Leidenschaft folgte, aber nicht nur, weil ich dachte, dass es ihn glücklich machen würde. Ich hatte mich nie als eine Frau gesehen, die einen Mann heiraten würde, der nur für seine Firma lebte. Ich wollte, dass er alternativer war, risikofreudiger. Und ich wollte, dass er anwesend war. Ich wollte nicht nur den letzten Rest von ihm haben, wenn er spätabends endlich nach Hause kam. Ich wollte, dass er den Großteil seiner Energie mir, den Jungen, seiner Familie und seinen Freunden widmete, nicht seiner Arbeit. Wenn ich jetzt an all die Zeit denke, die ich damit vergeudet habe, an seinem Job herumzunörgeln und eifersüchtig auf seine langen Arbeitszeiten zu sein, wünschte ich, ich hätte ihn einfach akzeptieren können. Meine Liebe wäre reiner gewesen, hätte ich ihn vollständig als den geliebt, der er war, und nicht seine und meine Energie damit verschwendet, ihn ändern zu wollen.

Ich bin zunehmend frustriert darüber, dass ich diese Erkenntnis nicht mehr mit Alastair teilen kann. Aber es ist zu spät. Ich bin rasend neidisch auf all diejenigen, deren Partner mit einem Gesundheitsrisiko oder der Diagnose einer langwierigen Krankheit lebt, die ihnen Zeit lässt, vor dem Tod alles zu sagen und zu tun, was sie wollen. Anders als Alastair und ich haben sie Zeit, um ihre Liebe noch einmal voll auszuleben.

Doch als ich mir nachschenke, wird mir auf einmal bewusst, dass ich mir diese Erkenntnis bedingungsloser Liebe zu Alastair trotzdem immer noch zunutze machen kann. Alastair ist tot, und ich wünschte, er wäre anders. Ich wünschte, er wäre am Leben. Wieder liebe ich ihn nicht hundertprozentig so, wie er ist. Aus irgendeinem Grund, den ich nicht verstehe, muss Alastair jetzt tot sein. Er muss es sein, denn er ist es. Ich habe die Möglichkeit, seinen Tod zu akzeptieren und ihn tot zu lieben, anstatt ihn zum Leben zwingen zu wollen, was unmöglich ist und in mir und vielleicht sogar in ihm nur noch mehr Leid hervorrufen würde. Es ist nicht zu spät, diese Erkenntnis bedingungsloser Liebe auf ihn anzuwenden.

Ich schließe die Augen und rufe ihn zu mir. Aber diesmal versuche ich kein lebendiges Bild von ihm heraufzubeschwören, in dem er scherzend auf mich zukommt. Stattdessen stelle ich ihn mir als einen Geist vor, der friedlich und ruhig vor mir steht. Ich stelle mir vor, wie mein Herz seinen Geist mit Liebe überschüttet und nicht nur akzeptiert, sondern sich freut, dass er dort ist, wo er sein muss.

Mitgefühl

Der erste Jahrestag von Child Health Florianópolis steht vor der Tür. Es ist der 6. Dezember 2009, und ich habe die Jungen mit zu den Feierlichkeiten genommen. Ich beziehe sie in die Hilfsorganisation ein, wann immer ich kann, nehme sie zu allen Spendenaktionen mit und hin und wieder auch in unsere Geschäftsstelle. Sie stellen endlose Fragen nach den Kindern und ihren Krankheiten, ihrem Zuhause und ihren Bedürfnissen, und viele ihrer Fragen kann ich nicht beantworten. Oft, wenn sie Geldgeschenke von Verwandten bekommen, geben sie sie mir und sagen mir, dass die Hälfte davon für Daddys Hilfsorganisation ist. Ich hoffe, dass diese Erfahrung ihr Bewusstsein dafür stärkt, wie glücklich sie sich schätzen können, und sie einfühlsamer und mitfühlender gegenüber anderen macht. Aber vor allem hoffe ich, dass sie, indem sie dieses Werk sehen, das wir im Namen ihres Vaters geschaffen haben, instinktiv wissen, wie sehr wir, alle seine Angehörigen und Freunde, ihn lieben. Ich hoffe, dass die Mühe, die wir alle darauf verwenden, Alastair in Ehren zu halten und sein gutes Werk voranzubringen, seinen Söhnen auf eine greifbare Weise aufzeigt, was für ein Mann er war.

Während ich zusehe, wie die Jungen mit Kindern aus dem Programm am Strand auf einem Trampolin hüpfen, kristallisiert sich ein Gedanke in mir heraus. Ich erkenne, dass ich, indem ich mich für die Lawine des Leidens nach Alastairs Tod geöffnet habe, mit einer vollkommen runden Perle belohnt wurde, die zart und kostbar in meiner Hand liegt. Als ich genauer hinsehe, erkenne ich, wie sich ein Wort in dem milchigen Weiß der Perle bildet. Das Wort heißt »Mitgefühl«. Es ist ein neues Gefühl für mich: nicht Mitleid oder Traurigkeit im Sinne von »wir und sie«, sondern geteiltes Leiden.

Als ich nach Alastairs Tod durch die Korridore des Stanford

Hospital ging, bekam ich zum ersten Mal eine Ahnung von der herzzerreißenden Schönheit, den Tod von Nahem zu erleben. Die Erfahrung mit den Familien bei Child Health Florianópolis hat dieses aufgebrochene Herz in neue Sphären geführt.

Früher lebte ich, als bestünde das Ziel des Lebens darin, es mit möglichst wenig Leiden zu überstehen. Ich versuchte abzuschätzen, wie gut ich darin war, indem ich mich mit den Leuten um mich herum verglich. Nach Alastairs Tod vergleiche ich mich zwischen zwei Extremen: dem Leben der Familien in der Hilfsorganisation in Brasilien und dem meiner Freunde zu Hause in Irland und England.

Das Leben der Familien zu betrachten, denen die Hilfsorganisation begegnet, rückt meine eigenen Alltagssorgen in ein völlig anderes Licht. Bedrückt zu sein von der sturen, frustrierenden Monotonie der endlosen To-do-Liste erscheint irgendwie lächerlich, wenn eine andere Mutter darum kämpft, ihre Kinder richtig zu ernähren, oder gesagt bekommt, dass ihr Kind eine Niere verloren hat. Als ich einer Freundin in Oxford von meinen Plänen erzählte, nach Brasilien zu gehen, bemerkte sie, wie hilfreich es für mich sein würde, Leuten zu begegnen, die noch mehr litten als ich. Diese Ansicht schockierte mich damals. Die Vorstellung, im Leiden anderer Menschen Trost zu finden, ist mir unangenehm. Vielleicht war es auch die Vorstellung, dass mir überhaupt etwas je helfen würde, mich wirklich besser zu fühlen, die mir damals unangenehm war, durchsetzt von Unglauben und leise schwelenden Gewissensbissen.

Aber wenn ich in Nächten mit kalten Winden und sintflutartigen Regenfällen in Florianópolis in meinem massiven, kaminbeheizten Haus sitze, verspüre ich tatsächlich ein Gefühl von Dankbarkeit und Erleichterung darüber, dass meine Jungen und ich nicht in M.s Haut stecken. M. ist eine der Mütter in dem Programm, die Aids und zwei HIV-positive Kinder hat und in einem Holzhaus lebt, das bei uns zu Hause allenfalls als schäbiges Baumhaus durchgehen würde.

Das heißt, ja, in gewisser Weise habe ich das Gefühl, dass mir das materielle Leid anderer Leute tatsächlich hilft, den materiellen Wohlstand zu schätzen, den Alastairs jahrelange harte Arbeit den Jungen und mir gesichert hat. Und ich bin dankbar für das Gefühl von Erkenntnis, das ich empfand, als ich C. kennenlernte, eine Mutter, die das Programm in Rio de Janeiro durchlaufen hat und die mit der plötzlichen schweren Erkrankung ihres Sohns, einem gewalttätigen Ehemann und ihrer begrenzten Bildung zu kämpfen hatte. Eine Stimme in mir versicherte mir: »Du bist nicht allein; auch andere leiden; du bist nicht die Einzige, die von den Göttern verstoßen wurde.« Dieses Gefühl von geteiltem Leiden hatte etwas Tröstliches.

Mitunter habe ich versucht, mir das Recht auf mein eigenes Leiden abzusprechen. Jahre bevor ich genügend Tränen vergossen hatte, sagte ich mir, es stünde mir nicht wirklich zu, Schmerz zu empfinden. »Mein Leiden ist nichts im großen Weltenplan«, sagte ich zu meiner Freundin L. »Wenigstens kann ich mich noch immer um meine Kinder kümmern und habe genug Geld, um zu essen und zu leben.«

Sie wandte sich verärgert zu mir um. »Es spielt keine Rolle, wie arm oder reich du bist«, sagte sie angespannt, aus Erfahrung sprechend. »Jemanden zu verlieren, den man liebt, ist mit das Schlimmste, was es im Leben zu ertragen gibt.«

Ihre Worte und ihr Ton gaben mir zu denken.

Bevor ich nach Brasilien ging, saß meine Freundin S. mir gegenüber und erhob ein Glas Rotwein auf mein Wohl. »Möge dir dein Leiden eine Brücke zu Verständnis und Mitgefühl für das Leiden anderer eröffnen.«

Ich stieß mit ihr an, nicht ahnend, wie prophetisch ihre Worte waren. Indem ich meine eigene Erfahrung des Leidens teile und zum Ausdruck bringe, beginnen viele Leute um mich herum ebenfalls ihre Schwächen zu zeigen. Sprachbarrieren, gesellschaftliche Schranken, Altersunterschiede werden überwunden durch das Teilen des Leidens.

Meine Heimreise nach Irland und England hat mir die Probleme des Vergleichens in umgekehrter Richtung deutlich vor Augen geführt. Mit einer Gruppe netter Freunde und meiner weit verzweigten, wundervollen Familie Urlaub zu machen fiel mir mitunter schwer. Die meisten von ihnen schienen nach wie vor im hektischen Alltag einer Durchschnittsfamilie und einer stabilen Beziehung im Land des Happy Ends zu leben. Das verstärkte mein eigenes Bewusstsein für den völligen Zusammenbruch meines eigenen Happy Ends durch Alastairs plötzlichen Tod. Gefühle von *Warum Alastair? Warum ich?* und – vielleicht am schmerzlichsten und beharrlichsten – *Warum unsere beiden kleinen Jungen?* wogten in mir auf und ab wie die Wellen der eiskalten Irischen See. Dass andere nicht litten, versetzte mir bisweilen einen schmerzlichen Stich.

In der Erinnerung an die Gefühle von Ungerechtigkeit, die mich damals durchzuckten, an meine eigene Reaktion und meine Schuldgefühle deswegen, höre ich allmählich das Flüstern einer anderen Wahrheit. Es ist eine leise, ruhige Stimme, in die sich im Laufe der Jahre Alastairs eigener fester Ton geschlichen hat. Diese Stimme sagt mir, dass schon ein einziger Kratzer an der dünnen Oberfläche zeigen würde, dass jeder mit Schwierigkeiten und Herausforderungen zu kämpfen hat. Wenn ich über meinen schlichten Neid auf all diejenigen hinaussehe, die noch immer in ihrer Happy-End-Welt leben, dann entdecke ich Freunde, die sich trennen, die keine Kinder bekommen können, deren Kinder schwer krank sind, die missbraucht wurden, die an lebensbedrohlichen Krankheiten leiden. Und wenn ich die Brille meines kleinlichen Selbstmitleids wirklich absetze, beginne ich dahinter zu erkennen, dass wirklich glückliche Leute sehr selten anzutreffen sind. Wir alle leiden an unzähligen inneren Qualen: dem Gefühl von Unzulänglichkeit, der Angst vor der eigenen Sterblichkeit, gewaltigen und alltäglichen Verlusten.

Das Leiden ist fast allen Menschen gemeinsam, ob in Irland oder England, Ruanda oder Brasilien, ob arm oder reich, ob durch Armut, die Krankheit eines Kindes, den Tod eines geliebten Menschen, eine Scheidung oder die schlichte und gnadenlose Erkenntnis unserer eigenen menschlichen Schwächen und Grenzen. Alle bis auf die wenigen Erleuchteten leiden, in einem unterschiedlichen Maß, für das es keine Kategorien gibt. Ich hauche noch einmal lautlos das Wort »Mitgefühl« und koste seine Frische. Mein Mitgefühl beginnt alle Menschen zu umfassen, mich selbst eingeschlossen.

Wie die Glühbirne bei der Weihnachtsbeleuchtung, die endlich richtig festgeschraubt wird, werde ich vom Licht meines eigenen Leidens durchflutet, und gleichzeitig wird die ganze Kette der Menschheit, und mein Platz in ihr, für mich erhellt.

Den Frieden wählen

Brasilien wird allmählich zu unserem Zuhause. Die Arbeit in Alastairs Namen kommt gut voran. Den Kindern geht es gut, mir geht es gut. Auf diesem fruchtbaren Boden beginnt die Saat des Friedens von Byron Katies Retreat auszutreiben und zu blühen. An einem warmen Wintertag, fast zwei Jahre nach unserer Ankunft in Brasilien, gehen wir an unserem abgelegenen Lieblingsstrand spazieren. Die Jungen laufen voraus, bleiben von Zeit zu Zeit stehen, um zerfallende Sanddollars aufzuheben oder auf die leblosen Krusten von Seeigeln und Krebsen zu zeigen. Tom findet ein winziges Seepferdchen, das am Strand angespült wurde, und ruft uns aufgeregt, damit wir es uns ansehen. Das sind die Momente, in denen ich weiß, dass die Jungen am richtigen Ort sind, wo sie eine freie, sorglose Kindheit verbringen, inmitten einer Ehrfurcht einflößenden Natur. Nachdem er das Seepferdchen eingehend begutachtet hat, überreicht Tom es mir feierlich in seiner offenen Hand. Dann stürmen die beiden Jungen den Strand hinunter, um den Fang im Eimer eines Fischers zu inspizieren, während er sein Tarrafa-Netz geschickt, mit einer schnellen und fließenden Bewegung aus dem Handgelenk, im seichten Wasser auswirft. Die Strahlen der tiefen Nachmittagssonne spiegeln sich in der Feuchtigkeit des Netzes, und es schimmert für einen Moment in der Luft, bevor es ins Wasser fällt.

Ich stecke das Seepferdchen langsam und behutsam in meine Hosentasche. Meine Hand streift einen glatten, flachen Kieselstein, den meine Freundin S. mir nach Alastairs Tod geschenkt hat. Ich trage diesen Stein oft bei mir, und manchmal streiche ich über seine samtglatten Konturen und grübele über seine Inschrift nach. Auf einer Seite des Kieselsteins steht: »Alles passiert aus einem Grund.« Auf der anderen Seite steht: »Glaube einfach.«

Ich denke, wie Alastair den Stein genommen und geschickt über die Oberfläche des ruhigen Meeres hätte springen lassen, jauchzend vor Freude, während der Stein fünf- oder sechsmal übers Wasser hüpfte.

Meine Gedanken kehren zurück zu der Woche nach seinem Tod. Damals sagte ich immer wieder zu meiner Schwägerin: »Das ist das Schlimmste, was hätte passieren können, das Schlimmste, was hätte passieren können.«

Ich verglich Alastairs Tod in meinem überdrehten Verstand mit jeder anderen möglichen Katastrophe in meinem Leben und räumte ihm den höchsten Rang ein. Ich glaubte, Alastair sei ein Opfer, weil er mit neununddreißig sterben musste. Ich hatte das Gefühl, Tom und Liam seien Opfer, weil ihnen ihr wunderbarer Vater so früh entrissen wurde. Und ich schlüpfte selbst wehleidig in die Opferrolle, weil ich mit zwei kleinen Kindern und einem gebrochenen Herzen allein dastand und mich hilflos im Kreis drehte. Verloren war nicht nur die Lebendigkeit meines lachenden, liebevollen, hilfsbereiten, mitunter aufreibend streitbaren Lebenspartners, der jeden meiner Tage mit mir geteilt hatte; nicht nur der hingebungsvolle, jungenhafte Vater für unsere kleinen Söhne; nicht nur der freche Augenstern meiner Schwiegermutter – sondern auch alles in mir: mein Glaube an das Leben und seine Güte und seine schlichte Symmetrie. Mir wurde übel von dem bitteren Geschmack der Vergeudung eines Lebens, der Vergeudung eines intelligenten und fähigen Mannes, der im Begriff schien, noch so viel mehr zur Welt beizutragen.

Damals versuchte mein Bruder mich zu beschwichtigen, indem er sagte, Alastairs Tod sei keine Tragödie. »Er wurde geboren, hatte Kinder und ist gestorben«, sagte er. »Er hat genau das getan, wozu wir alle hier sind.«

Ich hatte über diese Worte nachgegrübelt und sie dann zurückgewiesen. Eine solch reduzierte Sicht des Lebens wird weder Alastair noch irgendeinem von uns gerecht. Wir sind keine Tiere, die lediglich unsere Spezies vermehren. Ich muss an Alastairs achtjährige Nichte und Patentochter denken, die nach der Trauerfeier geklagt hatte: »Wenn er doch nur noch zehn Jahre länger gelebt hätte.«

Ich hatte automatisch, intuitiv erwidert: »Und was, wenn er zehn Jahre kürzer gelebt hätte und es ihm versagt geblieben wäre, dein Patenonkel zu sein, seine beiden Söhne zu haben, mich zu heiraten?«

Als ich jetzt dastehe und auf die Weite des Ozeans vor mir hinausblicke, beginne ich wirklich zu begreifen, dass ich mit meinem Denken bestimme, ob Alastairs Tod eine Tragödie ist oder nicht, zumindest für mich. Die Saat, die in dem Byron-Katie-Retreat gelegt wurde, beginnt Früchte zu tragen. Was, wenn

Alastair die wahre Mission seines Lebens erfüllt hat, ohne dass ich es weiß, ohne dass er es selbst wusste? Was, wenn sein Tod eine Art Beförderung war, wahrhaftiger und ehrgeiziger als seine Beförderung in der Arbeit? Was, wenn er gerade genug Zeit gelebt hat und gerade genug von allem getan hat? Was, wenn nichts vergeudet wurde, sondern sein Leben genau so war, wie es dem Inhalt und der Länge nach sein sollte? Was, wenn sein Tod sogar ein Teil auch meiner eigentlichen Reise auf der Erde war? Und die Jungen: Was, wenn der Tod ihres Vaters auch ein Teil ihres Weges war – notwendig, damit sie so aufwachsen und sich so entfalten können, wie sie es tun müssen? Was, wenn sein Tod *für uns* und nicht *uns* passiert ist?

Indem ich der Möglichkeit dieser Gedanken Raum gebe, eröffne ich mir ein tiefes Gefühl von Frieden und Demut.

Ich stehe an einem Scheideweg.

Ein Weg ist mit unserer Opferrolle gepflastert – ein Weg, der es mir gestatten würde, Alastairs Tod als Grund anzusehen, unglücklich und unerfüllt zu sein, und ihn als Ausrede zu benutzen, um von anderen zu verlangen, dass sie sich bis an unser Lebensende um mich und die Jungen kümmern. Wie Tom damals in der Supermarktschlange könnte ich Alastairs Tod für den Rest meines Lebens als Geschichte benutzen, um die stets begehrte Aufmerksamkeit zu bekommen, nach der sich mein Ego sehnt.

Dieser Weg ist verführerisch. Er lockt mich mit seiner Passivität. Er befreit mich davon, selbst für mein Glück verantwortlich zu sein. Aber wenn ich diesen Weg ein paar Schritte gehe, dann wird mir bewusst, dass er nur zu Verbitterung und unfairen Erwartungen und Ansprüchen an andere führt. Aber vor allem gibt es auf ihm kein Lachen. Und ich sehne mich danach, wieder schallendes Lachen in meinem Leben zu haben.

Der andere Weg ist weniger eindeutig. Es ist der Weg, auf dem ich selbst die Verantwortung für mein Leiden und mein

Glück übernehme. Es ist der Weg, der mir in dem Retreat aufgezeigt wurde, mit der klaren Erkenntnis, dass nicht das, was mir im Leben passiert, bestimmt, wie glücklich oder traurig ich bin, sondern was ich darüber glaube. Während ich zögernd diesen Weg hinunterspähe, schlängelt er sich fort ins Unvorstellbare.

Immer wieder fand ich mich an diesem Scheideweg wieder. Und hier stehe ich erneut und bringe allen Mut auf, den ich noch in mir habe, um den zweiten Weg einzuschlagen. Es hat über drei Jahre schmerzlindernder Geschäftigkeit und Nachdenkens gebraucht, bis ich an diesen Punkt gelangt bin. Es hat die großzügige Unterstützung meiner Familie und Freunde, von Therapeuten und spirituellen Retreats gebraucht. Es hat ein offenes Herz gebraucht, eine Kapitulation vor den Gefühlen und Erfahrungen, die Alastairs Tod ausgelöst hat. Es hat ein überwältigendes Bedürfnis gebraucht, das Leben voll auszukosten und aus ganzem Herzen zu lachen.

Ich kann mich des Gefühls nicht erwehren, dass irgendein unsichtbarer Freund dabei seine Hand im Spiel hatte, sei es Alastairs Geist oder Gott oder das Leben selbst. Während ich mich für diesen zweiten Weg entscheide, spüre ich allmählich, wie sich die dunkle Wolke über meinem Leben lichtet. Ich beginne das Potenzial zu sehen, das das Leben für mich bereithält, um wieder glücklich zu sein. Die Zukunft winkt jetzt, und das Unbekannte ist nicht länger bedrohlich. Ich beginne wieder dankbar für all das zu sein, was ich habe, nicht nur für das, was mein Leben mit Alastair idealisiert. Vielleicht hat mein Bruder in einer Hinsicht doch recht. Vielleicht war Alastairs Tod keine Tragödie. Nicht weil er sich fortgepflanzt hat. Nicht weil er das Potenzial erreicht hat, das andere auf ihn projizierten. Sondern weil ich, wenn ich glaube, dass sein Tod eine Tragödie ist, Opfer schaffe und mich auf das konzentriere, was verloren ist.

Wenn ich glaube, dass Alastairs Tod keine Tragödie ist, dann konzentriere ich mich auf die Tatsache, dass sein Leben ein Geschenk war: für ihn, für mich, für seine Kinder und für alle, die ihn geliebt haben. Es lässt die Erinnerung an ihn in mir atmen. Es erweckt ihn für mich wieder zum Leben – den Alastair, der mich zum Lachen gebracht hat; den Alastair, der mich im Nu aus einem Stimmungstief holen konnte; den Alastair, der sich für die kleinsten Dinge des Lebens so begeistern konnte, der mit Freunden über ihre kleinen Schwächen gewitzelt hat, der bei Sonnenuntergang ein kaltes Bier getrunken hat, verloren in gemeinsamem Gelächter mit Tom und Liam.

Wenn ich mich nicht auf das konzentriere, was verloren ist, dann sehe ich deutlich, dass ich mich glücklich schätzen kann, meine beiden gesunden Söhne, endlose Unterstützung von Angehörigen und Freunden und genügend Geld zu haben, um die Kinder ohne finanzielle Kopfschmerzen großziehen und ihnen eine Vielzahl von Möglichkeiten bieten zu können. Ich verstehe auch, dass Alastair sich glücklich schätzen konnte, ein so wunderbares Leben zu haben, mit so viel Liebe, Reisen und Abenteuern, wie er darin unterbrachte. Ich bin dankbar, dass Liam und Tom aus so viel Liebe entstanden sind und dass ihr Vater lange genug lebte, um ihnen beiden das Leben zu schenken, sodass sie einander haben.

Eine Freundin tröstete mich, indem sie mir sagte, wir könnten uns glücklich schätzen, diese Liebe und unser gemeinsames Leben erfahren zu haben. »Die meisten Leute«, ergänzte sie wehmütig, »bekommen nie die Chance dazu.«

Mir ist bewusst, dass kein einziger Augenblick unserer sieben gemeinsamen Jahre verloren ist und dass weder der Tod noch die Zeit sie uns rauben können: das beiläufige »Leb ein bisschen«, das Alastair am Tag vor seinem Tod augenzwinkernd zu mir sagte, als wir auf das Karussell stiegen, ohne zu bezahlen; der Zauber einer vierköpfigen Familie, die sich gegenseitig mit Eistüten auf die Nasen tupfte; der aufregende Moment des

Erkennens gegenseitiger Liebe. Diese Erinnerungen sind noch immer ein Teil von mir. Nichts davon ist verloren. Diese Momente lassen sich wachrufen durch das Betrachten einer Fotografie oder durch ein Lieblingslied im Radio oder in einem Moment stillen Nachdenkens.

Indem ich die bedrückenden Gedanken loslasse, dass Alastairs Tod eine Tragödie war, dass er, die Jungen und ich Opfer sind, dass alles verloren ist, schaffe ich Platz für das wachsende Gefühl von Frieden.

Als ich die Augen öffne, wirklich öffne, kann ich sogar einen flüchtigen Blick auf das erhaschen, was durch Alastairs Tod gewonnen ist. Es ist schwer zuzugeben, dass es an einem Leben nach Alastairs Tod positive Aspekte gibt, sogar mir selbst gegenüber. Aber wenn ich das Gute akzeptiere, das aus Alastairs Tod entstanden ist, dann kann ich mit Hoffnung und einem Gefühl sinnvoller Schönheit leben, das begreife ich allmählich.

Es beginnt mit kleinen Dingen. Ich liebe es, im Bett zu frühstücken, aber Alastair fand das furchtbar und hat sich immer über die Krümel im Bett beklagt, die die Ameisen anlockten. In unseren sieben gemeinsamen Jahren habe ich sehr selten im Bett gefrühstückt. Jetzt fange ich wieder damit an, und ich gestatte mir, es zu genießen. Wenn ich mit den Jungen zusammen bin, werde ich wieder mehr ich selbst, anstatt die eher traditionelle Mutterrolle zu übernehmen, die Alastair mit seiner witzigen Vaterrolle ergänzt hat. Befreit von den gesellschaftlichen Normen der Vater-Mutter-Aufteilung bei der Erziehung, kann ich selbst entscheiden, welche Rolle und welche Aktivitäten am besten zu mir passen.

Trotz aller Unsicherheit und Einsamkeit kann ich sehen, dass es jetzt mehr Freiheit in meinem Leben gibt. Mehr Freiheit, mein Leben genau so zu leben, wie ich es will, ohne auf Alastairs Karriere, Pläne oder Prioritäten Rücksicht zu nehmen. Ich kann tun, was ich will, und gehen, wohin ich will. Ich nehme zum Beispiel nicht an, dass Alastair und ich nach Florianópolis gegangen wären, da er mit seiner Karriere an Großstädte gebunden gewesen ware.

Die Jungen gewinnen ebenfalls durch die Erfahrung seines Todes. Sie wachsen mit zwei Sprachen und drei Kulturen auf, was ihnen eine ganze Welt vielfältiger Lebenserfahrungen eröffnet. Alastairs Tod hat uns nach Florianópolis und zu einer Waldorf-Erziehung geführt, die sie ganzheitlich fördert, auch und gerade in ihrem spirituellen Wachstum. Wenn Alastair noch am Leben wäre, dann hätten sie diese Gelegenheit aller Wahrscheinlichkeit nach nicht bekommen. Und sie werden in jungen Jahren mit dem Tod konfrontiert und lernen, sich von seinem erschreckenden Bann zu befreien. Von Beginn ihres eigenen bewussten Lebens an wissen sie um die Vergänglichkeit und Zerbrechlichkeit unserer physischen Existenz, was ihnen vielleicht die Augen dafür öffnen wird, jeden Moment, jeden Tag, der ihnen gewährt wird, wirklich zu schätzen. Sie haben enge Bekanntschaft mit dem Tod geschlossen und kennen seine Grenzen aus eigener Erfahrung: Er kann die Liebe nicht töten, sie ist und bleibt unsterblich.

Ich muss an eine Szene in Oxford denken. Als ich über dem Herd zusammengesackt weinte, während die Jungen ihr Abendbrot aßen, sagte der vierjährige Tom mit verzweifelter, leiser Stimme zu mir: »Wein doch nicht, Mummy, vergiss nicht, es ist nur sein Körper, der gestorben ist.« Diese Jungen wachsen mit einem innigen Verständnis ihres spirituellen Wesens auf, wie es den meisten Menschen ihr Leben lang nicht zuteilwird.

Vor die Wahl gestellt, würde ich mich ohne Zögern dafür entscheiden, Alastair zurückzubekommen und sowohl die reiche Erfüllung als auch den Kompromiss eines gemeinsamen Lebens wieder anzunehmen. Aber ich kann mit Gott so viel verhandeln, wie ich will: Es gibt diese Wahl nicht mehr. Nichts, nicht einmal lebenslanges Leiden, wird mir Alastair wiederbringen. Manchmal will ich fast wieder Leiden mit Liebe gleichsetzen, aber wie könnte das wahr sein? Wenn ich für den Rest meines Lebens unter Alastairs Tod leide, dann werde ich dieses Leiden an unsere Kinder weitergeben wie ein unheimliches Familienerbstück, das ihnen wie ein ewiger Blutegel das Leben aussaugen wird. Wie könnte ich das wollen? Wie könnte Alastair das wollen?

Wenn ich für den Rest meines Lebens leide, dann wird Alastair mir nur sieben Jahre Freude und (vielleicht) jahrzehntelangen Schmerz bereitet haben. Wie kann das sein? Wie kann er in der Summe einen negativen Einfluss auf mein Leben haben? Das wäre genau das Gegenteil seiner Wesensart zu Lebzeiten, genau das Gegenteil dessen, was ich von ihm in Erinnerung behalten will.

Mein Leben mit Alastair an meiner Seite ist gestorben, und jetzt stehe ich vor der Wahl, entweder im Schatten unseres gemeinsamen Lebens zu verharren oder dieses neue Leben, diese neue Wirklichkeit anzunehmen. Wie alles andere hat auch sein Tod sowohl negative als auch positive Konsequenzen. Ich habe mich lange genug mit den negativen Folgen herumgeschlagen. Ich kenne sie, ich lebe sie, ich akzeptiere sie. Mut heißt, sich auch für die positiven Seiten zu öffnen. Mut heißt, auf mein innerstes Bauchgefühl zu hören, dass das Leben gut ist.

Vielleicht ist der Grund für Alastairs Tod, dass er alles getan hatte, was er tun musste, einschließlich seines Sterbens. Vielleicht ist er gestorben, damit die Jungen und ich unseren Weg fortsetzen können, damit wir so wachsen und uns entfalten können, wie wir es tun müssen. Vielleicht waren sein Leben und sein Tod nicht nur genug, sondern mehr als das, ein Überfluss.

Ich beschließe, zur Verräterin des Unglücks zu werden. Ich beschließe, »einfach zu glauben«.

Florianópolis ist tatsächlich eine Zauberinsel, wie die Einheimischen sagen, und sie webt ihren Zauber jetzt seit über zweieinhalb Jahren in den Stoff meines Herzens. Sie wird Zauberinsel genannt, weil Frauen, die in Europa der Hexerei beschuldigt wurden, hierher verbannt wurden. Das war zur Zeit der portugiesischen Kolonisation in der Mitte des 18. Jahrhunderts. Heute findet man die *Benzedeiras*, die spirituellen Frauen, noch immer auf der Insel, und viele Einheimische wenden sich in schwierigen Zeiten an sie. Der Legende nach besitzt oft das siebte Kind in einer Familie diese spirituelle Fähigkeit. Wenn ich gefragt werde, warum ich nach Brasilien gekommen bin, dann erzähle ich den Leuten von der Hilfsorganisation und meinem Traum von Alastair, der mich hierher gerufen hat. Wenn ich gefragt werde, warum ich ausgerechnet nach Florianópolis gekommen bin, bin ich mir meiner Antwort nicht so sicher. In Anlehnung an eine Äußerung von Father D., meinem aufgeklärten katholischen Priester in Irland, würde ich sagen, dass die Zeichen mich hierher geführt haben. Ich finde Sinn in der Vorstellung, dass die Zauberinsel mich gerufen hat: als das siebte Kind in meiner Familie.

Eines Nachmittags, während die Kinder im Garten *Frescobol* spielen und ich auf der Terrasse sitze, hingerissen von einem Kolibri, der mit einer roten Hibiskusblüte flirtet, erfüllt mich eine große Dankbarkeit. Mir ist bewusst, dass ich eine Blume wie jede andere bin. Ich verbringe die meiste Zeit meines Lebens unter der Erde. Alastairs Tod jedoch hat mir geholfen, mich ans Licht zu ziehen und aufzublühen. Ich habe gelitten, aber die ruhige Stimme in mir, gestärkt durch Alastairs Tod, flüstert, dass es vor allem darauf ankommt, was ich mit meinem Leiden tue. Sie sagt mir, dass ich durch das Leiden auch die Chance habe, aufzubrechen und zu wachsen, das Leben mit einem Schuss Leidenschaft und Mut anzunehmen. Und diese Haltung kann man sich mit Selbsthilfebüchern oder höheren Abschlüssen in Philosophie und Psychologie nicht erkaufen. Wenn ich an die Familien in der Hilfsorganisation und an viele Freunde und Angehörige zurückdenke, dann erkenne ich nicht nur, dass sie leiden, sondern auch ihre Fähigkeit, es zu überleben. In einigen inspirierenden Fällen sehe ich, dass manche aus der Finsternis ihres Leidens sogar aufgeblüht sind.

Für mich ist die Knospe, die aus der Erfahrung, dem Leiden und den Folgen von Alastairs Tod entsteht, ein neues spirituelles Erwachen. Seit Alastairs Tod befinde ich mich im freien Fall, überwältigt von einem Gefühl der Angst und Freiheit gleichermaßen. Die Angst ist mein Verstand, der seine falschen Gewissheiten verliert, und die Freiheit ist ein aufkommendes Lied meiner Seele.

Als Alastair und ich heirateten, gravierte ich in unsere Eheringe die irischen Worte für »Liebe, Glück und Gelächter«. Aber dabei unterlief mir ein Rechtschreibfehler, und ich schrieb das irische Wort für Glück mit *t* anstatt mit *d*. Dadurch änderte sich die Bedeutung des Worts. Anstelle von »Glück« (»ádh«) heißt das Wort übersetzt jetzt »Furt« (»áth«), eine flache Stelle in einem Fluss, über die man von einem Ufer ans andere gelangen kann. Eine Freundin machte Alastair und mich am Vorabend unserer Hochzeit darauf aufmerksam. Alastair lachte schallend auf: »Na toll, mein Schatz! Jetzt werden wir ein Leben mit Liebe, einer *Furt* und Gelächter haben.«

Nach seinem Tod ging mir kurz der Gedanke durch den Kopf, dass dieser Fehler vielleicht der Grund war, weshalb unserer so kurzen Ehe kein Glück beschieden war. Jetzt hingegen stelle ich mir vor, dass Alastair vielleicht tatsächlich eine Furt für mich ist; eine Furt, die mich von meinem früheren Leben voll schöner Illusionen zu einer umfassenderen Erfahrung des Lebens führt.

Die schöne Illusion ist der Glaube, dass ich mich geschickt vor dem Leiden drücken kann, indem ich dem »Spiel des Lebens« folge, das von einer glücklichen Kindheit über aufrichtige Jugendfreundschaften weiterführt zu Hochschulabschlüssen und einer lohnenden Karriere, zu einem Engagement für die weniger vom Glück Begünstigten, zu lebenslanger Liebe und Ehe, zu mühelos gezeugten, gesunden und erfolgreichen Kindern, zu Reisen um die Welt und schließlich zum Tod im hohen Alter. Es ist das süchtig machende Märchen, das ich mir selbst erzählt habe, von garantierter lebenslanger Ehe und einer käuflichen Versicherung gegen Krankheit, Tod und herzzerreißendes Leid. Es ist die kindische Fabel: »Wenn ich hart arbeite, andere Menschen gut behandle und meinen Beitrag leiste, dann wird mir das Leiden erspart bleiben.«

Alastairs plötzlicher Tod hat mir die Vergänglichkeit des Lebens deutlich vor Augen geführt. Ich bin überwältigt von der tiefen Erkenntnis meiner eigenen Sterblichkeit und des dünnen Fadens, an dem mein Leben hängt. Ich erinnere mich, wie eine Freundin von der geradezu greifbaren Schockstarre unter den Hunderten von Leuten bei Alastairs Trauerfeier sprach. Diese große Gruppe von Freunden und Angehörigen in hauptsächlich jungen und mittleren Jahren war zwar betrübt über den Verlust, den sie selbst und unsere Familie erlitten hatten, aber sie schienen ihn nicht mit sich selbst in Verbindung zu bringen. Es gab eine unsichtbare, aber klare Linie zwischen den Unglücklichen (Alastair) und den Glücklichen (ihnen). Meine Freundin verglich das damals mit der Beerdigung ihres Schwiegervaters, der kurz zuvor verstorben war. Er starb mit Mitte sechzig an einer Krankheit, und zu seiner Beerdigung hatten sich zahlreiche Leute seines Alters eingefunden. Bei dieser Beerdigung, hatte sie mir anvertraut, sei die Atmosphäre völlig anders gewesen. Er war der Erste aus dieser Gruppe, der starb. Natürlich war man betrübt über seinen Tod, aber es gab auch ein tief sitzendes Gefühl von Angst und düsterer Vorahnung. Selbst in den Sechzigern, erkannten sie, dass sein Schicksal auch ihr eigenes unabwendbares Schicksal war. Die Frage »Werde ich der Nächste sein?« lag schwer in der Luft.

Für mich gibt es keine unsichtbare Linie zwischen Alastair und uns allen. Alastairs Tod ist mir so nah, dass ich die Hitze seines Atems in meinem Nacken spüren kann. Alastair bringt den Tod in mein zerknautschtes Bett, in die Falten des Doppelbuggys unserer Kinder. Sein Tod macht die Tatsache, dass meine Eltern sterben werden, dass meine Kinder sterben werden, dass ich sterben werde, für mich echt und greifbar. Auch mir wird die Stunde schlagen, auch ich lebe im Schatten des Todes. Fragen hallen endlos in mir wider: *Wohin sind wir mit all unserer Hektik und Geschäftigkeit eigentlich gerannt?* Umgeben von Alastairs Kleidern und persönlichen Sachen, verloren im Durcheinander seiner Gehaltszettel, seines Kästchens mit Sportabzeichen, seiner Diplomurkunden, hatte ich laut aufgeschrien: »Was nehmen wir mit? Was bleibt von diesem Leben, wenn wir sterben?«

Alastairs Tod und die Fragen, die er aufgeworfen hat, bilden eine Furt von diesem einstigen Ufer der schönen Illusionen hin zu einem neuen Ufer mit mehr Klarheit und mehr Bewusstsein für meine physische Vergänglichkeit und mein wahres spirituelles Wesen. Auf diesem Weg mache ich winzig kleine Schritte.

Dieses neue Ufer ist die leise Gewissheit, dass wir spirituelle Wesen sind, die eine sterbliche Erfahrung machen, nicht sterbliche Wesen, die morgens um halb zehn in der Sonntagsmesse nebulöse spirituelle Erfahrungen machen. Ich erinnere mich an das buddhistische Retreat, zu dem ich nach Alastairs Tod fuhr, und an die Worte des Mönchs, der uns sagte, Meditation sei eine Lebensweise, kein Hobby zur Ergänzung eines hektischen Lebens. Allmählich beginne ich ihn zu verstehen. Ich hatte alles auf den Kopf gestellt. Meditation ist die Lebensweise, Spiritualität ist mein wahres Wesen. Das hektische Leben ist nur die Ergänzung.

Ich lese endlos über den Tod. Ich finde tiefen Trost in Büchern über Nahtod-Erfahrungen, die von ähnlichen Erfahrungen berichten, über Kulturen, Religionen und Altersgruppen. So viele Leute sprechen von einem überwältigenden Gefühl von Frieden und spiritueller Kontinuität. Ich genieße die Vorstellung, dass ich Alastair wiedersehen werde. Ich erinnere mich an die starke magnetische Anziehung, die ich verspürte, als ich ihn näher kennenlernte, und ich weiß tief in mir, dass es eine Art Erkennen war. Selbst wenn wir nicht in derselben physischen Gestalt sind, wenn wir uns wiedersehen, weiß ich, dass dieses Erkennen ihn mir offenbaren wird.

Ich komme zu einer direkten Beziehung mit Gott, vorbei an religiösen Hierarchien und Dogmen, und diese Beziehung entfacht ein Feuer der Freude und des göttlichen Erkennens in mir. Das ist die Richtung, die Byron Katies »The Work« und Osho mit seiner dynamischen Meditationen weisen – zum Göttlichen in mir.

Ich erinnere mich an die prophetischen Träume, an das sich wandelnde Gefühl von Alastairs Existenz nach seinem Tod, die Synchronizitäten, die mich nach Brasilien und zur Verwirklichung unserer Träume geführt haben. Ich erinnere mich an meine Bitte um wahre Liebe vor vielen Jahren auf dem Jakobsweg, und eine der Passagen aus Kahlil Gibrans *Der Prophet* kommt mir in den Sinn:

Denn so, wie die Liebe dich krönt, kreuzigt sie dich.
Wie sie dich wachsen lässt, beschneidet sie dich.
All dies wird die Liebe mit dir machen, damit du die Geheimnisse deines Herzens kennenlernst und in diesem Wissen ein Teil des Herzens des Lebens wirst.

Ich bin Zeugin, wie das Leben meine eigenen Gebete erhört. Ich erinnere mich an meine erhebende Erfahrung von Gnade in Oxford und wie sie in mir das Gefühl von selbstloser Liebe wachrief, das meinem Gefühl für Alastair so ähnlich war. Wenn die Liebe Gottes (wie wir ihn nennen) tatsächlich Lichtjahre entfernt von unserer menschlichen Liebe ist, dann ist dieses Empfinden vielleicht nur eine Vorahnung von dem, was mich erwartet, wenn ich mich auf ein spirituelles Leben mit mehr Meditation und Achtsamkeit einlasse. Vielleicht ist es nur eine winzige Vorahnung der Freude und des Friedens, die uns alle im Tod erwarten.

Meine enge Freundin I., die in Brasilien lebt, ruft mich aus heiterem Himmel an, um mir zu sagen, dass sie zu einem einwöchigen spirituellen Retreat nach Florianópolis kommt, und wir vereinbaren ein Treffen, bevor sie zurück nach Hause fliegt. Als wir uns in einem Restaurant in der Nähe des Flughafens treffen, bin ich verblüfft von ihrer sichtlichen Freude und dem Gefühl von Leichtigkeit und Liebe, das sie umgibt.

»Auf was für einem Retreat warst du denn?«, frage ich interessiert.

»Oh, Bébhinn«, sagt sie lächelnd, »es gibt da einen Meister, nur eine Stunde von deinem Haus entfernt. Er war viele Jahre lang Oshos Bodyguard in Indien und wurde erleuchtet, nachdem er nach Oshos Tod etwas Zeit allein im Himalaja verbrachte.« Sie ergänzt: »Die Retreats und Treffen mit ihm sind auf Englisch und Portugiesisch.«

Mein Herz schlägt höher. Wie praktisch das Leben doch ist, denke ich lächelnd. Wer hätte gedacht, dass ein erleuchteter Anhänger meines Lehrers Osho eine Stunde von meinem neuen Zuhause in Brasilien Retreats abhalten würde? In englischer Sprache? Die Synchronizität zeigt mir wieder einmal den Weg.

Das Leben ruft mich dazu auf, mir Zeit für mein wahres

Selbst zu nehmen. Ein neuer Weg tut sich auf, echter und offener, und ich werde von neuen Funken entfacht.

Ein Kreis schließt sich

An einem warmen Frühlingsabend im Jahr 2011, drei Jahre nach unserer Ankunft in Brasilien, fahre ich mit meinem Wagen verkehrswidrig eine Straße im Zentrum von Florianópolis hoch. Es ist schon Nacht, und ich habe endlich, endlich einen Parkplatz gefunden. Ich stelle meinen Wagen zwischen zwei anderen wild parkenden Autos in der Fußgängerzone ab, gleich neben der eindrucksvollen Kathedrale.

Ich bin spät dran.

Ich werfe im Rückspiegel rasch einen letzten Blick auf mein Erscheinungsbild. Ich sehe unmöglich aus. Ich bin vor einer halben Stunde aus dem Haus gestürmt, habe zwei müde, quengelige Kinder von mir losgeeist, während meine Freundin C. mir versicherte, dass es ihnen gut gehen würde. Ich hatte keine Zeit zum Duschen, bevor ich in einen bunten Rock geschlüpft bin und mir ein wollenes Kapuzenshirt geschnappt habe, um mich vor der kühlen Nachtluft zu schützen. Ich bin nicht geschminkt und kaum gekämmt, und ich habe eine rote Stelle genau unter der Nase, wo ich mich vorhin an der Autotür angestoßen habe. Ich seufze, öffne die Tür und laufe los zum Theater Álvaro de Carvalho am oberen Ende der Straße.

Die ganze Gegend ist zugeparkt. Helle Lichter und Musik kommen aus dem Theater. Ich stürme keuchend die Marmorstufen hoch. Zwei Bodyguards im Smoking treten auf mich zu, um zu verhindern, dass ich einfach hineinlaufe. »Sind Sie eine der Kandidatinnen?«, fragen sie mich zweifelnd.

Ich bleibe stehen, sehe zu ihnen hoch. »Ja, das bin ich«, sage ich zu ihnen. Auf einmal fühle ich mich eingeschüchtert und fehl am Platz. Sie reichen mir einen Anstecker für mein Revers und treten zur Seite, um mich durchzulassen.

Prunkvoll liegt das Theater vor mir. Eine sanfte, einladende Beleuchtung zeigt mir den Weg ins Foyer. Glamouröse Frauen in feinen Abendkleidern schweben von einer Seite zur anderen. Eine Aura perfekt manikürter Eleganz umgibt sie. O Gott, niemand hat mir gesagt, dass hier Abendgarderobe angesagt ist! Ich atme tief durch, streiche meinen zerknitterten Pfauenrock glatt und folge den gedämpften Geräuschen von Lachen, Geplauder und leiser Hintergrundmusik in den Theatersaal. Die Bühne erhebt sich groß vor mir, mitten darauf ein Streichquartet, das sich gerade einspielt. Ich sehe mich nach meiner Kollegin T. von Child Health Florianópolis um, die mir einen Platz frei gehalten hat. Sie winkt mir von der dritten Reihe aus zu, und ich eile rasch zu ihr. Kaum dass ich Platz genommen habe, beginnt das Quartett zu spielen, und Stille senkt sich über den Saal. *Ein Glück, dass die Brasilianer genauso unpünktlich sind wie ich*, denke ich, während ich versuche, meinen Atem zu beruhigen.

Die Moderatorin des Abends, eine schöne, gepflegte blonde Frau, steht neben dem Podium. »Willkommen zu Florianópolis' alljährlicher Preisverleihung für ›Frauen, die etwas bewegen‹. Erheben wir uns alle für die brasilianische Nationalhymne.«

Ich freue mich, als ich sehe, dass eine der Musikerinnen eine Freiwillige bei Child Health Florianópolis ist, die in diesem Jahr bei unserer alljährlichen Spendenaktion gespielt hat.

Die Preisverleihung wird von der angesehenen Industrie- und Handelskammer von Florianópolis ausgerichtet. T. hat mich genötigt, die Kinder zu Hause zu lassen und mitzukommen. Umrahmt von einem geschmackvollen Repertoire klassischer Musik, halten die Präsidenten verschiedener Abteilungen der Kammer kurze Ansprachen vor dem Publikum. Die Moderatorin stellt kurz die siebenundvierzig Kandidatinnen und ihre

Arbeit vor und spricht Kommunalpolitikern, Sponsoren und erfolgreichen Geschäftsleuten die übliche Anerkennung aus. In drei Kategorien wird jeweils ein Preis verliehen: im öffentlichen Sektor, im Wirtschafts- und im Wohlfahrtssektor. Zehn anonyme Juroren haben die Leistungen aller Kandidatinnen und die Hindernisse, die sie dabei überwinden mussten, unabhängig voneinander bewertet.

Ich sehe zu, wie mein Foto auf der Leinwand über der Bühne erscheint, während die schöne Blondine über meinen Namen stolpert. »Diese Kandidatin ist aus Irland gekommen, um ihren verstorbenen Mann zu ehren, indem sie hier Child Health Florianópolis aufbaut«, sagt sie zusammenfassend, bevor sie zur nächsten Kandidatin kommt.

Ich rutsche unbehaglich auf meinem Stuhl hin und her. Wieder fühle ich mich fehl am Platz. Ich spüre, wie sich ein vertrauter Kampf in mir abspielt. Meine kulturell verankerte Abneigung gegen Eigenwerbung und großes Gehabe kämpft erbittert gegen eine großzügigere Akzeptanz äußerer Anerkennung.

Als die drei Finalistinnen in jeder Gruppe genannt werden, höre ich zu meinem großen Staunen meinen Namen. Ich weiß nicht, ob es Bescheidenheit ist, die mich erröten lässt, als ich auf die Bühne gebeten werde, oder das Zögern, die persönliche Ehre für ein kollektives Bemühen einzustreichen. Ich betrete verlegen die Bühne, zusammen mit den beiden anderen Finalistinnen in meinem Sektor, und bekomme einen Blumenstrauß überreicht. Als ich gebeten werde, mich zu den Fotografen umzuwenden, tue ich es und verziehe den Mund zu einem schmalen Lächeln.

Wir drei werden gebeten, die Bühne zu verlassen, und ich seufze erleichtert auf, während ich fast über die Stufen stolpere.

Als ich wieder Platz genommen habe, werden die Siegerinnen im öffentlichen und im Wirtschaftssektor verkündet, und zwei hochgewachsene, elegant gekleidete Damen nehmen ihre

Auszeichnungen entgegen und halten kurze, überzeugende Ansprachen, jede strotzend vor Selbstbewusstsein.

Und dann ist der Moment gekommen, um die Gewinnerin im Wohlfahrtssektor zu nennen. Vor dem Hintergrund von Vivaldis »Frühling« stolpert die Moderatorin über den Namen der Gewinnerin, und ich weiß prompt: Ich habe gewonnen.

Mir klappt vor Staunen der Kiefer herunter. Ich brauche ein paar Sekunden, um die Fassung wiederzufinden, dann halte ich mich an der Stuhllehne vor mir fest, ziehe mich hoch, gehe zu den Stufen und steige auf die Bühne.

Ich nehme den Applaus und die Glückwünsche entgegen. Ich nehme die geschmackvolle Trophäe mit meinem eingravierten Namen entgegen. Irgendwie verspüre ich nicht einen Hauch von Nervosität.

Ich sehe hinunter ins Publikum. Das Theater vor mir ist jetzt voll besetzt. Viele wohlhabende Familien von Florianópolis sind vertreten, darunter etliche erfolgreiche Geschäftsleute und eine Handvoll Politiker. Ich sehe meine Kollegin T., und auf meinem Platz sitzt Dr. M. und sieht strahlend zu mir hoch und applaudiert. Ich habe nicht gewusst, dass sie im Publikum ist, und ich bin überglücklich, sie zu sehen.

»Dass eine *Gringa* diesen Preis gewinnen konnte, zeigt, wie international Florianópolis ist«, beginne ich, und leises Gelächter kommt aus der Menge. Ich räuspere mich. »Ich möchte mich gern bei allen bedanken, die an dieser Auszeichnung beteiligt sind«, fahre ich fort, »und Ihnen sagen, dass ich sehr erstaunt bin, sie zu erhalten. Ich habe hier im Publikum mehrere Leute von verschiedenen Hilfsorganisationen gesehen, die sich seit vielen Jahren unermüdlich dafür einsetzen, Bedürftigen in Florianópolis zu helfen. Es ist mir eine Ehre, in ihrer Mitte zu sein und diese Auszeichnung stellvertretend für Child Health Florianópolis entgegenzunehmen, eine Organisation, die erst am Anfang steht. Auch wenn Child Health Florianópolis wichtig für die Kinder und die Familien ist, denen es hilft, ist es dennoch nur ein Tropfen auf den heißen Stein der Bedürftigkeit.«

Ein Zitat, das einer der Redner zu Beginn der Zeremonie erwähnt hat, fällt mir ein. Es stammt von der brasilianischen Dichterin Cora Coralina: *Ich bin die Frau, die auf den Berg des Lebens gestiegen ist, Steine aus dem Weg geräumt und Blumen gepflanzt hat.*

»Das Zitat von Cora Coralina vorhin hat mir gut gefallen«, sage ich vor dem Publikum, »denn für mich ist Child Health Florianópolis das Ergebnis eines Bemühens, Steine aus dem Weg zu räumen und Blumen zu pflanzen. Als ich einunddreißig war, starb mein Mann, Alastair Ramsay, plötzlich und unerwartet; unser jüngster Sohn war damals erst ein Jahr alt. Das war ein gewaltiger Stein, der auf meinen Weg stürzte. Seit seinem Tod habe ich versucht, diesen Stein aus dem Weg zu räumen und an seiner Stelle Blumen zu pflanzen. Child Health Florianópolis ist eine dieser Blumen. Aber ich habe diese Arbeit nicht allein getan. Heute Abend sind auch die Mitbegründerinnen Dr. M. und T. anwesend.« Ich zeige auf die beiden Frauen im Publikum, und herzlicher Applaus braust auf. »Hunderte von Frauen in Brasilien, England, Irland und Amerika haben mitgeholfen, diese Blume zu pflanzen. Es ist ein kollektives, kein persönliches Bemühen. So viele Freiwillige haben sich engagiert. Eine von ihnen sitzt in diesem Moment sogar hier auf der Bühne.« Jetzt zeige ich auf die Geigerin des Quartetts, die lächelnd zu mir hochsieht. Das Publikum lacht hörbar, verblüfft und applaudiert ihr. Und ich spüre die Anwesenheit all der Freiwilligen, Angestellten, Spendenbeschaffer und Spender für die ARCH-Stiftung und Child Health Florianópolis. Dieser Applaus gilt ihnen allen.

»Wir haben sogar ein paar gute Männer, die sich für dieses Bemühen engagieren«, sage ich lachend. »Um genau zu sein, sollte meine Rolle bei Child Health Florianópolis, auch wenn ich eine Auszeichnung als ›Frau, die etwas bewegt‹ erhalte, einem Mann zugeschrieben werden. Ich habe diese Arbeit im Namen meines Mannes getan.« Meine Stimme wackelt. »Und«, stammele ich, »ich würde an dieser Stelle gern die Gelegenheit ergreifen, ihm zu danken.«

Die Menge applaudiert ihm.

»Im Mittelpunkt von Child Health Florianópolis stehen die Mütter, die alle mit Armut und der Krankheit ihres Kindes zu kämpfen haben. Jede dieser Frauen versucht die vielen Steine wegzuräumen, die auf ihrem Weg liegen, und Child Health Florianópolis hilft ihnen, sie wegzuräumen und Blumen der Gesundheit und des Glücks in ihren Kindern zu pflanzen. Seit der Gründung unserer Organisation im Jahr 2008 haben wir fast sechzig Familien und über zweihundert Menschen unterstützt. Unsere ersten Familien haben das Programm bereits komplett durchlaufen, und sie berichten, wie sehr sich ihre Lebensverhältnisse im Hinblick auf die Gesundheit der Kinder, Familieneinkommen, Wohnsituation, Bildung und soziale Integration verbessert haben. Mit Ihrer Hilfe können wir noch mehr Familien unterstützen. Mit Ihrer Hilfe können wir wirklich etwas bewegen. Vielen Dank.«

Ich verlasse das Mikrofon unter begeistertem Applaus. Unterhalb der Bühne bahnen Dr. M. und ich uns einen Weg aus dem Theater, küssen Wangen und bedanken uns bei allen für ihre großzügig bekundeten Glückwünsche. Wir gehen Arm in Arm über die Straße und dann die kopfsteingepflasterte Gasse hinunter. Wir umarmen uns herzlich, als unsere Wege sich trennen, und ich gehe weiter die Gasse hinunter zu meinem parkenden Wagen.

Dann geschieht etwas Seltsames. Auf einmal werde ich von einer Welle von Gefühlen erfasst, und mein Kindheitstraum erscheint lebhaft vor meinem geistigen Auge: der Traum, dass ich den Reichen in Lateinamerika die Bedürfnisse der Armen bewusst mache. Ich erkenne die Ähnlichkeiten zwischen dem Traum und meiner Ansprache auf der Theaterbühne, und mich durchströmt der süße Fluss eines lebenslangen Traums, der wahr geworden ist.

Ich höre das Echo von Alastairs Stimme in mir widerhallen: »Ich verspreche dir, meine Liebe, ich werde dir helfen, alle deine Lebensziele zu erreichen.«

In diesem Moment komme ich an einer Kirche vorbei. Ihr Portal ist zur Straße hin weit geöffnet, und Musik dröhnt aus dem Inneren. Der Liedtext steht in großen schwarzen Buchstaben auf einer riesigen weißen Leinwand, und die versammelte Gemeinde singt einstimmig mit. Mein Blick fällt wie von selbst auf die Leinwand, und ich lese die Worte: »Benutze mich, Herr, benutze mich.« Die Worte erinnern mich prompt und eindringlich an mein Jugendmantra: »Herr, mach mich zu einem Handlanger deiner Arbeit.«

Das lässt mich unvermittelt innehalten, und ich lache laut auf. Ich sehe nach oben, sehe hinter mich und sehe mich um, versuche die versteckte Kamera zu entdecken. Ich stelle mir vor, eine Flöte zu sein, durch die Gott ein unglaublich süßes Lied spielt.

Irgendwie, irgendwo habe ich das unleugbare Gefühl, dass ein Kreis sich schließt.

EPILOG

Aufbrechen

Ein paar Wochen nach der Preisverleihung naht wieder einmal Alastairs und mein Hochzeitstag im Oktober.

In einem Anflug spiritueller Offenheit und Neugier beschließe ich, eine Möglichkeit zu finden, Kontakt zu Alastair aufzunehmen und ihm einen schönen Hochzeitstag zu wünschen. Eine Freundin empfiehlt ein Zentrum von Umbanda, einer afrikanisch beeinflussten Religion, die in Brasilien weit verbreitet ist und die Dienstleistung anbietet, mit dem Geist eines Verstorbenen zu sprechen, der sich durch ein Medium offenbart. Mein Verstand ist skeptisch, meine kulturelle Konditionierung hebt warnend den Zeigefinger, aber ich lerne allmählich, mich über diese beiden Beschränkungen hinwegzusetzen. Meine Freundin C., mein Freund W. und ich lassen die Jungen am Abend meines Hochzeitstages bei einer Babysitterin und fahren über die Brücke von Florianópolis aufs Festland. Nach einer halben Stunde erreichen wir eine lange Straße namens Avenue of Towers, die wie eine Achterbahn auf und ab verläuft. In der Mitte der Straße erstreckt sich eine endlose Reihe riesiger Hochspannungsmasten, und die Luft außerhalb des Wagens surrt von einem Zuviel an elektromagnetischen Schwingungen. Im Wagen wird die Aufregung und Anspannung größer, je länger die Fahrt dauert. Wir schießen eine steile Straße hoch und erreichen das Zentrum, das ins Dunkel der Nacht gehüllt daliegt.

Die Stufen, die zu dem Gebäude hochführen, sind ebenfalls steil, und wir keuchen alle, bis wir die Eingangstür erreicht haben. Unter uns schimmern die Lichter der Stadt wie erdgebundene Sterne. Wir betreten das Gebäude mit dem üblichen »Entschuldigung«, vorbei an einem ganzen Arsenal zum Schutz vor bösen Geistern. Auf der Türschwelle befindet sich ein Hufeisen, über das wir steigen, und von der Türklinke hängt ein Bund

Chilischoten. In einem Korb gleich hinter der Tür liegen zwei Ziegenhörner. Im Flur reiht sich ein Topf mit Schutzpflanzen an den anderen: Bogenhanf, Weinrauten und Begonien. An der Wand hängt ein Gemälde des heiligen Georg, zu Pferd im Kampf mit dem Drachen. Daneben hängt ein Poster des örtlichen Fußballteams.

Der Flur ist schmal, und das Haus ist schäbig. Ein beißender, schwefelartiger Geruch liegt in der Luft, den ein weiß gekleideter junger Mann zu vertreiben versucht, indem er ein brennendes Weihrauchfass durch das Gebäude schwenkt. Im Hintergrund kann ich das Gemurmel der Acht-Uhr-Seifenoper im Fernsehen hören. C. und ich schlucken unsere Bedenken hinunter, setzen uns auf eine kleine Holzbank und warten. W. steht an der Tür, schweigend und grüblerisch, während er auf die Lichter der Stadt hinuntersieht.

Vier *Filhos de santo* oder Anhänger, alle in Weiß gekleidet, steigen die steilen Stufen auf und ab. Sie lachen und scherzen beim Gehen, und sie tragen bunte Perlenketten in Rot, Blau und Gelb, die, wie sie uns sagen, dazu dienen, den Schutz der Götter zu erflehen. Jede Farbe ist für einen anderen Gott. Sie sind einladend und freundlich, und wir plaudern mit ihnen, um unsere Beklommenheit zu zerstreuen. Sie scheinen aufrichtige, gute Menschen zu sein, die schlicht von ihrer Berufung sprechen, im Zentrum zu dienen. Eine stämmige Schwarze erklärt uns, dass der Geist, der sich durch G. – den *Pai de santo,* das Medium – offenbart, eine Belgierin namens Saba ist. Sie offenbart sich seit über dreißig Jahren durch G., und davor hatte sie sich durch seine Mutter offenbart. »Als sie wiedergeboren wurde, war Saba eine Prostituierte«, erzählt sie uns.

Eine ältere Frau mit blond gefärbten Haaren unterbricht sie schroff. »Nein«, sagt sie entschieden, »sie war eine Frau, die nur einen einzigen Mann hatte, aber er hat sie betrogen, daher hat sie ihn getötet.«

Ich atme tief durch, entschlossen, alle rationalen Überlegungen beiseitezuschieben und ganz offen für die Wirkung zu sein, die die Energie und die Erfahrung des Umbanda-Zentrums auf mich haben. Eine der Anhängerinnen bittet mich in einen großen, feierlichen Saal und fordert mich auf, meine Schuhe auszuziehen. Sie erklärt mir, dass ich zwei Zigaretten auf einmal anzünden und sie G., dem Medium reichen muss.

»Saba ist Kettenraucherin«, sagt sie.

G. steht vor mir. Er ist größer als ich und stämmig gebaut. Er sieht sehr männlich aus, ganz in Schwarz gekleidet, aber die Art, wie er sich hin und her wiegt, hat eine anmutige, feminine Art. Er hält eine Flasche Cachaça in der Hand, aus der er in regelmäßigen Abständen einen Schluck nimmt. Ich zünde zwei Zigaretten an und reiche sie ihm; er raucht beide gleichzeitig. Als er zu sprechen beginnt, klingt es eindeutig feminin. »Sie verstehen, dass ich ein weiblicher Geist bin, der durch diesen männlichen Körper spricht?«, fragt mich Saba, während sie sich hin und her wiegt.

Ich nicke. »Ich bin hier, um zu fragen, ob Sie jemandem, der gestorben ist, eine Botschaft ausrichten können«, sage ich, mit meiner inneren Skepsis kämpfend.

»Ja, das kann ich«, erklärt mir Saba. »Aber ich kann niemand anderen dazu bringen, durch das Medium zu sprechen.«

»Können Sie meinem verstorbenen Mann eine Botschaft ausrichten?«, frage ich und ergänze dann rasch: »Aber es soll ihn in keiner Weise stören.«

»Wie heißt er?«, fragt Saba.

»Alastair Ramsay.«

»War er blond?«

»Nein«, antworte ich langsam, eindeutig zweifelnd, »er hatte braune Haare.«

Das Medium schließt die Augen und wiegt sich hin und her. Nach ein paar Minuten sagt Saba: »Ah ja, er wurde von einer weiblichen Angehörigen begrüßt, die in seinem Heimatland begraben ist.«

»Ah«, sage ich, »ich habe mir immer vorgestellt, dass er von seiner Tante E. begrüßt wurde. Sie ist ein paar Jahre vor ihm gestorben, und sie war wie eine zweite Mutter für ihn.«

Das Medium schließt wieder die Augen. »Es geht ihm gut, sehr gut«, sagt Saba zu mir.

»Ja«, sage ich mit einem entschiedenen Nicken, »das Gefühl habe ich auch.«

»Ihm ist jetzt völlig klar, was passiert ist. Am Anfang war er sehr verwirrt, aber jetzt ist es ihm völlig klar, und er versteht, was er auf der Erde richtig und falsch gemacht hat. Er bereitet sich darauf vor, zu einem anderen Leben zurückzukehren.«

Ich weiß nicht, was ich glauben soll, aber ich warte, während diese Worte mir Frieden einhauchen.

»Werde ich ihn in diesem Leben wiedersehen?«, frage ich mit hämmerndem Herzen.

Das Gebaren des Mediums ändert sich, und er sieht mir genau in die Augen und sagt ernst: »Nein, Sie werden ihn in Ihrem Leben nicht wiedersehen. Er hat die ganze Zeit über Sie und Ihre Söhne gewacht, aber jetzt bereitet er sich auf ein neues Leben vor. Ihre Wege werden sich jetzt sehr lange nicht wieder kreuzen.«

»Aber wird er denn nicht da sein, wenn ich sterbe?«, frage ich verdutzt.

»Nein«, sagt das Medium entschieden, während es ein letztes Mal an seinen beiden Zigaretten zieht. »Er wird nicht da sein, wenn Sie sterben. Er wartet nicht auf Sie. Ich sage Ihnen, dass Sie sehr lange kein gemeinsames Leben mehr haben werden.«

Ich spüre, wie diese Worte bleischwer in meine Magengrube fallen. Bisher war mir nicht klar, dass ich diese Hoffnungen hegte und damit unbewusst an Alastair festhielt. Jetzt wird mir bewusst, dass ich mich auf die Aussicht gefreut hatte, eines Tages an irgendeiner himmlischen Tafel mit ihm zu sitzen, Bier zu trinken und ihm alles zu berichten, was er versäumt hat. Mit ihm wiedervereint, würde ich ihm anvertrauen, dass ich nie aufgehört hatte, seine Frau zu sein, dass ich mein Herz nie wirklich einem anderen geschenkt hatte, dass ich immer noch seine Liebe war.

»Er … er verlässt mich?«, frage ich, verblüfft von der Frage ebenso wie von dem Gefühl jugendlicher Verletzlichkeit, die darin anklingt.

Das Medium steckt sich die noch glimmenden Zigarettenstummel in den Mund und löscht sie mit der Zunge. Dann schnippt er die Kippen auf den Boden. Er hört auf, sich hin und her zu wiegen, und hält mich unsanft an den Schultern fest. Er sieht mir genau in die Augen und sagt mit Nachdruck, ohne eine Spur von Mitgefühl: »Ja, er verlässt Sie. Seine Geschichte mit Ihnen ist vorbei.«

Unser Gespräch ist zu Ende, und ich lasse einen 50-R$-Schein auf einem Tablett liegen. Ich ziehe meine Schuhe an und stolpere vollkommen schockiert die steilen Stufen hinunter. C. und W. folgen dicht hinter mir. Ich habe die unterste Stufe erreicht, bevor mir einfällt, dass ich Alastair gar nicht einen schönen Hochzeitstag gewünscht habe. Irgendwie nehme ich nicht an, dass Saba die Botschaft ausgerichtet hätte. Zum ersten Mal seit Alastairs Tod habe ich das Gefühl, dass er sich wirklich von mir getrennt hat. Das Gefühl ist schmerzlich und surreal zugleich. Habe ich nicht akzeptiert, dass wir nicht mehr zusammen sind? Haben die Jahre seiner Abwesenheit mich nicht gelehrt, dass er nie mehr zurückkommt? Obwohl ich noch immer unendlich viel Liebe für ihn empfinde, die meiner Erinnerung an ihn entströmt, kommt es mir vor, als ob er jetzt ganz loslässt.

Am nächsten Tag gehe ich mit den Jungen zu unserer örtlichen Videothek, und sie laufen herum und versuchen einen Film auszuwählen. Sie beginnen sich zu streiten, für welchen

Film sie sich entscheiden sollen, und Liam läuft entnervt in den hinteren Teil des Geschäfts. Als ich ihm nachgehe, sehe ich dass er in seinem Wutanfall ein paar DVD-Hüllen von einem halb versteckten Regal weniger beliebter Filme gezogen hat. Ich bücke mich, um sie aufzuheben und zurück ins Regal zu stellen. Der letzte der Filme liegt mit dem Titel nach oben, sodass er mir gleich ins Auge springt. Es ist ein Low-Budget-Film aus den Achtzigerjahren mit dem Titel *Always – Der Feuerengel von Montana*, und ich würde nie auf die Idee kommen, ihn auszuleihen. Aus irgendeinem Grund drehe ich ihn um und werfe einen Blick auf die Inhaltsangabe auf der Rückseite. Ich lese einen Teil davon: »Nach dem Tod lernt ein Mann, seine Liebe loszulassen, um sie freizugeben, damit sie sich wieder verlieben kann.« Ich stehe mit dem Film in der Hand auf und leihe ihn kurz entschlossen aus, zusammen mit dem Film, den die Jungen inzwischen ausgewählt haben. Am Abend, als die Jungen im Bett sind, sehe ich mir diesen kitschigen Film an. Ein leidenschaftlich verliebtes Paar wird getrennt, als der Mann plötzlich stirbt. Ich sehe, wie er über ein Jahr auf seine geliebte Frau hinunterblickt und sie so weiterhin an sich bindet. Sie steckt in ihrer gemeinsamen Geschichte fest und kann sich nicht in einen anderen Mann verlieben oder das Leben wieder annehmen. Mir graut beim Anblick der Kleider und Frisuren aus den Achtzigerjahren und der fragwürdigen Schauspielkunst. Aber ich sehe ihn trotzdem weiter an. Am Ende des Films begreift der tote Mann, dass das Beste, was er für seine geliebte Frau tun kann, darin besteht, sie loszulassen. Er steht neben ihr, unsichtbar, und sagt ihr voller Zärtlichkeit: »Ich ziehe aus deinem Herzen aus.« Ich sitze allein auf der Couch und schluchze über die letzten Reste meines Verlusts.

In dieser Nacht träume ich von Alastair. Wir sind in Irland, im Garten meiner Eltern, und er erzählt mir aufgeregt, dass er verloren war, jetzt aber zu mir zurückgekommen ist.

»Aber ich will nicht mehr, dass du zurückkommst«, sage ich in dem Traum entschieden zu ihm. »Ich wollte dich so lange wiederhaben, und jetzt, wo du hier bist, will ich dich nicht mehr.«

Selbst in meinem Traum bin ich schockiert von meinen Worten und von der Taubheit meiner Gefühle.

Am nächsten Morgen wache ich mit einem unabweisbaren Gefühl von Leichtigkeit auf. Zum ersten Mal seit viereinhalb Jahren koste ich den sanften Frieden, nicht zu wollen, was ich nicht habe.

NEUES LEBEN

Irgendetwas fehlt. In meinem Hinterkopf ist eine Stimme, die mir sagt, dass das Leben so ist wie sonst. Während ich die Jungen in aller Eile zur Schule fahre, wird mir bewusst, dass meine Periode jetzt schon eine ganze Weile ausgeblieben ist. Ich denke zurück an die Zeit nach Alastairs Tod und an die drei negativen Schwangerschaftstests, die ich machte, als sich monatelang nichts tat. Ich verhüte mit der Spirale, die sehr sicher ist, daher schiebe ich alle Bedenken beiseite. Eine Woche später, als meine Periode immer noch ausbleibt, kaufe ich einen Schwangerschaftstest, um mich zu beruhigen. Während die Jungen in der Schule sind, sitzen W. und ich bei einer Tasse Kaffee am Küchentisch und warten auf das Ergebnis. »Kein Grund zur Sorge«, versichere ich W. mit einem gezwungenen Lächeln. »Die Chancen stehen eins zu dreihundert.«

Man könnte meinen, dass ich inzwischen gelernt hätte, mich nicht darauf zu verlassen, dass die Wahrscheinlichkeit mein Leben reguliert. Ich nehme noch einen Schluck Kaffee und sehe auf das weiße Teststäbchen in meiner Hand. Wie von Zauberhand erscheint eine klare rote Linie. Ich lache laut auf und falle fast vom Stuhl. »Damit habe ich nicht gerechnet«, rufe ich ungläubig und reiche das Stäbchen W. Er lacht nervös.

Mein erster Gedanke ist, dass Alastair wiedergeboren wird. Mein zweiter Gedanke ist, dass das die Schwester ist, die sich Alastair immer für seine Söhne gewünscht hat.

Je mehr die Neuigkeit dieser unerwarteten Schwangerschaft zu mir durchdringt, desto mehr wirft sie mich aus der Bahn. Das Baby setzt sich über jede Wahrscheinlichkeit hinweg, um seine Ankunft in unserem Leben lautstark anzukündigen. Wieder einmal überwältigt mich die Erkenntnis, dass ich trotz aller Bemühungen die großen Ereignisse in meinem Leben nicht unter Kontrolle habe. »Aber diese Lektion habe ich doch schon gelernt«, jammere ich. »Habe ich die Vorstellung, dass ich mein eigenes Leben unter Kontrolle habe, denn nicht längst aufgegeben?« Doch meine Verwirrung zeigt mir ganz deutlich, dass ich diese Lektion noch nicht gut genug gelernt habe.

Anfangs fühlt es sich an wie ein unfreiwilliges Losreißen von der Vergangenheit, von der Sicherheit und Kontinuität von Alastair und meiner vierköpfigen Familie, die in unseren gerahmten Fotos verewigt ist. Sie katapultiert W. und mich in eine Verpflichtung, die keiner von uns bewusst eingegangen ist, und erschüttert unsere stillschweigende Übereinkunft einer unverbindlichen Beziehung bis ins Mark. Diese lockere Beziehung hat mich mit dem Trost von W.s Gesellschaft versorgt, ohne dass an Alastairs Platz in der Familie gerüttelt wurde. Und jetzt zieht die Schwangerschaft einen Schlussstrich unter mein projiziertes Bild der liebevollen und treuen Witwe, ein Selbstbild, mit dem ich mich allmählich immer sicherer und wohler gefühlt habe.

Doch segensreicherweise dauert eine Schwangerschaft ja eine Weile. Nicht nur das Baby braucht die neun Monate, um zu wachsen und zur Welt zu kommen; ich brauche sie auch, damit die Lektionen der Schwangerschaft ihren Zauber auf mich ausüben können. Mit der Zeit wird mir bewusst, dass ich die Schwangerschaft durch das Prisma von Alastairs Leben gesehen habe anstatt durch das meines eigenen oder des neuen Kindes. Die Schwangerschaft drängt mich zu der Erkenntnis, dass ich mein Leben seit seinem Tod hauptsächlich aus dem Bedürfnis heraus gelebt habe, Alastairs Lebensträume und Ziele und unsere gemeinsamen Träume fortzuführen und zu erfüllen. In den Jahren, die vergangen sind, habe ich viele Augenblicke schmerzlichen Leidens erfahren, und im Laufe der Zeit habe ich viele Schichten des Leidens abgeworfen. Was bleibt, ist die schlichte, unleugbare Tatsache, dass ich ihn vermisse. Das ist der Kern des Schmerzes, den ich akzeptiere und mit dem ich zu leben gelernt habe – der Schmerz, diesen schönen Mann in meinem Leben zu vermissen. Alastairs Abwesenheit, um es mit Sylvia Plaths Worten zu sagen, wächst zwangsläufig neben mir wie ein Baum. In seiner Abwesenheit liegt Anwesenheit.

Aber dieses Leiden hat, wie bei der Auster, wunderschöne Perlen hervorgebracht. Ich habe einmal gelesen, dass Perlen entstehen, wenn Sand in die Auster eindringt und ihr empfindliches Fleisch verletzt. Sie reagiert darauf instinktiv, indem sie ihn Schicht für Schicht mit einer Substanz namens Perlmutt überzieht, und mit der Zeit wird eine Perle daraus. Seit Alastairs Tod habe ich gelernt, dass das Leiden, dem ich im Leben begegne, mich mit Perlen belohnen kann, wenn ich es zulasse. Perlen sanfter Gnade.

Ich verstehe jetzt, dass das letzte Geschenk, das Alastair mir wirklich gemacht hat, sein eigener Tod war.

Diese Jahre waren eine schöne und die seelenbelebende Art, Alastair zu betrauern und zu ehren und ihn nah bei mir zu behalten. Ich bin erfüllt von Dankbarkeit und Demut für die Geschenke von Liebe und Wachstum, mit denen Alastair mich in unseren sieben gemeinsamen Jahren und durch seinen Tod beschenkt hat. Diese Schwangerschaft signalisiert mir jedoch, dass ich jetzt im vollen Bewusstsein loslassen muss, was ich nur so zögernd aufgegeben habe. Als ich tief durchatme und Energie und Mut für die Zukunft sammle, beginne ich mit einem Gefühl von Klarheit zu sehen.

Ich muss aufzuhören, Alastairs Leben durch meines zu leben, es ist an der Zeit. Ich muss aufzuhören, seine Lebensziele eines nach dem anderen abzuhaken. Es ist an der Zeit zu akzeptieren, dass Alastair nicht mehr mein »verstorbener« Mann ist. Ich rechne nicht mehr damit, dass er wieder auftaucht.

Auf diese Weise befreie ich mich, um meinen Weg zu überdenken. Ich befreie mich, um den Rest dieses einen schönen, vergoldeten Lebens, das mir so gnädig gewährt wurde, auf meine eigene Weise voll auszuleben. Und ich befreie ich mich, um mich ganz und gar auf neue lebenslange Beziehungen einzulassen, die ihren eigenen Raum und ihre eigene Aufmerksamkeit in dieser sich wandelnden Familie verdient haben.

Auf diese Weise lasse ich letztendlich und vollständig auch Alastair frei.

Alastair starb Ende Mai an einem Sonntagmorgen um 4.52 Uhr. Mein dritter Sohn wird Ende Mai an einem Sonntagmorgen um 4.25 Uhr geboren. Etwas später an diesem Morgen sitze ich mit dieser kostbaren Schönheit in meinen Händen in meinem Krankenhausbett. Mein Herz quillt über vor uneingeschränkter Hingabe. W. sitzt mit meinen Eltern beisammen und berichtet ihnen angeregt lachend in allen Einzelheiten von der Geburt. Nach zwei Kaiserschnitten habe ich es geschafft, eine natürliche Geburt zu erleben, und W. und ich sind beide überglücklich. Tom und Liam klettern zu beiden Seiten aufs Bett. Ich halte das Baby in meinen Armen, und die beiden Jungen äugen ehrfürchtig auf ihn hinunter.

»Das ist euer neuer Bruder«, sage ich zu ihnen. »Sein Name ist Eoin. Das heißt ›Gnade Gottes‹.«

Die Jungen strahlen mich an und kreischen vor Freude. Das Leben, so scheint es, ist noch nicht fertig mit mir.

Während ich diese drei vor Leben pulsierenden Jungen an mich drücke, gratuliere ich mir zu meiner schönen Familie. Ich schmelze in Dankbarkeit dahin. Wenn es stimmt, dass ein jegliches seine Zeit hat, dann nehme ich mit einem frohen und dankbaren Herzen zur Kenntnis, dass meine Zeit zu weinen und zu trauern vorbei ist und jetzt meine Zeit zu lachen und zu tanzen anbricht.

DANK

Dieses Buch zu schreiben ist die Erfüllung eines Lebenstraums von mir und meinem Mann, Alastair James Ramsay, der im Jahr 2007 unerwartet verstarb. Auf einer Liste mit Träumen, die Alastair ein paar Jahre vor seinem Tod aufschrieb, war einer, seinen Namen auf dem Titel eines Buchs zu sehen. Mit diesem Buch hake ich daher den letzten seiner Träume ab, bei dessen Verwirklichung ich ihm helfen kann. Es ist zudem die Erfüllung meiner Ambitionen als Autorin. Alastair sagte oft, ich sollte ein Buch schreiben. Im Jahr vor seinem Tod stellte er wissend fest: »Dir muss erst irgendetwas Dramatisches passieren, damit du dein Buch schreibst.« Alastairs eigener plötzlicher Tod war das dramatische Ereignis, das zu meinem ersten Buch führte. Wieder einmal höre ich das Flüstern seiner Stimme: »Ich verspreche dir, meine Liebe, ich werde dir helfen, alle deine Lebensziele zu erreichen.«

Ich bin zutiefst dankbar für all die Unterstützung, mit der ich und die Jungen nach Alastairs Tod überschüttet wurden. Ich bin reich gesegnet mit Familienangehörigen und Freunden, und ich danke Gott für jeden einzelnen von ihnen. Meine Schwiegermutter Pam und meine Schwägerin Nikki haben mich mit am großzügigsten unterstützt, und dies in Zeiten, die besonders schmerzlich für sie selbst waren. Ich schmelze dahin vor Dankbarkeit für Byron Katie, Osho und Swaha, die mich in meinem Verlust aufgefangen und mir die Werkzeuge gegeben haben, um Alastairs Tod zu akzeptieren und einen besseren Lebensansatz zu finden. Und ich danke meinen anderen Meistern, meinen drei Söhnen: Tom, der die Vergangenheit am Leben erhält; Liam, der mich in die Gegenwart zurückgeführt hat; und Eoin, der mich für die Zukunft geöffnet hat.

Danke all jenen, die mich gedrängt haben, dieses Buch zu schreiben, die Verbesserungen vorgeschlagen und mich ermutigt haben, es mit anderen zu teilen. Es ist unmöglich, sie alle namentlich zu nennen, aber ich bin mir der Unterstützung jedes Einzelnen dankbar bewusst. Ich will namentlich nur die Person nennen, die mir den Anstoß gegeben hat, und die Person, die den Prozess beendet hat: Sally J., Alastairs wundervolle Freundin, schlug mir vor, einen Blog zu schreiben, während ich in Brasilien war, als Ausgangsbasis für ein Buch. Das war genau der Ansporn, den ich brauchte – danke, Sally! Livy L., meine wundervolle Freundin, rief mich in Brasilien auf meinem Handy an, nachdem sie den ersten Entwurf des Buchs gelesen hatte, und sagte, ich solle es ihr überlassen, für die Veröffentlichung zu sorgen. Ein paar Wochen später redeten wir mit Hachette. Livy, wie eine gute Freundin von uns sagen würde, du bist umwerfend!

Danke an Ciara und dem Team bei Hachette für die einfühlsame Redaktion und dafür, dass sie an dieses Buch geglaubt haben.

Zu guter Letzt könnte keine Mutter von drei kleinen Kindern ein Buch schreiben und überarbeiten, ohne jede Menge Unterstützung zu bekommen. Danke, Walbert, Cida, Alex, Marisa, Dani, Gitali und Marcelo dafür, dass ihr auf die Kinder aufgepasst habt.

Dieses Buch zu schreiben war eine heilsame Reise. Danke, dass Sie es mit mir teilen.

Quellen, die ich am hilfreichsten fand

- www.thework.com
- Katie Byron: *Eintausend Namen für Freude – Leben in Harmonie mit dem Tao*. München 2012
- Osho: *Meditation als Chance: Die Kunst, sich von der Last unnötiger Gedanken zu lösen.* Köln 2010
- www.vasantswaha.net
- Joan Didion: *Das Jahr magischen Denkens*. München 2006
- C.S. Lewis: *Über die Trauer: Der Begleiter für schwere Stunden*. Frankfurt/M. 1999
- Natascha McElhone, *After You*. London 2010
- Harold S. Kushner: *Wenn guten Menschen Böses widerfährt.* Gütersloh 2010
- Elisabeth Kübler-Ross: *Interviews mit Sterbenden*. Stuttgart 2009
- Sogyal Rinpoche: *Das tibetische Buch vom Leben und Sterben*. Hamburg 2012
- Dr. Sam Parnia: *Der Tod muss nicht das Ende sein*. München 2013
- *Gifts of Grief*, Dokumentation, www.giftsofgrief.com
- *Always – Der Feuerengel von Montana*, DVD des Films aus dem Jahr 1989

Eine wahre Geschichte

Jeannine Klos/Anne Pütz
ÜBERMORGEN SONNENSCHEIN
Als mein Baby vertauscht wurde
280 Seiten
mit zahlreichen Abbildungen
ISBN 978-3-404-60749-5

Jeannine Klos hat den Albtraum jeder Mutter erlebt: Zwei Tage nach der Geburt ihrer Tochter legte man ihr ein fremdes Baby in den Arm, und als sie sagte: »Das ist nicht mein Kind!«, glaubte ihr niemand. Sie zweifelte, fragte nach, beharrte – und ließ sich schließlich doch überzeugen. Sie nahm das Kind an, stillte es, wenn es hungrig war, tröstete es, wenn es weinte, wiegte es in den Schlaf, wenn es müde war, und begann es zu lieben. Doch sechs Monate später bewahrheitete sich ihre Angst …